Folter, Pranger, Scheiterhaufen

Van pynlikē sakē dat hogeste belangende ,

WOLFGANG SCHILD

Folter, Pranger, Scheiterhaufen

Rechtsprechung im Mittelalter

Weltbild

Abbildungen der folgenden Seiten

Seite 2: Das öffentliche Rechtsleben in Hamburg. Bilderhandschrift des Hamburgischen Stadtrechts von 1497.

Seite 6: Der demutsvoll den tödlichen Hieb des Scharfrichters erwartende Verurteilte vertraut seine Seele der Muttergottes Maria an (was die Worte „ave maria“ neben ihm zeigen). Rechts im Vordergrund rauft sich ein von zwei Gerichtsknechten gehaltener Ritter verzweifelt die Haare, offensichtlich wartet auch er auf die Enthauptung. Nequambuch. 1315–1421. Soest, Stadtarchiv

Genehmigte Lizenzausgabe für Verlagsgruppe Weltbild GmbH,
Steinerne Furt, 86167 Augsburg

Projektkoordination: Dr. Iris Hahner
Producing: Thema media GmbH & Co. KG, München,
unter Mitarbeit von Regine Radscheit (Lektorat) und
Thomas Holzner (Layout)

Umschlaggestaltung: Coverdesign Uhlig, Augsburg
Umschlagmotive: Vorderseite: siehe Legende Seite 55 (oben),
kleine Motive vorne: siehe Seite 81, Rückseite: siehe Seite 131
Gesamtherstellung: Neografia, a.s. printing house, Martin
Printed in the EU
978-3-8289-4511-1

2013 2012 2011
Die letzte Jahreszahl gibt die aktuelle Lizenzausgabe an.

Inhalt

V

Vorwort

Wie in meiner „Alten Gerichtsbarkeit" (1980, 2.Aufl.1985) wird auch in diesem Buch der Versuch unternommen, wesentliche Inhalte des Strafrechtslebens des Spätmittelalters und der Frühen Neuzeit in einem Zusammenspiel von Text und Bildern nachzuzeichnen und auch den nicht juristisch gebildeten, aber historisch Interessierten einen Einblick in die geistigen Grundlagen der damaligen Zeit zu geben. Insofern kann man von einer 3., aber völlig neu geschriebenen und konzipierten Auflage der „Alten Gerichtsbarkeit" sprechen; der Titel dieses Buches ist vom Verlag vorgegeben worden.
Es ist oft schwierig, den geistigen Hintergrund mancher der geschilderten Rechtshandlungen zu verstehen. Aber gerade auch deshalb ist die Konfrontation mit einer für uns heute fremden Welt faszinierend. Dabei gilt es immer im Blick zu haben, dass die damals Lebenden nicht kindlich naiv aufgefasst werden dürfen, wozu allerdings die vielen bunten zeitgenössischen Bilder verführen könnten. Deshalb ist ausdrücklich festzuhalten, dass diese Menschen ebenso denkende und handelnde Subjekte waren wie wir heute, auch wenn sie sich in ein anderes, für sie verbindliches Weltbild eingebunden sahen, mit dessen Darstellung daher auch dieses Buch beginnt.
Text und Bilder konzentrieren sich auf Rechtshandlungen, weshalb meist Illustrationen aus Rechtstexten des deutschsprachigen Raumes herangezogen werden. Es finden sich nur wenige Abbildungen aus der „schönen Kunst" (die der Interessierte in meinem Buch „Bilder von Recht und Gerechtigkeit" [1995] genießen kann). Ebenso sind keine Gegenstände der Rechtlichen Volkskunde aufgenommen. Dabei ist ein Hinweis angebracht. Die „Quellen", aus denen wir heute auf das frühere Recht(sleben) schließen, waren manchmal als Fälschungen angelegt, wurden aber auch oft in Erinnerung geschrieben und daher verändert. Einiges wurde verzerrt und übertrieben, wie im konfessionellen Kampf die Tradition des jeweiligen Gegners oder im Bemühen, die Vergangenheit besonders finster und die Gegenwart strahlend „aufgeklärt" erscheinen zu lassen. Ich habe mich bemüht, nur verlässliche Quellen heranzuziehen. Auf einige Fälschungen bin ich im jeweiligen Zusammenhang eingegangen. Dazu kommt die allgemeine Schwierigkeit, dass viele Rechtsquellen, vor allem, wenn sie – wie die Flugblätter – bebildert sind, sich auf auffallende Einzelfälle beziehen, weshalb es gefährlich ist, aus ihnen auf Allgemeines und damit auf „das" damalige Recht zu schließen. Ich habe versucht, dieser Gefahr durch die Einordnung in die geistigen Zusammenhänge zu entgehen.
Seit dem ersten Erscheinen der „Alten Gerichtsbarkeit" im Jahre 1980 sind 30 Jahre vergangen; und damit eine lange Zeit für Lektüre, für eigene Forschungen und für viele Lehrveranstaltungen und Vorträge. Dadurch haben sich manche Thesen bestärkt und verfestigt, manches wurde als Irrtum erkannt und daher nun verändert, vieles wurde neu entdeckt. Auch die technischen Möglichkeiten, ein solches Buch in der Einheit von Text und überwiegend farbigen Abbildungen zu machen, haben sich seit 1980 wesentlich verbessert. Ebenso haben sich die Möglichkeiten der Recherche im Internet in einer fast unglaublichen Weise erweitert, diese sind dadurch einerseits erschwert, andererseits gewaltig erleichtert.
Mein ganz besonderer Dank gilt den Mitarbeitern in den Archiven, Museen und Bibliotheken. Stets waren sie bemüht, meine Anfragen und Bilderwünsche schnell zu erfüllen. Vor allem möchte ich Claus Hilschmann und Thomas Holzner für die sehr gute Zusammenarbeit bei der Gestaltung der einzelnen Seiten herzlich Dank sagen. Wenn dies ein trotz des oft grausigen Inhalts überzeugendes Buch geworden ist, ist dies auch ihr Werk.

Ich widme dieses Buch meiner Ehefrau.
Wolfgang Schild

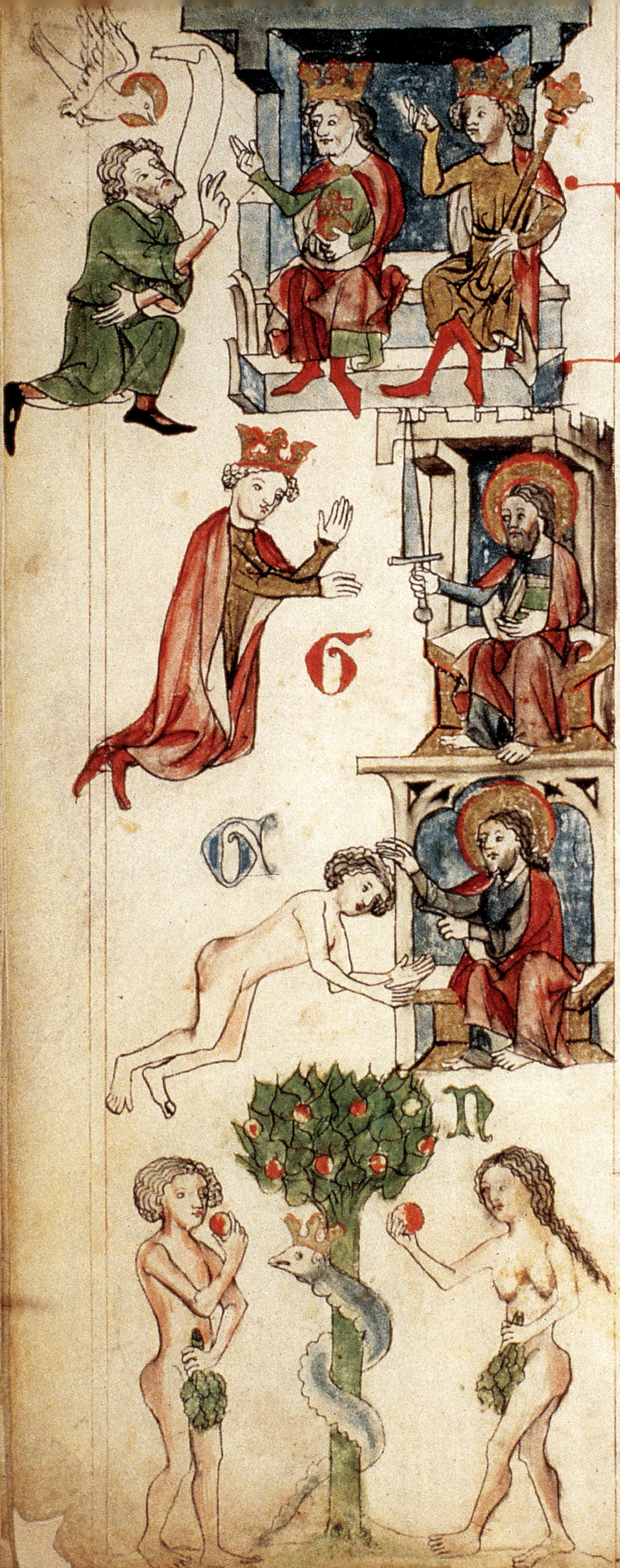

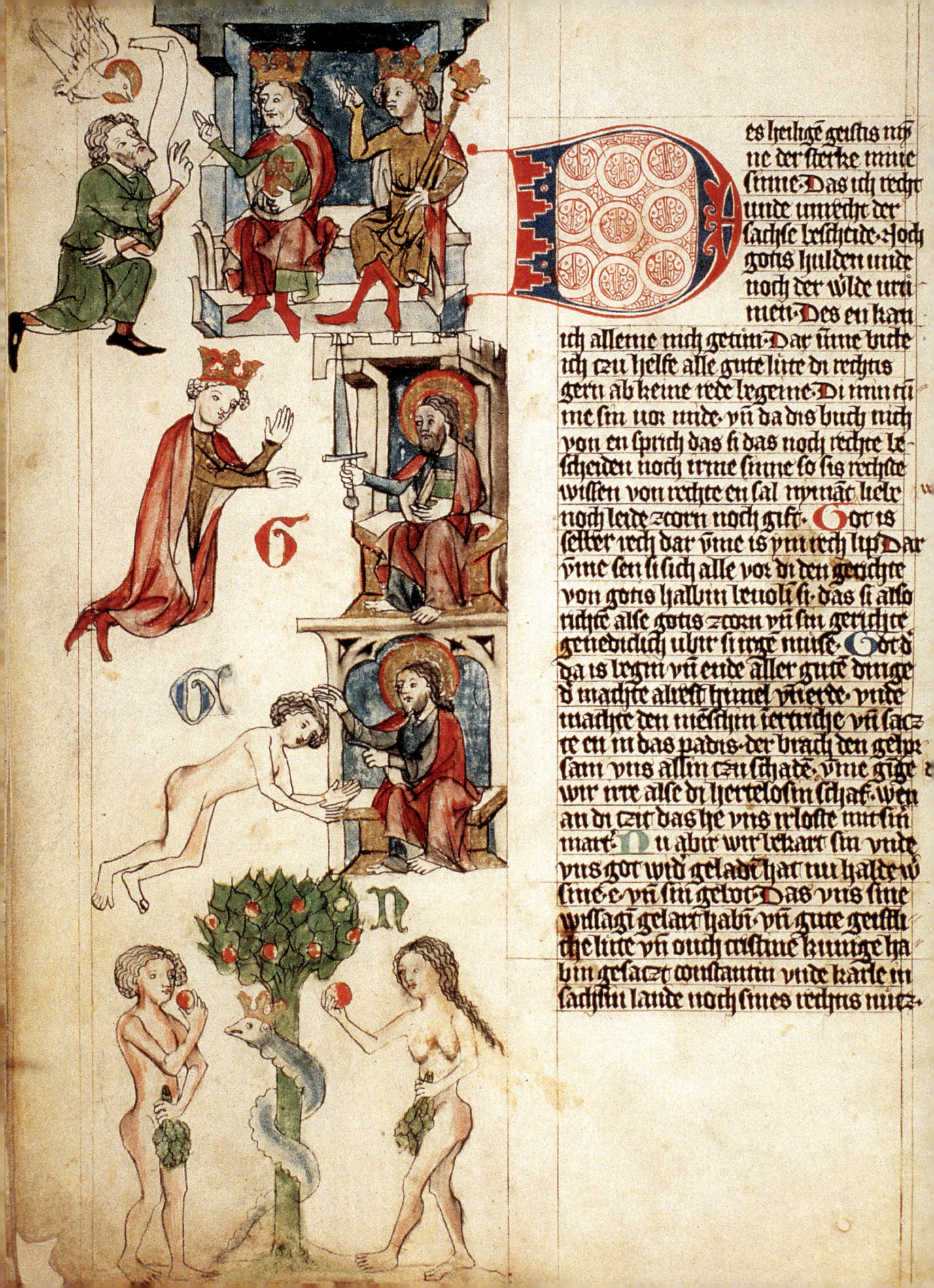

Des heilige̅ geistis mi-
ne der sterke mine
sinne · Das ich recht
unde unrecht der
sachse bescheide · noch
gotis hulden unde
noch der werlde vro-
men · Des en kan
ich alleine nicht getun · Dar umme bitte
ich czu helfe alle gute lute di rechtis
gern ab keine rede begegene · Di min tu-
me sin vor unde · vñ da dis buch nicht
von en sprich das si das noch rechte be-
scheiden noch irme sinne so sis rechste
wissen · Von rechte en sal nymant liebe
noch leide · zorn noch gift · Got is
selber recht dar umme is ym recht lip · Dar
umme sen si sich alle vor di den gerichte
von gotis halbin bevolin si · das si also
richte alse gotis zorn vñ sin gerichte
genedichlich ubir si gege muse · Got der
da is begin vñ ende aller gute dinge
der machte alrest himel vñ erde · unde
machte den meschin in ertriche vñ sacz-
te en in das paradis · der brach den gehorsam uns allin czu schade · Dar umme gige
wir irre alse di herteloisin schaf · Wen
an di czit das he uns irloste mit sin
marter · Nu abir wir bekart sin unde
uns got wider geladet hat nu halde wir
sine e vñ sin gebot · Das uns sine
wissagin gelart habin · vñ gute geistliche lute vñ ouch cristine kunige habin gesaczt constantin unde karle in
sachsin lande noch sines rechtis nucz ·

Das christlich-religiöse Rechtsverständnis

Das heute geltende Strafrecht findet man in den staatlichen Gesetzen, die von Staatsorganen angewendet und von wissenschaftlich ausgebildeten Juristen interpretiert und kommentiert werden. Es verdankt seine Geltung der Macht des Staates, der unter den Vorgaben der Verfassung die Straftaten umschreibt, das Strafverfahren und den Strafvollzug regelt und diese Vorschriften durchsetzt. Ihre Legitimation beziehen Staat und Recht aus der Zustimmung und dem Vertrauen der Bürger, die diese Regelungen im Wesentlichen als vernünftig anerkennen, denn sie sichern letztlich die Rechtsstellung und ermöglichen ein gerechtes Zusammenleben.

Im Gegensatz dazu war das frühere Recht mangels einer anerkannten staatlichen Macht auf eine die irdisch-weltliche Sphäre übersteigende Instanz bezogen und angewiesen, und zwar auf den christlichen trinitarischen Gott, dem Recht und Gericht auch auf Erden zugeordnet wurden. Wie das gesamte Leben, so verwirklichte sich auch das Strafrecht in einem christlich-religiösen Weltbild. Genauso erhielten die Missetaten ihren eigentlichen Grund in dem von Gott zugelassenen Wirken des personal gedachten Bösen, des Teufels.

Der Verfasser Eike von Repgow kniet, vom Heiligen Geist (in Gestalt der Taube) inspiriert, in der obersten Bildzeile vor den christlichen Kaisern Karl d. Gr. und Konstantin. Darunter ist die Übergabe des Schwertes der rechtlichen Macht durch Christus an den König dargestellt. Die beiden unteren Bildzeilen zeigen die Schöpfungsgeschichte. Wolfenbütteler Bilderhandschrift des „Sachsenspiegels". Drittes Viertel des 14. Jhs, f. 9v.

◀ *Der göttliche Inhalt des „Sachsenspiegels", zwischen dessen Seiten der Autor liegt, wird durch das Herausschauen Gottes dargestellt. Links stellen sich zwei Männer gegen Gott und das Recht: sie treten das Rechtsbuch und spucken es an. Der Mensch ist von Gott als sein Ebenbild in Freiheit geschaffen. Nach dem Sündenfall wurde er durch den Tod Christi am Kreuz erlöst, weshalb der Teufel am Eingang des Höllenrachens angekettet ist. Wolfenbütteler Bilderhandschrift des „Sachsenspiegels". Drittes Viertel des 14. Jhs, f. 85r; 46v.*

▶ *Gott übergibt dem Moses die beiden Tafeln mit den zehn Geboten (Dekalog). Die beiden Männer verstoßen gegen das erste Gebot, weil sie einen Götzen anbeten. Ausschnitt aus: Lucas Cranach d. Ä. (Werkstatt), Zehn-Gebote-Tafel. Gemälde 1516. Wittenberg, Stiftung Luthergedenkstätten in Sachsen-Anhalt.*

Der rechtliche Gott

Diese Einbindung des irdischen Rechts in ein religiöses Weltbild bedeutete zugleich die Verrechtlichung des christlichen Gottes. Sie kam am klarsten zum Ausdruck im Prolog des „Sachsenspiegels", verfasst zwischen 1224 und 1230/31 von Eike von Repgow, Ministerialer des Grafen Hoyer von Falkenstein: „Gott ist selbst recht(lich), darum ist ihm das Recht(e) lieb." In der Reimvorrede stellte Eike von Repgow zudem klar: „Wer das Recht verdreht, bricht den Bund mit Gott. Gott selber hat uns gelehrt, dass wir alle Recht sind und das Unrecht uns missfalle." Deshalb habe er sich dieses nun niedergeschriebene Sachsenrecht nicht selbst ausgedacht. Er stelle vielmehr „Recht und Unrecht der Sachsen der Gnade Gottes entsprechend und mit der Kraft des Heiligen Geistes gestärkt und zum Nutzen der ganzen Welt" dar. Dies veranschaulicht das Bild des Autors, inspiriert von der Taube, dem Symbol des Heiligen Geistes in der Wolfenbütteler Bilderhandschrift, die im 3. Viertel des 14. Jhs. geschrieben wurde. Den göttlichen Inhalt des „Sachsenspiegels" verdeutlicht ein anderes Bild aus der Bilderhandschrift: Gott selbst schaut aus dem Buch heraus, während zwischen den Buchseiten – wie ein Lesezeichen – der Autor Eike von Repgow liegt und links zwei gottlose Feinde des Rechts stehen.

Im Gegensatz zu anderen Religionen wird im Christentum, und hier folgt man der jüdischen Religion, Gott nur als gut und gerecht gedacht; ihm fehlen die dämonischen, unberechenbaren und Angst machenden Züge anderer Gottheiten, auch wenn durchaus anerkannt war, dass seine Ratschlüsse der menschlichen Vernunft letztlich ein Rätsel sind und bleiben werden. Dies zeigte sich für die Gläubigen in der Schöpfung, in der die Vernunft Gottes (ratio divina) und der Wille Gottes (voluntas Dei) ihre Verwirklichung fanden. Die Schöpfung stellte also die Ordnung des „ius naturale sive divina", des natürlichen als göttliches Recht dar. Von daher konnte leicht eine Verbindung zum „ius naturale" des römischen Rechts gezogen werden, das 528 – 534 vom oströmischen christlichen Kaiser Justinian I. als Corpus Iuris Civilis aufgezeichnet worden war. Seine Wiederentdeckung in einer Handschrift im 11. Jh. in Italien leitete die „Rezeption" dieses durchdachten Rechtssystems und des rationalen Rechtsdenkens ein. Freilich blieb das nähere Verhältnis des göttlichen Rechts zum Menschenwerk der römischen Juristen auch bei aller Anerkennung der Inspiration durch den Heiligen Geist strittig. Die christlich-kirchliche Rechtswissenschaft der „Kanonistik" strebte danach, sich deutlich abzusetzen, auch wenn sie Inhalte des römischen Rechts aufnahm. Zudem zeigte die ab dem 11. Jh. zunehmende gesetzgebende Tätigkeit der Päpste in Form dieser „canones", auf welche Weise auch das kirchliche Recht den Unterschied von göttlichem und menschlichem („positivem", d.h. gesetztem) Recht ausbildete – bis hin zu Theorien, die das göttliche Recht beschränken wollten auf das alles Irdische übersteigende Verhältnis des Menschen zu Gott. Damit sollte das irdische Leben der Regelung des menschlichen Gesetzgebers überlassen bleiben, der sich allerdings an die göttlichen Vorgaben zu halten hätte.

Solche rechtlichen Vorgaben fanden sich bereits in den Schriften des israelitischen Volkes, die die Christen als „Altes Testament" übernahmen und auf das Neue Testament hin interpretierten, welches die Menschwerdung dieses Gottes in dem Juden Jesus darstellte. Aus dem Schöpfungsbericht (Genesis) leitete z. B. das um 1275 von einem oder mehreren Franziskanermönchen in Augsburg verfasste, im 17. Jh. „Schwabenspiegel" genannte Rechtsbuch die einzigartige Stellung des Menschen ab: „In Deiner freundlichen Güte erschufst Du Herr, Gott, himmlischer Vater den Menschen in dreifacher Würde", nämlich als sein Ebenbild, als Nutznießer der gesamten Schöpfung und als den für das ewige Leben mit Gott Geschaffenen. Die Wolfenbütteler Bilderhandschrift zeigt die Erschaffung des Menschen als Ebenbild Gottes und die Erlösung aus den Händen des in der Hölle gebundenen Teu-

fels durch Jesus Christus. Eike von Repgow zog in seinem „Sachsenspiegel" aus dieser Ebenbildlichkeit den Schluss, dass der Mensch alleine Gott zugehören solle, weshalb Leibeigenschaft von Zwang, Gefangenschaft und unrechter Gewalt herrühre und daher aufzuheben sei.

Selbstverständlich fanden die Christen in der Bibel – also im Alten Testament, den vier Evangelien, der Apokalypse des Johannes und den Apostelbriefen – zahlreiche Rechtsvorschriften, die sie nicht nur auf das israelitische Volk, sondern auch auf sich selbst für anwendbar hielten; diese Abgrenzung gestaltete sich allerdings in manchen Fällen sehr schwierig. Dabei waren vor allem die Zehn Gebote (Dekalog) mit ihren zwei auf Gott und auf das menschliche Zusammenleben bezogenen Tafeln von größter Bedeutung. Der Dekalog stand bereits hinter den Rechtsaufzeichnungen der christlichen Könige des Mittelalters sowie hinter dem Corpus Juris Civilis des römischen Kaisers Justinian I. Er bildete dann aber auch für das in der „päpstlichen Revolution" (Harold H. Berman) seit 1075 einsetzende kanonische Recht die wesentliche Grundlage, da die Zehn Gebote zunehmend an die Stelle der überkommenen Tugend- und Lasterkataloge traten. Es war die Reformation, die den Dekalog zum grundlegenden und maßgebenden Gesetz in der Hierarchie der Rechtsquellen für den weltlichen und zeitlichen (säkularen) Bereich ausgestaltete. Dabei wurden andere alttestamentliche Vorschriften den einzelnen Geboten zugeordnet, so z. B. dem 1. Gebot die Bibelstellen 2. Mose 22, 18 („Die Zauberinnen sollst du nicht leben lassen") oder die Verbote der Wahrsagerei und Totenbeschwörung (3. Mose 19, 31; 20, 6, 27; zur Hexe von En-Dor 1. Samuel 28, 7-25). Das zwischen 1436 und 1442 von dem Schwäbisch Haller Stadtschreiber Conrad Heyden verfasste, später „Klagspiegel" genannte Rechtsbuch bezog sich in seiner Forderung nach dem Inquisitionsverfahren auf 1. Mose 18, 20 u. 21: Dort ist zu lesen, dass Gott das ihm zugekommene „Geschrei" von der Sündhaftigkeit Sodoms und Gomorrhas auf Wahrheit hin überprüft habe, indem er zur genauen Untersuchung (inquisitio) zur Erde herabgefahren sei. Auch die Verfahrensregelung „Es soll nicht ein Zeuge wider jemanden auftreten, sondern auf Aussage zweier oder dreier Zeugen werde jede Sache bestätigt" (5. Mose 19, 15; ebenso Mt. 18, 16; 2. Kor.13, 1) wurde in den Prozessordnungen übernommen.

Die Evangelien sahen nicht nur das Liebesgebot vor, sondern enthielten durchaus konkrete Verbote, denen rechtliche Relevanz zugesprochen wurde. Dies veranlasste dann immer wieder radikale Gruppen von Christen – wie z. B. die Wiedertäufer 1527 in der Versammlung von Schleißheim –, gegen die herrschende Sicht, konsequent für eine Ablehnung von Recht und Staat einzutreten; dafür wurden sie von den Herrschenden wegen Ketzerei verfolgt. Grundlage waren mehrere Sprüche in der Bergpredigt Jesu, vor allem „Richtet nicht, auf dass ihr nicht gerichtet werdet" (Mt. 7, 1; Lk. 6, 37). Doch leitete man aus den folgenden Zeilen „denn mit welchem Gericht ihr richtet, werdet ihr gerichtet werden" ab, dass damit nur das ungerechte Richten verboten werde. Vor größere Schwierigkeit stellte das weitere Verbot „Schwöret überhaupt nicht" (Mt. 5, 34), das die Grundlage des damaligen Zusammenlebens in Bezug auf den Eid in Frage stellen musste. Der bereits genannte „Schwabenspiegel" (um 1275) verwies auf die vielen Eide der guten und heiligen Leute im Alten und im Neuen Testament sowie auf die Apokalpyse, in der Johannes einen Engel habe schwören sehen; zudem habe Gott gegenüber Abraham bei sich selbst geschworen und die Menschen nur aufgefordert, bei seinem Namen nicht falsch zu schwören – gemeint waren offensichtlich 1. Mose 22, 16 u. 17; 3. Mose 19, 12; 4. Mose 30, 3. Daraus folgerte das Rechtsbuch, dass man die Eide schwören dürfe und solle, die rechtens sind, aber auch diese nicht in zu großem Maße, und lehnte die gegenteilige Auffassung der Ketzer als irrig ab.

Man könnte noch viele weitere Beispiele bringen, wie etwa die Stelle in Mt. 18, 15-17 („Sündigt aber dein Bruder, so gehe hin und halte es ihm vor"), die als Grundlage der Pflicht zur „denunciatio evangelica" aufgefasst und interpretiert wurde im Sinne einer Mitwirkung an der Aufklärung und Verfolgung von Sünden und Missetaten. Allgemein ist festzuhalten: Der Blickwechsel von der schädigenden Tat hin zum sündhaften Willen – wie sie die Bergpredigt zum Ausdruck brachte in dem Jesus-Wort, bereits derjenige breche die Ehe, „wer eine Frau auch nur lüstern ansieht" (Mt. 5, 27) – zog eine grundlegende Veränderung der rechtlichen Behandlung des Unrechts nach sich. In der kirchlichen Bußpraxis entwickelte sich eine differenzierte Schuldlehre, die in das kirchliche Strafrecht wegen einer sündhaften Tat (peccatum criminale) übernommen wurde und von da ihren Weg auch in das weltliche Strafrecht fand. Man kann durchaus von der „Geburt" des modernen Schuldstrafrechts aus dieser kirchlichen Rechtsentwicklung im 11. und 12. Jh. sprechen.

Der richtende Gott

Schon das Alte Testament sah Gott zugleich als den Richter über sein Volk und als Instanz einer rächenden Vergeltung für die sündhafte Missachtung des Bundes, wie die Zerstörung von Sodom und Gomorrha und die Verhängung der Sintflut zeigen. Die Psalmen verherrlichten Gott als denjenigen, der eingreift bzw. eingreifen soll, um dem Gerechten zu helfen und die Ungerechten, die ihn peinigen, zu vernichten. Die Propheten traten immer wieder den Königen und den hohen Beamten entgegen, um ihnen den Richterspruch Gottes zu überbringen. In den apokalyptischen Schriften erschien Gott schließlich als Richter der gesamten Völkerwelt, am „Tag JHWHs", an dem die Schuldigen verurteilt und mit dem ewigen Tod bestraft, die bisher unter Unrecht und Gewalt Leidenden befreit und rehabilitiert werden. Dieser Tag des Gerichts wurde daher in freudiger Erwartung herbeigesehnt.

Die ebenfalls alttestamentliche Vorstellung von einem Messias (Gottessohn), der als neuer David – daher, aus dem Hause Davids stammend – dem ganzen Volk wieder Recht und Gerechtigkeit bringen werde, wurde im Neuen Testament auf Jesus

Unter dem Bild des Jüngsten Gerichts wird die Verhandlung gegen einen offensichtlich auf handhafter Tat ertappten Missetäter vor dem Gericht – rechts die Schöffen – durchgeführt. Das Volk sieht von links in die Gerichtslaube. Im Vordergrund warten mehrere Parteien. Bilderhandschrift des Hamburgischen Stadtrechts von 1497.

bezogen. Als Mensch gewordenem Gott wurde ihm dann auch das Weltgericht am Jüngsten Tag zugeordnet, in seinen eigenen Worten: „Auch richtet der Vater niemanden, sondern er hat das Gericht ganz dem Sohn übertragen …; er hat ihm Vollmacht gegeben, Gericht zu halten, weil er der Menschensohn ist …; mein Gericht ist gerecht, weil es nicht um meinen Willen geht, sondern um den Willen dessen, der mich gesandt hat" (Joh. 5, 1 ff.). Der Evangelist Matthäus schilderte dieses Weltgericht, in dem die Lebenden und die Toten voneinander geschieden werden würden, wie der Hirt die weißen Schafe von den schwarzen Ziegenböcken scheidet: Die Gerechten würden das ewige Leben erhalten, die Verfluchten in das ewige Feuer, das für die Teufel bestimmt ist, weggehen (Mt. 25, 31 ff.). Auch hier wurde bis zur Jahrtausendwende dieses Weltende, das sich durch den Niedergang der Sitten und Zustände auf Erden ankündigte, mit Freude erwartet. Die Christen vertrauten ihren Heiligen, an deren Seite sie sich begraben ließen, und erwarteten ihre Auferstehung zum ewigen Leben.

Dies änderte sich ab dem 11. Jh., als die bereits im 5. Jh. vertretene Lehre vom Fegefeuer in den Vordergrund trat. Grund dafür waren sicherlich die einsetzende Individualisierung und die beginnende Selbstreflexion, durch die die eigene Unvollkommen- und Sündhaftigkeit schmerzlich bewusst wurde; das kindliche Vertrauen in die eigene Gerechtigkeit ging verloren.

Als dieses Fegefeuer verstand man eine Zwischenzeit des „Purgatoriums" zwischen dem Tod des Menschen und dem Kommen des Weltenrich-

„Ihr haltet das Gericht nicht den Menschen, sondern dem Herrn; und er ist mit euch im Gericht" (2. Buch der Chronik 19,5). Über den Richter (und die Schöffen) urteilt Gott als der Weltenrichter. Himmlisches und irdisches Gericht. Gemälde Prag um 1430. Würzburg, Museum am Dom; Ulrich Tenggler, Der neü Layenspiegel. Ausburg 1512, f. 19r; Stadtrichterbild des Niklas Strobel. Tafelbild 1478. Graz, Stadtmuseum.

ters am Ende der Tage. Dies machte eine Unterscheidung zwischen dem Endgericht über alle Menschen, ja über die gesamte Schöpfung, dem Jüngsten Gericht oder Weltgericht, und einem individuellen Gericht unmittelbar nach dem Tod erforderlich. Letzteres wurde relevant für die Verstorbenen, die nicht als Heilige oder als Verdammte gestorben waren – und damit sogleich in den Himmel bzw. in die Hölle kamen –, sondern die im Zeitpunkt des Todes ohne Absolution belastet von „kleineren" Sünden waren. Sie erhielten die Chance, diese Sünden durch zeitlich befristete Strafen in diesem Fegefeuer abzubüßen und so beim Weltgericht im Zustand der Sündenfreiheit ins Himmelreich einzugehen. Dabei konnten ihnen die Fürsprache der Heiligen, vor allem der Gottesmutter Maria, aber auch die Gebete der Kirche strafmildernd helfen. Die Konsequenz war eine Verrechtlichung dieses individuellen Totengerichts in dem Sinne, dass die einzelnen Sünden gewichtet und die Strafe im Purgatorium nach deren Maß bestimmt wurden, entsprechend dem kirchlichen Bußverfahren mit seinen Bußkatalogen.

Verstärkend wirkte dabei sicherlich auch die Lehre des Anselm von Canterbury (1033 - 1109). Sie besagt, dass die Kreuzigung Jesu als Sühnetod für die Sündhaftigkeit der Menschheit und zu ihrer Erlösung zwingend aus der Gerechtigkeit Gottes erforderlich gewesen sei. Deshalb werde zwar jeder Mensch durch die Taufe von der Erbsünde befreit, müsse aber dann die Verantwortung für die einzelnen Sünden und die Bestrafung dafür auf sich nehmen. Die Sünde wurde auf diese Weise aus einem Zustand der Entfernung von Gott zu einer verwerflichen und daher nach göttlichem Recht zu bestrafenden Handlung und Haltung. Die entsprechende Strafe wurde dabei vom göttlichen Richter ausgesprochen.

So fielen vor allem in den bildlichen Darstellungen individuelles und allgemeines Gericht wieder zusammen. Dadurch veränderte sich aber auch die Qualität dieses Richters, der zunehmend – wie der Vater im Alten Testament – zornig auf die Wunden seines gemarterten und gekreuzigten Auferstehungsleibes verwies und die Strafgerechtigkeit über die Gnade stellte, selbst die Fürbitte seiner Mutter brüsk zurückwies und auf Verdammung oder jedenfalls Bestrafung im Fegefeuer entschied. Dass daraus ein Widerspruch entstehen musste zu dem aus Liebe zu den sündigen, aber zugleich auch schwachen Menschen selbst Mensch gewordenen Gott, lag auf der Hand; auf die vielfältigen theologischen Versuche, damit fertig zu werden, ist hier nicht einzugehen. Die Lösung der Reformation, Gott allein von der Gnade her zu sehen und die Gerechtigkeit der weltlichen Obrigkeit zuzuweisen, veränderte den drohenden Charakter der Vorstellung von einem Jüngsten Gericht nicht, wurde man doch mit der eigenen Sündhaftigkeit und Ungerechtigkeit noch mehr belastet.

Hinzuweisen ist in diesem Zusammenhang auf die in den Quellen ab dem 10. Jh. geschilderte „Vorladung ins Tal Josaphat". Der Grundgedanke dabei war, dass ein Mensch, der vor dem irdischen Gericht sein Recht nicht erhielt, sondern benachteiligt wurde – z. B. unschuldig verurteilt und hingerichtet wurde oder in einem Prozess durch Betrug des Gegners unterlag – den dafür Verant-

wortlichen vor das Gericht Gottes laden konnte, das nach dem Alten Testament (Joel 3, 7) im Tal Josaphat abgehalten werden sollte. Die so Vorgeladenen waren Grafen, Vögte, Herzöge, selbst Könige, auch Geistliche, Kardinäle, der Papst. Viele lachten – so wird berichtet – und spotteten über diese Vorladung. Doch kam dieser Tag heran, so befiel sie Zittern, Schrecken, Raserei; vergebens: Sie mussten der Vorladung folgen und sterben.

Wichtig ist, dass dieser Zusammenhang von göttlichem Gericht und rechtlichem Richten überhaupt für das irdische Rechtsleben fruchtbar gemacht werden konnte und auch wurde: nämlich als Warnung der für das Recht Verantwortlichen, sich nach dem Tod für ihre Tätigkeit dem Richterspruch Gottes stellen zu müssen – ganz nach den oben bereits erwähnten Jesus-Worten in der Bergpredigt.

Schon Eike von Repgow fügte in seinem „Sachsenspiegel" (zwischen 1224 und 1230/31) dem Hinweis, Gott selbst sei rechtlich, die Mahnung hinzu, dass deshalb „alle, denen von Gott das Gericht übergeben worden ist, bemüht sein (sollen), so zu richten, dass Gottes Zorn und Gericht über sie gnädig ergehen möge." Um 1325 forderte die Glosse zum sächsischen Weichbildrecht des brandenburgischen Hofrichters Johann von Buch die Gerichtsherren auf, in den Gerichtsräumen das Bild des strengen Jüngsten Richters malen zu lassen, um den Richtern und Schöffen klar zu machen, dass zur selben Zeit Gott im Himmel über sie Gericht halte; entsprechend dem Spruch des Josaphat im alttestamentlichen 2. Buch der Chronik (19, 5 u.6), gerichtet an die Richter: „Seht zu, was ihr tut! Denn ihr haltet das Gericht nicht den Menschen, sondern dem Herrn; und er ist mit euch im Gericht."

Eine Miniatur im Hamburger Stadtrechtsbuch von 1497 – als ein Beispiel von vielen möglichen – zeigt die Erfüllung dieser Forderung. Den Grundgedanken eines gleichzeitigen Richtens des göttlichen und des irdisch-weltlichen Richters findet sich in mehreren rechtlichen Quellen. Allerdings konnte aus dieser Parallelität durchaus eine Legitimation des irdisch-weltlichen Richters abgeleitet werden.

Allgemein wurden die Rechtsbücher mit einem solchen Bild des Jüngsten Richters geschmückt, wie z. B. ganzseitig in dem bereits erwähnten Hamburger Stadtrechtsbuch von 1497. Ulrich Tenggler

Wem trewe straff nit bringet frucht
Der kumpt dick in des meysters sucht
Des werck vnd zeug wirt hie anzeygt
Wol dem der sich zu tugent neygt

◀ *Der zu Enthauptende wird von einem Priester geistlich betreut. Bambergische Halsgerichtsordnung 1507.*

▶ *Die Darstellung des Jüngsten Gerichts in Rechtsschriften mahnen die Juristen an die Gerechtigkeit. Bilderhandschrift des Hamburgischen Stadtrechts von 1497.*

▶▶ *Darstellung des Jüngsten Gerichts. Holzschnitt des Hans Schäufelin in: Ulrich Tengglег, Der neü Layenspiegel. Augsburg 1512, f. 186v.*

beendete die 2. Auflage seines „Layenspiegels" (1511) mit der ausführlichen und auch illustrierten Schilderung des Jüngsten Gerichts und knüpfte dabei an die Glosse des Johannes von Buch an. Die Ausgabe der Bambergischen Halsgerichtsordnung (Bambergensis) von 1507 enthielt ebenfalls ein solches Bild, das auch in die Ausgabe der reichsrechtlichen Peinlichen Halsgerichtsordnung Kaiser Karls V. von 1532 (Carolina) aufgenommen wurde.

Auf eine Konsequenz dieser Vorstellung des richtenden Gottes ist noch hinzuweisen. Ein gerechter Richter – so war man überzeugt – richtet nicht über dieselbe Sache zweimal. Dies bedeutete, dass die Bestrafung des sündhaften Missetäters auf Erden durch das irdisch-weltliche Gericht eine weitere Bestrafung durch den göttlichen Richter ausschloss. Dadurch wurde die christliche Obrigkeit motiviert zur intensiven Ausforschung der Missetäter und zu deren grausam-schmerzlicher Bestrafung, um ihnen auf diese Weise den Weg zum ewigen Leben zu eröffnen bzw. zumindest von ihnen die Strafen im Fegefeuer abzuwenden. Die Hinzurichtenden erhielten zusätzlich die Gelegenheit zur vorherigen Beichte mit Absolution und zum Empfang des Altarsakraments; sie wurden bis zuletzt von Geistlichen betreut; oft erfolgte die Enthauptung vor einer Marter, auf die der letzte Blick des Betroffenen gerichtet werden konnte.

Als Vorbild dieser Vorstellung, dass selbst der schlimmste Missetäter nach der Verbüßung seiner Strafe auf Erden das Himmelreich erlangen würde, diente die Geschichte des reuigen Schächers, dem die Tradition den Namen „Dismas" gab (in Lk. 23, 43) und zu dem der gekreuzigte Jesus sagte: „Heute noch wirst du mit mir im Paradiese sein." Freilich trat dadurch eine paradoxe Situation ein, da derselbe Mensch für das ewige Leben – und damit für das mögliche Zusammenleben mit den Menschen, die ihn nun hinrichteten – gerettet und zugleich aus dem irdischen Zusammenleben ausgeschlossen wurde, eine Situation, die die zunehmende Auseinanderbewegung von kirchlich-geistlicher, auf das Verhältnis zu Gott hin orientierter und weltlich-staatlicher, auf das irdische Zusammenleben ausgerichteter Sphäre verdeutlicht.

Die von Gott verliehene Rechtsmacht

Das göttliche Recht war in jedem Fall Fundament des Rechtslebens, was aber nicht bedeutete, dass die Menschen sich in ihren Handlungen allein und primär auf die Bibel stützen konnten. Dafür waren die Vorschriften dort viel zu allgemein formuliert, oft auch in ihrem Inhalt umstritten und bedurften der Ergänzung und Klarstellung durch genauere Bestimmungen der irdischen Gesetzgeber. Gefordert war nur, dass diese menschlichen Regelungen nicht gegen das göttliche Recht verstießen. In der Praxis traten deshalb die menschlichen Gesetze in den Vordergrund; ein Verweis auf die Bibel diente ihrer Bekräftigung und zusätzlichen Legitimation.

Freilich stand dieser Praxis die Forderung der Bergpredigt im Wege, in der Jesus in ausdrücklicher Ablehnung des Vergeltungsprinzips „Auge um

Auge“ des Alten Testaments zu einem totalen Gewalt- und damit Herrschaftsverzicht aufrief: „Wer irgend dich auf deinen rechten Backen schlagen wird, dem biete auch den anderen dar“ (Mt. 5, 39; Lk. 6, 29), verbunden mit dem Gebot, die Feinde zu lieben, die, die einen verfluchen, zu segnen, den Hassenden wohl zu tun und für die zu beten, die beleidigen und verfolgen (Mt. 5, 44; Lk. 6, 27 ff.). Wieder gab es radikale Vertreter dieser Forderungen, die daher Staat und Recht ablehnten. Doch die überwiegende Mehrzahl der Christen folgten dem Römerbrief des Apostels Paulus, der auf den rächenden Gott des Alten Testaments verwies und die Obrigkeit als „von Gott verordnet“ ansah, der jeder zu gehorchen habe: „Rächet euch nicht …, sondern gebt Raum dem Zorn Gottes; denn es steht geschrieben: ‚Die Rache ist mein; ich will vergelten, spricht der Herr.‘“ Denn „sie trägt das Schwert nicht umsonst; sie ist Gottes Dienerin, eine Rächerin über den, der Böses tut“ (Kap. 13). Diese Obrigkeitslegitimation ging über den Spruch Jesu in Mk. 12, 17 hinaus, nach welchem dem Kaiser zu geben sei, was des Kaisers ist.

Die christlichen Herrscher, die römischen Kaiser ebenso wie zuvor die Könige der germanischen Stämme sahen sich als Stellvertreter Gottes (vicarii Dei) und nahmen das Schwert der Herrschaft von Gott auf, auch über die Angelegenheiten der Kirche, die sich als Volk Gottes gehorsam unterwerfen sollte. Das römische Recht, auf das sich bereits die germanischen Könige beim Ausbau ihrer Machtstellung stützten, galt auch für die Kirche, die selbst nach dem Untergang des römischen Westreiches nach diesem Recht lebte. Der Herrscher als „vicarius Dei“ sah sich verpflichtet, für den rechten Glauben der Bewohner seines Reiches Sorge zu tragen, weshalb er mit seinen rechtlichen Mitteln – auch der Strafe – gegen Häretiker (Ketzer) und Abergläubische, wie Wahrsager und Totenbeschwörer, vorging. Doch beanspruchten die Bischöfe und zunehmend an oberster Stelle der Papst als Nachfolger und Stellvertreter des Petrus (vicarius Petri) die geistliche Macht, die Menschen hinsichtlich ihrer Sünden vor Gott binden und lösen zu können; eine Macht, die ihnen – d.h. den Aposteln und Jüngern – Jesus übertragen hatte (Mt. 16, 19; 18, 18).

So unterschied Papst Gelasius I. 494 in einem Brief an den oströmischen Kaiser Anastasios I. zwischen der weltlichen Macht (regalis potestas) und der geistlichen Autorität der Bischöfe (sacrata auctoritas pontificium), mit dem Vorrang der letzteren.

In der „päpstlichen Revolution“ (Harold J. Berman) ab 1075 beanspruchten die Päpste dann den Rang des Stellvertreter Gottes (vicarius Dei) und ordneten sich dem Kaiser über. Sie konnten ihn durch Exkommunikation als einen nicht Rechtgläubigen auch machtlos machen, da die Eide der Lehens- und Dienstleute zu Treue und Gehorsam dem Kaiser gegenüber in diesem Falle ihre Verbindlichkeit verloren. Der klerikale „Schwabenspiegel“ (um 1275) vertrat in diesem Sinne die Auffassung, dass Gott – der „Friedensfürst“ – zum Schirm der Christenheit zwei Schwerter auf der Erde zurückgelassen habe, die er beide dem Petrus übergab: eines für das geistliche Gericht, das andere für das weltliche Gericht; deshalb sei der Nachfolger des Petrus, der Papst, auch der höchste Richter auf Erden bis zum Jüngsten Gericht; das weltliche Gerichtsschwert verleihe der Papst dem Kaiser freiwillig und widerruflich.

Untermauert wurde diese Sicht durch den Ausbau einer modernen, sich auch des wieder entdeckten römischen Rechts bedienenden Rechts- und Gerichtsorganisation in der Kirche. Sie war zunächst eindeutig der traditionellen Rechtspflege vor den weltlichen Gerichten überlegen, und damit wurden Kirchenrecht und -gerichte zum Vorbild der Entwicklung in den weltlichen Herrschaften. Es ist auch darauf hinzuweisen, dass es bedeutende Päpste gab, die ausgezeichnete Kanonisten (also Vertreter dieses Kirchenrechts) waren, wie vor allem Alexander III. (1100/05 - 1181), Innozenz III. (1160/61 - 1216), Gregor IX. (um 1167 - 1241), Innozenz IV. (um 1195 - 1254), Alexander IV. (um 1199 - 1261). Doch konnte sich diese klerikale Theorie in der politischen Praxis nicht durchsetzen. Die kaiserliche Seite berief sich auf Lk. 22, 38, wo von zwei Schwertern die Rede ist, und trat für die Gleichrangigkeit und Unmittelbarkeit beider von Gott verliehenen Gewalten ein. Der „Sachsenspiegel“ (zwischen 1224 und 1230/31) übernahm diese Variante, gestand dem Papst aber den ausdrücklich nicht als Rechtspflicht verstandenen Marschalldienst zu, wonach der Kaiser dem Papst beim Besteigen des Pferdes helfen solle, damit der Sattel nicht verrutsche. Die Wolfenbütteler Bilderhandschrift zeigt nicht nur diese Szenen, sondern unter dem Autorenbild sogar den König als alleinigen

◀ In der obersten Bildzeile übergibt Gott dem Papst das Schwert der geistlich-kirchlichen und dem König das Schwert der weltlichen Macht (Zwei-Schwerter-Lehre). Darunter leistet der König dem Papst den Bügel- und Zügeldienst beim Pferdbesteigen. Die vier untersten Bildzeilen zeigen zwei geistliche [Send]Gerichte (unter Vorsitz des Bischofs und des Dompropstes) und zwei weltliche Gerichte (unter Vorsitz des Grafen – unterstützt durch den Schultheiß, vor ihm die sitzenden Schöffen – und des Schultheißen selbst vor den Parteien). Wolfenbütteler Bilderhandschrift des „Sachsenspiegels". Drittes Viertel des 14. Jhs, f. 10r.

▶ Christus übergibt dem Papst das Schwert der geistlich-kirchlichen und dem König, der das Pferd des Papstes am Zügel hält, das Schwert der weltlichen Macht. Miniatur von Hans Bornemann in dem von Brand von Tzerstede glossierten Rechtsbuch des Sachsenspiegels. 1442. Lüneburg, Ratsbücherei (Ms. Jurid. 1, f. 2v).

Empfänger des von dem Jüngsten Richter Christus dargereichten Schwertes der Macht und des Gerichts.

Der Streit zwischen den beiden Gewalten dauerte die Jahrhunderte fort. Manche Theoretiker fassten das Schwert des Papstes nur als Symbol auf für das Wort – das scharf das Wesentliche vom Unwesentlichen trenne – und interpretierten das Schwert des Kaisers allein als Zeichen der Herrschaft, die sich auch auf den Schutz der Kirche – und gegen die deren Einheit bedrohenden Ketzer – erstreckte.

Diesen Weg ging auch die Geschichte. Friedrich II. übertrug mit königlichen Bullen aus den Jahren 1220 „Confoederatio cum principibus ecclesiasticis" und 1231 „Statutum in favorem principum" den Reichsfürsten die Verfügung über einige dem König vorbehaltene Rechte (Regalien). Diese Rechte hatten bisher zumindest pro forma ausschließlich dem König zugestanden, z. B. höhere Gerichtsbarkeit, Münzprägerecht und Geleitrecht durch ein Territorium sowie Zölle. Dabei wurden in der zweiten Bulle die weltlichen Territorialherren erstmals mit dem Titel „dominus terrae" angesprochen, was die gestiegene rechtliche Stellung dieser Herrschaften dokumentierte. Diese begannen ihre Machtstellung auszubauen und drängten die Kirche zunehmend aus dem Rechtsleben, indem sie selbst nach dem Vorbild der Kirche das Rechts- und Justizwesen ausbauten und organisierten. Die Reformation vollendete diesen Prozess und ordnete der Kirche nur mehr die spirituelle Führung der Menschen im Verhältnis zu Gott zu. Das katholische Konzil von Trient (1545 - 1563) konnte dem eigentlich nichts mehr entgegensetzen, sondern beschränkte ebenfalls den kirchlichen Einfluss auf die religiös-gewissensbezogene Sphäre, auch wenn weiterhin an einem Kirchenrecht – vor allem für Kleriker – festgehalten wurde.

Anzumerken ist, dass diese Entwicklung verstärkend auf die Rezeption der politischen Philosophie des Aristoteles – auch in der Theologie, z. B. bei Thomas von Aquin (um 1225 - 1274) – wirkte, wonach die Herrschaft nicht Konsequenz der Sündhaftigkeit des Menschen sei, sondern aus der sozialen Natur des Menschen als Gemeinschaftswesen (Zoon politikon) folge. Daher habe die Herrschaft die Aufgabe, den politischen Körper zu formen und zu normieren, faule Glieder aus ihm zu entfernen, das Gemeinwohl zu sichern und zu fördern sowie für Ruhe und Ordnung zu sorgen. So entstand die Vorstellung der „guten Polizey" (von „politeia", Gemeinwesen), die für den ordnungsgemäßen Zustand des politischen Körpers sorgen musste.

Die Reformation gab dazu die allerdings bereits früher in Ansätzen vertretene religiöse Legitimation: Unter Aufnahme des Römerbriefs des Apos-

sinē iaren getut daz iz sine lip unde vor wirket. Sleit iz eine man
oder belemt iz bi. sin vormunde sal daz bezzern mit ienes
gelde als iz uf in vollbracht wirt. Welchen schaden iz tut de
sal he gelden mit des kindes gute na sime werde. Sleit aber
ein man ein kint tot. he sal sin volle wergelt geben. Schilt
aber ein man ein kint. oder roufet ez. oder sleet ez mit besemē
durch sine missetat. he blibet is ane wandel. tar he ez gesweren
uf den heiligen. daz he ez durch anders nicheine sluge wan
durch sine missetat. Nu vornemet den alden vride den die
keiserliche gewalt gesteuget hat in sachsen lande. mit der
guten knechte willekor des landes. Alle tage unde alle zit
sullen vride haben phaffen unde geistliche lute. meide unde
wip. unde iuden an irme gute. unde an irme libe. kirchen unde
kirchhove. unde iclich dorf binnē sime graben unde sime cu-
ne. phluge. unde molen. unde des kunges straze in wazze
unde in velde di sullen steten vride haben. unde allez daz
da binnē kumt. heilige tage unde gebundene tage. di
sin allen lutē czu vride tagen gesaczt. dar czu in ichlicher
wochen vier tage. dunrestac. unde vritac. sunnabint. unde
suntac. Des donrestages wiet man den cresme.
da man uns alle mite czeichent czu der kristenheit in der
toufe. des donrestages mette got mit sinē iungerē in
deme kelche. da began unse e. Des donrestages vuere
got unse menscheit czu himele. unde offente uns den wec
da hin der uns beslozen was. Des vritages machte got den man. unde wart des vritages gemarteret
durch den man. Des sunnabendes ruwete he do
he himel unde erde gemacht hate. unde alles daz dar-
inne was. he ruwete ouch des sunnabendes in
deme grabe nach siner marter. des sunnabendes
wiet man ouch di phaffen in der cristenheit men-
stere sin. Des suntages worde wir vor siner

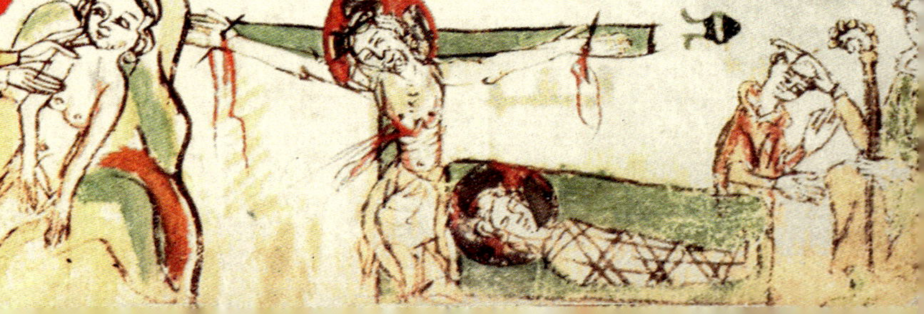

◀ In den drei unteren Bildzeilen wird der vom König verordnete Frieden dargestellt: zunächst die unter Königsschutz stehenden Personen (von rechts: Mönch, Kleriker, Frau, Mädchen, Jude [mit Judenhut]); darunter die geschützten Orte (von rechts: Kirche, Acker [mit Pflug], Mühle und Dorf); in der untersten Bildzeile die religiös begründeten Friedenszeiten (von links: Donnerstag [Himmelfahrt], Freitag [Erschaffung des Menschen, Karfreitag], Samstag [Ruhen im Grab, Priesterweihe]).

▶ Die obere Bildzeile zeigt die sonntägliche Friedenszeit, die mit dem Tag der Auferstehung in Verbindung gebracht ist. Wolfenbütteler Bilderhandschrift des „Sachsenspiegels". Anfang des 14. Jhs., f. 11r, 11v.

tels Paulus erkannte sie der christlichen Obrigkeit die von Gott aufgegebene Pflicht zu, Beleidigungen der göttlichen Majestät, die diese erzürnen und zu rächenden Vergeltungsmaßnahmen veranlassen könnten, wie z. B. Unwetter, Krieg, Krankheit, Teuerung, durch geeignete Maßnahmen zu verhindern. Dazu gehörten nachträgliche Bekämpfung, Aufdeckung und Bestrafung der sündhaften Missetaten, aber auch die vorsorgliche Belehrung durch Unterricht und Predigt.

Die Orientierung an den alttestamentlichen Zehn Geboten (Dekalog) zeigte sich in der Zuordnung dieser Obrigkeit zum 4. Gebot, weshalb diese wie ein Vater zu ehren und ihr aus Gewissenspflicht zu gehorchen sei. Dadurch kam es nicht nur zu einer Ausweitung des Strafrechts hin zu einem Polizeistrafrecht gegen gefährliche Subjekte, sondern überhaupt zu einer wesentlichen Stärkung der Landesherrschaften.

Die katholischen Fürsten griffen daher auch gerne auf diese Theorie zurück; im Gegenzug bedienten sich auch die evangelischen Herren neben dem römischen Recht durchaus des kanonischen Rechts. Freilich war die Obrigkeit nicht nur von Gottes Gnaden, sie war auch an die göttlichen Vorgaben gebunden und dafür Gott verantwortlich. Doch zeigt z. B. das Titelbild des bedeutenden Werkes „Practica nova imperialis Saxonica rerum criminalium" (1635) des sächsischen Juristen Benedikt Carpzov die Ambivalenz der göttlichen Gerechtigkeit, die vom Himmel herab Schwert und Waage hält: Einerseits bringt sie die Gerichtsgewalt Gottes über die sächsische Herrschaft zum Ausdruck, was in der Darstellung eines Prozesses veranschaulicht wird. Andererseits legitimiert sie die sächsische Herrschaft, die daher in göttlichem Auftrag die Missetäter züchtigt und hinrichtet (siehe untere Szene des Titelblatts links).

Der Gottesfrieden

Die christliche Obrigkeit hatte vor allem die Pflicht, ein friedliches Zusammenleben zu ermöglichen und zu sichern. Dabei stand ursprünglich „Friede" mit „Freundschaft" in enger Verbindung, bis er dann in der frühen Neuzeit nur mehr als „Abwesenheit von äußerem Zwang" verstanden wurde.

Die erste Bedeutung zielte auf die Verhältnisse der Verwandtschaft (Sippe) und Gefolgschaft ab und begründete bei den germanischen Stämmen zunächst ein „personales" Friedensverhältnis, das der König durch sein Charisma (Königsheil), verchristlicht dann zur Heiligkeit aus der Stellung als Stellvertreter Gottes (vicarius Dei) für seinen Hof und seine Dienstleute anordnete und aufrechterhielt. Die starken Könige, wie z. B. Karl der Große (747/8 – 814), versuchten, dieses Verhältnis auf ihr gesamtes Reich auszudehnen, indem sie von den Männern einen Treueid verlangten. Zudem verwiesen sie unter Heranziehung der Kleriker auf die göttlichen Gebote. So ließ Karl der Große 789 auf der Reichsversammlung zu Aachen die „Admonitio generalis" verkünden, die unter Hinweis auf das neutestamentliche Liebesgebot alle „hohen und geringen Personen" zu Frieden, Eintracht und Einmütigkeit aufrief, „weil Gott nichts gefällig ist ohne Frieden"; die Friedfertigen würden daher „Kinder Gottes" heißen – im Gegensatz zu den gewalttätigen Kindern des Teufels. 798 ließ ein enger Mitarbeiter Karls, Erzbischof Arno von Salzburg, in seinem Metropolitansprengel (Amtsgebiet) die An-

◀ Das oben dargestellte Gericht handelt im Auftrag des die Obrigkeit einsetzenden Gottes. Um den durch die Missetat beleidigten Gott zu versöhnen, werden die Täter hingerichtet. Titelblatt von: Benedict Carpzov, Practica nova imperialis Saxonica rerum criminalium. Wittenberg 1652.

▶ Zwei Raben werden Zeugen des Mordes an dem hl. Meinrad (gestorben am 21. Januar 861) in Einsiedeln. Sie fliegen über den Köpfen der Mörder, bis diese überführt und hingerichtet werden. Blockbuch von Sankt Meinrad. Basel um 1465. Einsiedeln, Stiftsarchiv.

weisungen dieser „Admonitio" eidlich absichern; das vom König geleitete Konzil von Tours (813) wiederholte dieses allgemeine Friedensgebot, spätere Konzile folgten darin.

Freilich gelang es den Königen mangels ausreichender Organisation ihrer Macht nur in beschränktem Maß, eine territoriale Friedensordnung zu errichten. Denn die damaligen Herren (Adelige) pflegten ihre Rechtsansprüche durch eigene Aktionen durchzusetzen, indem sie den Gegner zum Feind, ihm die „Fehde" (Feindschaft) erklärten und so gewaltsame Auseinandersetzungen herbeiführten. Die Bemühungen der Könige, dieses traditionelle Fehderecht einzuschränken, misslangen weitestgehend. Es gelang im bestem Falle, einzelne Örtlichkeiten zu befrieden: die Kirchen und Friedhöfe, die Straßen, Dörfer, Mühlen, auch den Versammlungsort des Thing (Volksversammlung) und den Ort der Gerichtsverhandlung. Zur Erntezeit wurde manchmal ein Ackerfriede ausgerufen. Aus der Aufgabe des christlichen Herrschers, für die Schwachen, wie Witwen, Mädchen, Waisen, waffenlose Kleriker, zu sorgen, folgten besondere, auf diese Gruppen bezogene Frieden. Ob sie immer effektiv durchgesetzt werden konnten, hing von der Machtstellung des Königs ab.

Um 1000 eskalierte die Fehdegewalt in den französischen, an Spanien grenzenden Gebieten. Hier gab es keine Königsmacht, und viele kleinere Ritter und Freibauern waren selbstständig geblieben, also nicht in Lehensbeziehungen getreten. Ihnen blieben oft nur kämpferische Auseinandersetzungen, um der Verarmung zu entgehen. Die Leidtragenden waren nicht nur die Streitgegner, sondern auch alle anderen, vor allem die Klöster und Kirchen, die ausgeraubt wurden, was die Versorgung der Armen durch sie unmöglich machte. Entscheidend wurde aber die Sorge um das Seelenheil, da die Christen es wegen der Gewalt nicht mehr wagten, die Pflicht der Sonntagsheiligung durch Besuch der Messe zu erfüllen. Als Missernten und Hungersnöte auftraten, sah man darin die Rache des beleidigten Gottes. Die Betroffenen beschlossen, dagegen zu handeln.

Nach einem etwas unklaren Bericht der Chronik des Klosters St. Pierre in Le Puy wurde 975 die Bewegung, die ab 1040 „Pax Dei" (Gottesfriede) genannt wurde, geboren. Bischof Wido habe eine Versammlung der Ritter und Bauern einberufen und sie eidlich verpflichtet, Frieden zu halten und das zuvor Geraubte zurückzugeben. Das erste wirkliche Gottesfriedenskonzil fand 989/90 in Charroux statt. Es wurde beschlossen, die Kirchenräuber sowie diejenigen, die Bauern ein Stück Land wegnahmen oder einen Kleriker mit der Waffe angingen, mit der Exkommunikation zu bestrafen, ihn also aus der Kirchengemeinschaft feierlich auszuschließen, allerdings nur, bis sie sich dem Gericht stellen und vor ihm ihre Rechtsansprüche verfol-

gen würden. Gesichert wurden diese Bestimmungen durch den Eid der Versammelten auf die Reliquien der dort begrabenen Heiligen. Der Friede wurde auf eine bestimmte Zeit abgeschlossen, der Eid konnte erneuert werden.

Dieser Gedanke zündete und begann, um sich zu greifen, auch die Grenzen Frankreichs zu überfliegen; es wurden immer mehr Friedensinhalte gefordert und die Gruppen, Örtlichkeiten und Zeiten einbezogen, die bisher als Königsfrieden galten. Darüber hinaus setzte man Friedenszeiten für alle fest, was man ab 1040 „treuga Dei" (Bündnis mit Gott) nannte. Neben Sonn- und Feiertagen dehnte man die Friedenszeit bis Donnerstag aus. Dabei griff man auf heilige Zeiten zurück, die unterschiedlich bestimmt wurden. Der „Sachsenspiegel" des Eike von Repgow (zwischen 1224 und 1230/31) gab eine dieser theologischen Begründungen wieder, die auch in der Heidelberger Bilderhandschrift (Anfang des 14.Jhs.) illustriert wurde. Zunächst sind die geschützten Personengruppen (von rechts vor dem König stehend: Mönch, Kleriker, Frau, Mädchen, Jude) und Örtlichkeiten (Kirche, Dorf, Mühle, Acker mit Pflug) dargestellt. Und dann heißt es: „An einem Donnerstag hat Gott … das heilige Abendmahl mit seinen Jüngern gefeiert. Damals begann für uns der neue Bund. Am Donnerstag hat Gott uns Menschen wieder zum Himmel geführt und uns den Weg dorthin, der uns bis dahin versperrt war, eröffnet. Am Freitag hat Gott den Menschen erschaffen, und Gott wurde auch an einem Freitag von dem Menschen gekreuzigt. Am Sonnabend, als er Himmel und Erde erschaffen hatte und alles, was darinnen war, ruhte er; er ruhte auch an einem Sonnabend im Grabe, nach seinem Martyrium. Am Sonnabend gibt man auch den Priestern, die die Lehrer der Christenheit sind, die Weihe für ihr Gottesamt. Am Sonntag wurden wir wegen Adams Vergehen mit Gott versöhnt; der Sonntag war der erste Tag, der je war, und er wird auch der letzte sein, der Tag, an dem wir von dem Tod auferstehen und an dem diejenigen, die es um Gott verdient haben, mit Leib und Seele in den Himmel auffahren werden." Es gab sogar Gottesfrieden, die noch mehr Friedenstage vorsahen. Wie ernst der „Sachsenspiegel" diesen Frieden nahm, zeigt die Hinrichtung eines Mannes, der entgegen dem königlichen Friedensgebot einen Juden erschlagen hat.

Das Deutsche Reich wurde von der neuen Idee zunächst nicht entflammt; offensichtlich reichte es aus, dass der König, wie vor allem Heinrich III. (1039 - 1056), seiner Pflicht zur Friedensschaffung genügen konnte. Dies änderte sich unter Heinrich IV. (1056 - 1106), wobei sicherlich die Auseinandersetzungen mit Papst Gregor VII. mitwirkten. Es kam jedenfalls im Jahre 1082 zur Aufrichtung des ersten Gottesfriedens in Lüttich, 1083 folgte

◀ Der hl. Leonhard befreit zwei Gefangene. Tafelmalerei eines unbekannten Meisters um 1455/56. Bad Aussee/ Österreich, Filialkirche St. Leonhard.

▼ Die hl. Hedwig (1174-1243) errettet einen bereits Gehängten zu neuem Leben und erreicht von ihrem Gatten, dem Herzog Heinrich I. von Schlesien, die Freilassung zweier im Stock sitzender Gefangenen, denen sie Lichter reicht. „Große legenda der hailigsten frawen Sandt hedwigis". Breslau 1504.

▶ Der Haller Student Thomas Hank, wegen Mordtaten am 27. Juli 1663 zum Tod durch Rädern verurteilt, gelobt der Gottesmutter Maria eine Wallfahrt. Er überlebt auf wunderbare Weise dreizehn Stöße mit dem Rad und auch zwei Stunden Liegen auf dem aufgestellten Rad. Mirakelbild von Wolfgang Rast 1664. Altötting, Gnadenkapelle.

Köln, und zwar durch dem Kaiser nahe stehende Bischöfe, die zugleich als Stadtherren tätig wurden. Deshalb ist fraglich, ob man in diesen Fällen noch wirklich von einem „Gottesfrieden" sprechen kann oder nicht bereits von einem „Landfrieden" ausgehen soll. Denn diese beiden Frieden regelten nicht nur einzelne Friedensbrüche, wie Brandstiftung, Raub, Totschlag, Körperverletzung, sondern sahen neben der Exkommunikation als geistlicher Sanktion bereits Vermögensverlust und Verbannung für Freie sowie den Verlust der Hand – also die Körperstrafe des Handabhackens – für Unfreie vor. Der Kölner Frieden bestimmte für den Unfreien schon die Talionsstrafe, also für Totschlag Enthauptung, für Verwundung Körperstrafe oder Strafen an Haut und Haar, wie Stäupung; die Freien sollten vertrieben werden, ihr Besitz sollte den Erben gehören. Zusätzlich waren Verfahrensbestimmungen vorgesehen.

Diese Entwicklung ging weiter. Der sächsische Gottesfrieden von 1084 bedrohte auch die Freien für Totschlag mit der Enthauptung. Zusätzlich wurde für den Fall der Flucht eines Friedensbrechers Vorsorge getroffen: Diese sollten durch die Gemeinschaft der Eidgenossen – also durch diejenigen, die den Frieden beschworen hatten – verfolgt werden. 1093/94 richtete Herzog Welf von Bayern mit einigen anderen Großen in Ulm einen zweijährigen Frieden auf, der sich ausdrücklich als „Landfrieden" bezeichnete und sich bereits einer Halsgerichtsordnung annäherte. Denn es wurden einzelne Straftaten – darunter auch der Diebstahl – mit peinlichen Strafen bedroht, für deren Verfolgung auch Verfahrensbestimmungen getroffen wurden. Nicht nur waren die Friedbrecher von allen zu verfolgen, sondern auch die Burgen, die sie aufnahmen, zu zerstören.

◀ *„Wie man eine edle Jungfrau nackt ausgezogen hat und verbrennen wollte und sie ein Ritter mit Kampf gegen den Kläger erlöste". Holzschnitt von Albrecht Dürer (?) in: Marquart vom Stein (Übersetzung aus dem Französischen), Der Ritter vom Turn. Von den Exempeln der Gotsforcht und Erberkeit. Basel 1493.*

▶ *Wegen Diebstahls oder Raub Vorbestrafte dürfen sich gegen eine erneute Klage nicht mehr durch Eid reinigen. Ihnen bleibt nur eines der drei dargestellten Gottesurteile: der Zweikampf, der Kesselfang oder die Probe des glühenden Eisens. Wolfenbütteler Bilderhandschrift des „Sachsenspiegels". Drittes Viertel des 14. Jhs, f. 19v.*

1103 richtete König Heinrich IV. auf dem Hoftag zu Mainz einen allgemeinen Reichsfrieden auf. Zahlreiche andere Landfrieden folgten, wie etwa 1152 der große Landfriede, 1158 der Landfriede von Roncaglia, 1186 die „Constitutio contra incendiarios" (gegen die Brandstifter), alle unter Friedrich I. Barbarossa, 1224 der Landfriede Heinrichs V. (Treuga Henrici), 1235 der große Mainzer Landfriede Friedrichs II. In diesen Frieden, die sich immer mehr von einem gemeinsam beschworenen Bündnis zu einem Gesetz des Herrschers entwickelten, wurden die Fehden zunehmend eingeschränkt und bestimmten Formen unterworfen. Der letzte („ewige") Landfriede wurde 1495 unter Maximilian I. auf dem Wormser Reichstag beschlossen. Er sah das endgültige Verbot der Fehde vor und richtete zugleich das Reichskammergericht als Instanz für alle Streitigkeiten im Reich ein. Die Aufgabe der Friedenssicherung war damals der Sache nach bereits auf die im 13. Jh. sich herausbildenden Landesherrschaften übergegangen.

Zu erinnern ist an den Charakter dieser Friedensbewegung, die aus der Gemeinschaft der Christen heraus entstand und in einem eidlichen Bündnis und damit im Anrufen Gottes zur Friedensbewahrung bestand. Daraus wurde immer mehr die rechtliche, aus diesem Eid abgeleitete Pflicht, die Friedbrecher zu verfolgen und zu bestrafen; in den Worten des Kölner Gottesfriedens von 1083: „Es steht nicht mehr in der Macht und im Belieben der Grafen oder Beamten oder Mächtigen, sondern in der des ganzen Volkes gemeinsam, dass sie die (hier vorgesehenen) Strafen gegen die Verletzer des heiligen Friedens anwenden." Freilich sahen die Mächtigen durch diese „Aktivierung der Masse" (Joachim Gernhuber) die Chance zur Konzentration ihrer Macht, indem die Burgen der Friedbrecher zerstört wurden. – Auf die Bedeutung der zu dieser Zeit neu gegründeten Städte für die Friedensidee kann hier nur hingewiesen werden. Diese Städte verstanden sich von vornherein als ein Friedensbezirk mit allgemeinem Waffenverbot, der eidlichen Unterwerfung der Bürger unter die Ratsgewalt und mit dem Ausbau einer städtischen Verwaltung und „Polizei".

Die Gottesurteile

Dem Gott, der selbst rechtlich sei, war nach dem „Sachsenspiegel" deshalb das Recht(e) lieb, weshalb er sich auch um die Verwirklichung des Rechts sorge. Schon die alttestamentlichen Psalmen priesen ihren Gott, der den Gerechten helfen und die Ungerechten vernichten würde. Auch der christliche Gott griff für die Gläubigen manchmal in das Rechtsleben auf Erden ein und brachte Gerechtigkeit. So berichteten Legenden, Sagen und Märchen immer wieder, dass ein Missetäter von Steinen erschlagen wurde, plötzlich erkrankte und starb oder von schweren „Schicksalsschlägen" heimgesucht wurde. Darüber hinaus bediente Gott sich seiner gesamten Schöpfung zur Aufdeckung eines Missetäters und ermöglichte so dessen Bestrafung durch die irdische Macht. Tiere begannen plötzlich zu sprechen und verrieten die Missetat, deren Zeugen sie gewesen waren. In der Legende des hl. Meinrad blieben die zwei Raben, die die Ermordung des Heiligen mitangesehen hatten, flatternd über den Köpfen der beiden Mörder. So fielen diese auf, wurden vor Gericht gestellt, überführt und für ihre Tat gerädert.

Eine Glocke wies durch Läuten oder Verstummen ebenfalls auf den Täter hin. Gott sprach auch durch

Hinrichtungsgegenstände: Das Schwert des Scharfrichters verweigerte den tödlichen Hieb, der Holzstoß des Scheiterhaufens wollte nicht brennen. Häufig wurde das Reißen des Strickes beim Hängen berichtet. Ein solcher Zwischenfall konnte gleichfalls dem Verurteilten das Leben retten. Oft sah man dann nämlich von einer Wiederholung der Hinrichtung ab, was für lange Zeit auch tatsächlich so gehandhabt wurde. Mancherorts überließ man die Vollstreckung des Todesurteils von vornherein dem göttlichen Willen; man nennt dies heute „Zufallsstrafe". So warf man z. B. den zum Tod durch Ertränken Verurteilten in den Fluss; konnte er nach einer gewissen Strecke noch lebend geborgen werden, war er durch Gottes Hilfe gerettet.

Auch durch seine Heiligen griff Gott in das irdische Rechtsleben ein; allerdings wurde in den Legenden die Gestalt des Heiligen als des Wundertäters in den Vordergrund gerückt. Dabei lassen sich drei Formen unterscheiden. Erstens konnte der Heilige noch zu seinen Lebzeiten, sozusagen als „Werkzeug" Gottes, eingreifen. Er rettete Verurteilte vom Galgen und schnitt sie vielleicht sogar im letzten Moment vom Strick ab, wie die hl. Hedwig. Häufig wurde die Befreiung von Gefangenen berichtet, die in der Tradition als eines der sieben Werke der Barmherzigkeit genannt war. Der hl. Leonhard ist sogar „der Gefangenenheilige" schlechthin. Zweitens konnte der bereits verstorbene Heilige unmittelbar in ein Verfahren eingreifen, z. B. bei Beweisnotstand eines Unschuldigen als Zeuge erscheinen. Drittens konnte er das Gebet eines Gläubigen, der sich in Not an ihn wandte, erhören und ihm helfen, z. B. ihn aus dem Kerker befreien. Der Gottesmutter Maria wurde die Errettung von zum Rädern Verurteilten zugeschrieben. Sie beteten zu ihr und fielen daraufhin vom Rad, auf das sie gebunden waren. Man sah darin ein Zeichen Gottes und einen Grund dafür, von der Wiederholung der Bestrafung abzusehen. Aber es gab weitere Zeichen, wie sich aus der Beschriftung eines Holzschnitts über ein Wunder in Mariazell (1515) ergibt: „Ein man wardtt auff ain Rad gelegt. Mariam zu Zell rufft er an. Do viel er von dem Rad und wardt gen Zell gepracht. Und alspald er das gätter bey dem mittern Altar begraifft, warden ym all sein payn ganz." Er wurde also von den Wunden geheilt.

Das göttliche Eingreifen in das irdische Rechtsleben fand seinen nachhaltigsten Niederschlag in den ausdrücklich als „Gottesurteil" (iudicium Dei) genannten Formen. Darunter verstand man eine formale Prüfung unter genau festgelegten Bedin-

gungen, um den Willen und das Urteil Gottes in Angelegenheiten zu erforschen, welche die menschliche Fähigkeit der Wahrheitsfindung überstiegen. Das Gottesurteil sollte somit der Wahrheitsfindung dienen durch eine – im Unterschied zu einem Orakel – in die Vergangenheit gerichtete Weissagung. In der weitesten und allgemeinen Form wurde ein Gottesurteil gesucht, um eine Entscheidung in einer Sache überhaupt herbeizuführen. So z. B. bei der Klärung der Frage, wo eine Kirche erbaut werden solle, welcher Weg einzuschlagen sei, ob eine Lehraussage häretisch sei. In einem engeren Sinn konnte ein Gottesurteil gesucht werden, um einen Rechtsfall zu lösen, wie z. B. die Frage der Rechtlichkeit eines Besitzanspruchs, der Ehelichkeit eines Kindes, der Echtheit einer Urkunde, der Wahrheit einer Behauptung, der Anwendbarkeit eines bestimmten Landesrechts oder des Eintrittrechts der Enkel in das Erbe des verstorbenen Vaters (durchgeführt von Otto I. 938). Ja selbst die Frage, ob den Laien das Scheren des Bartes verboten sei, wurde durch ein Gottesurteil beantwortet. Im engsten, in unserem Zusammenhang genauer darzustellenden Sinn diente das Gottesurteil dem Erweis der Unschuld oder Schuld eines Verdächtigten, genauer und eigentlich: dem Erweis der Wahrheit seiner Unschuldsbehauptung. In diesen zuletzt genannten rechtlichen Fällen wurde das Gottesurteil als Beweisverfahren in rechtliche Formen gegossen, die selbstverständlich zugleich als religiöse Rituale gestaltet waren und sakramentalen Charakter hatten. Die dabei verwendeten Segensformen hatten dichterischen Schwung und wurden als Szenen voller Heiligkeit, Wucht und Dramatik ausgeführt. Aus diesem Grunde wurde das Gottesurteil häufig auch in Legenden, Märchen, Dichtungen und Kunstwerken bis heute dargestellt.

Gottesurteile gab es in allen Kulturen, freilich nicht immer unter Berufung auf eine Gottheit (man verwendet dann die Bezeichnung „Ordal"), sondern in der Frühzeit oft als Zwingzauber gegenüber den Elementen Erde, Wasser und Feuer, denen eine reinigende Funktion zugesprochen wurde; ebenfalls konnte dem Zweikampf eine magische Bedeutung der körperlichen Kraft oder der Waffen zuerkannt werden. Das Christentum knüpfte vielleicht an vorhandene Elementenordale und an den Zweikampf an, verstand sie nun aber in einem neuen Sinne: als Ausdruck des Vertrauens in Gott, der selbst rechtlich und das Recht liebend gedacht wurde. Es ist interessant, dass das im Alten Testament geschilderte Gottesurteil (Fluchwasserprobe, Numeri 5, 11 - 31) oder andere entsprechende Passagen nicht als Vorbilder herangezogen wurden.

Der juristische Begriff „Gottesurteil" wurde erst in der Aufklärung geprägt und sollte alle Formen der „irrationalen" Verfahrensschritte, vor allem der Beweismittel erfassen, also auch z. B. den Eid, der aber eindeutig kein wirkliches Gottesurteil war. Dabei waren und sind die Kriterien für Rationalität fragwürdig, jedenfalls aber nicht auf die historische Situation anwendbar. Übersehen wurde nicht nur die „innere Logik" dieser Gottesurteile im Rahmen des Weltbilds, das ihre Glaubwürdigkeit begründete, man berücksichtigte genauso wenig die vielschichtige theoretische Argumentation um konkrete Anwendung der Gottesurteile. Meist waren nur bestimmte Gottesurteile zugelassen, andere wurden für unzulässig erklärt. Dabei machte man Unterschiede zwischen dem Verfahren vor dem

◀ *Der Eid kann durch ein Gottesurteil unterstützt werden: hier durch die Wasserprobe oder die Probe des glühenden Eisens. Wolfenbütteler Bilderhandschrift des „Sachsenspiegels". Drittes Viertel des 14. Jhs, f. 79v.*

▼ *Konrad von Wittighausen beweist 1131 durch das Gottesurteil des glühenden Eisens, dass das Dorf Obersalz dem Stift Würzburg zugestellt ist. Miniatur des Martin Seger in: Lorenz Fries, Chronik der Bischöfe von Würzburg 742-1495. 1546. Würzburg, Stadtarchiv (Ratsbuch Nr. 412, f. 96r).*

▶ *Der Priester segnet das Ritual des Gottesurteils des glühenden Eisens. Rituale Lambacense, 12. Jh. Stiftsarchiv Lambach, Handschriftensammlung Codex Clm LXXII, f. 72r.*

geistlichen und dem weltlichen Gericht und auch hier zwischen weltlichen und geistlichen Sachen. Oft richtete sich die Kritik nicht gegen die Idee des Gottesurteils oder gegen ein bestimmtes Gottesurteil selbst, sondern betraf nur die Mitwirkung der Geistlichen an dem Verfahren, vor allem wenn es zu einem Todesurteil führen konnte.

Zu bedenken ist für die Rationalitätsdebatte auch, dass grundsätzlich im Verfahren ein Gottesurteil nur durchgeführt werden durfte, wenn kein anderes traditionell anerkanntes Beweismittel herangezogen werden konnte. War im ursprünglichen Klageverfahren die beklagte Partei eidesfähig, schob man ihr den Reinigungseid (mit Eideshelfern) zu: In den Fällen der Kampfklage, bei Bestreiten der Behauptung der Tötung auf handhafter Tat oder bei Urteilsschelte, war im Falle der Waffenfähigkeit der Betreffenden der Zweikampf vorgesehen. Beide Male kann man nicht von einem „Gottesurteil" sprechen. Fand aber die Partei die erforderliche Anzahl von Eideshelfern nicht oder war dies von Anfang an nicht zu erwarten, konnte man zur Unterstützung des Reinigungseides auf ein Feuer- oder Wasserordal zurückgreifen. War die Partei nicht eidesfähig, blieb für die Reinigung von vornherein allein ein Gottesurteil (als „Abwehrordal") übrig. Es wurde auf die genaue und von den Parteien auszuhandelnde Formulierung der Behauptung des trotzdem Schwörenden bezogen. Musste oder durfte sich ein Kämpfer jedoch durch einen „Kempen" vertreten lassen, konnte der dann durchgeführte Zweikampf leicht seinen Charakter verändern und die Züge eines Gottesurteils annehmen. Dies betraf zwingend solche Fälle, in denen von vornherein keine Waffenfähigkeit gegeben war. Der Zweikampf durch Vertreter galt dann jedenfalls als Gottesurteil für beide Parteien, wie es vor allem in der Dichtung – noch im 19. Jh. in Richard Wag-

Bericht
Von erforschung/prob
vnd erkentnis der Zauberinnen durchs
kalte Wasser/ In welchem Wilhelm Adolph Scribonij meinung wiederleget/vnd von vrsprung/natur vnd warheit dieser vnd anderer Purgation gehandelt wirdt.
Aller Obrigkeit vnd Regenten nützlich vnd nötig zu wissen.
Gestelt vnd an tag geben durch Hermannum Neuwalt der Artzney Doctorn vnd Professorn in der Julius Vniuersitet. Jetzundt aber auß dem Lateinischen in Deutsche sprache vbersetzet/ durch M. Heinricum Meybaum in der Julius Vniuersitet Poëseos vnd Historiarum Professorem.
Helmstadt.
Gedruckt durch Jacobum Lucium/ Anno 1584.

◄ *Hermann Neuwalt lehnte in seinem 1584 verfassten Traktat die von W. A. Scribonius vorgeschlagene Wasserprobe für der Hexerei und Zauberei Verdächtige als Aberglauben ab. Das Titelblatt zeigt dieses „Hexenbad", wobei der linken, auf dem Wasser bleibenden Frau die Reinigung – im Gegensatz zu der rechts untergegangenen – gelingt.*

► *Der Priester segnet das Ritual des Gottesurteils der Wasserprobe. Rituale Lambacense, 12. Jh. Stiftsarchiv Lambach, Handschriftensammlung Codex Clm LXXII, f. 64v.*

ners „Lohengrin" – dargestellt wurde, mit dem christlichen Ritual der Vorbereitung, wie Beichte, Nächtigung im Kirchenraum, Weihe der Waffen, Segnen gegen magische Mittel. Denn das Recht wurde in einem solchen Fall dann nicht mehr dem zuerkannt, der der Stärkere war, sondern umgekehrt erhielt derjenige, der für die Wahrheit bzw. Unschuld kämpfte, die zum Sieg führende Kraft. Auch sonst konnte das Gottesurteil, also auch die Wasser- und Feuerprobe, für beide Parteien als „doppelte Probe" durchgeführt werden. Auf das Verhältnis des Zweikampfs zum Gottesurteil allgemein wird im 2. Kapitel noch eingegangen werden.

Später veränderte sich der Stellenwert des Gottesurteils mit der Einschätzung des Reinigungseides. Ging das Vertrauen in seine Glaubwürdigkeit verloren und sorgte man sich um den sündhaften Meineid des Betreffenden, war es folgerichtig, ihn durch das Gottesurteil, auch als Zweikampf, zu ersetzen. Versuchte man den Reinigungseid überhaupt zu verdrängen zugunsten einer erweiterten Überführungsmöglichkeit des Klägers mithilfe von Zeugenaussagen, bot sich ein mit erheblichen Schmerzen verbundenes Gottesurteil, wie die Eisenprobe, als Ersatz an. Denn die Zuschiebung eines solchen Gottesurteils übte einen Druck auf den Betroffenen aus, die Tat zu gestehen. Mit der zunehmenden Aufwertung des Geständnisses in der Entwicklung des Verfahrens hin zur amtlichen Untersuchung der Wahrheit geriet das Gottesurteil (nun als „Ermittlungsordal") überhaupt in die Nähe zur Folter. Die schließliche Zulassung der Folter bedeutete dann das verfahrensmäßige Ende der Gottesurteile, die im Übrigen vom römischen Recht, auch als dem Vorbild des kanonischen Rechts, von vornherein nicht vorgesehen waren.

In den rechtlichen Quellen werden ab 500 vor allem die Eisenprobe (probatio per ferrum candens, judicium ignis) und die Wasserprobe (probatio per aquam frigidam) genannt. Dabei wurde die Eisenprobe in drei Formen durchgeführt: als Probe des glühendes Eisens (Handeisen), als Pflugscharengang und als Kesselfang (kochendes Wasser). Der oder die Betroffene musste ein glühend gemachtes Eisen in die Hand nehmen und ein bestimmtes Wegstück tragen oder über glühende Pflugscharen gehen oder mit der Hand in einen Kessel mit heißer Flüssigkeit greifen und einen am Boden liegenden Gegenstand herausheben. Nur in den Legenden verbrannten sich die Betroffenen nicht, wie z. B. die hl. Kunigunde oder die Königin Isolde. In der Realität trugen sie selbstverständlich Wunden davon, die dann gesalbt und verbunden wurden. Nach einer bestimmten Zeit wurde der Verband gelöst und der Zustand der Verbrennung begutachtet. War der Heilungszustand sichtbar, bedeutete dies den Beweis der Wahrheit bzw. der Unschuld. Bei der Kaltwasserprobe wurde der oder die Betroffene in ritualisierter Form gebunden und auf die Oberfläche eines Teiches oder Flusses oder auf das Wasser in einem gefüllten Bottich gelegt. Ging der/die so Behandelte unter, zeigte diese Aufnahme

durch das reine und bei der Taufe Christi geheiligte Wasser die Unschuld bzw. Wahrheit an.

Der Zweikampf, sofern man ihn als Gottesurteil verstand, wurde oft durch die unblutige Kreuz- oder Kerzenprobe ersetzt, bei der derjenige, der in Kreuzeshaltung die Hände länger halten konnte bzw. dessen Taufkerze länger brannte, „gewonnen“ hatte. Zusätzlich entstand – wahrscheinlich nach antik-heidnischen Vorbildern – die Abendmahl- und Bissprobe (Schluckordal), bei der in feierlichem und daher auch nervös machendem Ritual die Hostie oder ein geweihtes Stück Brot oder Käse unzerkaut hinuntergeschluckt werden musste. Keine Bedeutung hatten die sonst in einigen Quellen erwähnten Gottesurteile, wie z. B. das Schreiten durch zwei brennende Holzstöße, auch in einem Wachshemd.

Meist war nicht nur beim Zweikampf, sondern auch allgemein eine Stellvertretung zulässig. Dieses Vorgehen ist typisch für die mittelalterliche Frömmigkeit und galt z. B. auch für eine Wallfahrt, öffnete aber in der Praxis der Manipulation durch einen „geübten“ Vertreter Tür und Tor. Daher kam es manchmal auch zu einem kollektiven Verfahren mit mehreren Betroffenen. Wer das Gottesurteil verweigerte oder darauf verzichtete, war beweisfällig und wurde so behandelt, als wäre das Gottesurteil misslungen. Wie häufig in der Realität der Verfahren solche Gottesurteile durchgeführt wurden, lässt sich schwer feststellen, die Zahl dürfte durchaus variiert haben. In den fränkischen Gerichtsurkunden finden sie sich nur in 0,3 % der Fälle; dagegen heißt es in einer Predigt aus dem 13. Jh., dass Eisen- und Wasserprobe fast täglich zu sehen seien.

Im Rahmen des christlichen Weltbildes, das grundsätzlich von einem Eingreifen Gottes in die Welt ausging, fand das ritualisiert erbetene Gottesurteil der Idee nach anfangs Anerkennung; strittig war aber stets die nähere Ausgestaltung. Die Kirche entwarf wahrscheinlich erstmals in den angelsächsischen bzw. iro-schottischen Diözesen für Wasserprobe, Bissprobe und Kesselfang Ritualvorschriften, die dann auf die anderen Gottesurteile ausgedehnt wurden. Zusätzlich beanspruchte die Geistlichkeit

◀▶ *Der Kriegsknecht Hans Spiess wird in Ettiswil 1503 durch die Bahrprobe („Blutwunder") des Mordes an seiner Ehefrau Margret überführt. Obwohl er die Folter ohne Geständnis überstanden hat (vgl. S. 87), gesteht er auf dem Friedhof an der Bahre der Toten die Tat. Er wird dafür neben dem von ihm selbst ausgehobenen Grab gerädert. Johann Jacob Wick, Nachrichtensammlung. 1560 bis 1587 (F 22, f. 598); Luzerner Chronik des Diebold Schilling d. J. 1513, f. 217r.*

die auch finanziell lukrative Monopolstellung nicht nur für die Vorbereitung und Durchführung, sondern auch für die Feststellung des Gelingens oder Misslingens, was in der Praxis Missbrauch möglich machte.

Die Erfahrung eines offensichtlich fehlerhaften Gottesurteiles, z. B. durch das spätere Geständnis des tatsächlichen Täters, konnte noch erklärt werden, wenn auf Manipulation, magische oder teuflische Beeinflussung und darauf verwiesen wurde, dass der unschuldig „Überführte" eben andere Sünden als die vorgeworfene Tat begangen habe; im umgekehrten Fall eines falschen Unschuldsbeweises konnte auf die vorherige Beichte und Reue des Betreffenden abgestellt werden. Schwieriger war der Zweifel zu beseitigen, dass Gott doch auch bei den Märtyrern, nicht einmal bei seinem eigenen Sohn in das Verfahren eingegriffen habe. Doch – so konnte man einwenden – hatten diese auch nicht ausdrücklich um ein Wunder gebeten. Dieses aktive Bitten nach göttlichem Eingreifen wurde schließlich von den Theologen des 12. Jhs. als sündhafte Versuchung Gottes und verbotenes Erforschen seiner unergründlichen Ratschlüsse gewertet. Darüber hinaus war zunehmend die Mitwirkung von Klerikern an Verfahrensschritten, die mit einem Todesurteil enden konnten, also der Beteiligung ihrer geweihten Hände am Blutvergießen, in Kritik geraten

EICHA KOVF
FRITZ BISEN
B A

– da die Kirche nicht nach Blut dürste. Aus diesem Grund hatte man schon seit den Anfängen die Beteiligung beim Zweikampf in Frage gestellt.

1215 verbot Can. 18 des IV. Laterankonzils unter dem Juristenpapst Innozenz III. die Mitwirkung der Geistlichen beim Vollzug der Gottesurteile (im Übrigen ebenso wie die Ausübung der Chirurgie). Bestätigt wurde dies 1243 durch die Aufnahme in die Dekretalen Gregors IX. Zunehmend sprach man in der Theologie den Elementen Feuer und Wasser nur noch eine natürliche Wirkung zu. Thomas von Aquin (um 1225–1274) sah in den Ordalen eine verbotene Wahrsagerei; in diesem Sinne nahm 1495 ein Beichtspiegel Feuer- und Wasserprobe in die Aberglaubensliste auf. In Verfahren vor geistlichen Gerichten wurde das Gottesurteil seit 1215 nicht mehr zugelassen. Bei Verfahren vor weltlichen Gerichten kam es dann zwar nicht unmittelbar nach 1215 – was sich darin zeigt, dass der „Sachsenspiegel", geschrieben zwischen 1224 und 1230/31, noch die Gottesurteile vorsah –, aber doch allmählich und schließlich im 15. Jh. zum Ende der Gottesurteile. Ausgenommen davon war der Zweikampf, der als Duell bis in die Neuzeit weiterlebte, allerdings nicht mehr als Gottesurteil. Bereits 1231 hatte Friedrich II. für Sizilien die Gottesurteile als vernunftwidrig verboten.

In den Zauber- und Hexereiverfahren stützte man sich anfangs ebenfalls auf Gottesurteile. Doch griff auch hier die Kritik. Selbst eifrige Hexenverfolger lehnten sie ab, da sie teuflische Manipulationen befürchteten. Allerdings kam im späten 16. und im 17. Jh. vor allem in Westfalen die Wasserprobe (Hexenbad) erneut ins Gespräch, aber nicht mehr als Beweismittel, sondern nur als Indiz für die dann zulässige Folter. 1583 schlug der Mediziner W. A. Scribonius ihre Anwendung vor, da die körperlich-sexuelle Inbesitznahme der Hexenleute durch den luftigen Teufel dazu führe, dass sie an Gewicht verlieren und auf dem Wasser schwimmen. Die Rechtsgelehrten standen aber diesem Vorschlag überwiegend ablehnend gegenüber. Viele Verdächtige sahen jedoch im Hexenbad die Chance, ihren guten Leumund wiederherzustellen, und verlangten außergerichtlich nach dieser Prozedur, die auch mancherorts, so in Lembeck mit mehr als 52 Proben im Jahr 1612, durchgeführt wurde, um sich eine lukrative Einnahmequelle zu verschaffen. Vor Gericht wurde das Ergebnis allerdings meist nicht anerkannt.

Ein seltsames Gottesurteil stellte die Bahrprobe dar (Bahrgericht, ius feretri; Blutungsrecht, ius cruentationis), die erstmals nicht in Rechtsquellen, sondern in literarischen Texten, und zwar im Nibelungenlied (Anfang 13. Jh.) – Hagen vor dem Leichnam Siegfrieds – erwähnt wurde. Seit dem 14. Jh. fand sie im Freisinger Rechtsbuch (1328) und im Stadtrecht von Visby auf Gotland (1341/44), später dann in zahlreichen Rechtsquellen Erwähnung. Der wegen eines Tötungsdelikts Verdächtigte musste nackt oder im Unterkleid an die Bahre des Opfers treten, den Leichnam berühren oder gar die Wunden küssen und seine Unschuld beschwören. Begann die Leiche zu bluten, was sicherlich bedeutete, dass Blutwasser abgesondert wurde, oder traten sonstige Veränderungen („Verkehrungen") an ihr ein, wies das auf den Probanden als Täter hin. Dies galt manchmal als Beweis, meist jedoch nur als ein Indiz für die zulässige Folter.

In dem bekannten, weil auch illustrierten Fall aus dem Jahre 1503 lässt sich die rituelle Ausgestaltung deutlich erkennen. Der Geselle und Kriegsknecht Hans Spiess hatte offensichtlich seine Gattin 1503 im schweizerischen Ettiswil in der Nacht ermordet; als nicht lange danach die Leiche entdeckt wurde, war er sofort verdächtig, leugnete die Tat aber. Er wurde schwer gefoltert, gestand aber die Tat noch immer nicht. Als letzte Möglichkeit ordnete das Gericht die Bahrprobe an, wobei der Charakter als Gottesurteil deutlich wurde: „wann das Gott vilicht wolt, das die grosse morderig an tag kaem." Er wurde nackt ausgezogen und geschoren, an den Beinen gefesselt und zur Bahre der exhumierten, seit 20 Tagen im Grab gelegenen Frau geführt. Da – so heißt es in dem Bericht – begann die Leiche zu bluten, Spiess gestand und wurde wegen Mordes verurteilt und gerädert.

Diese Geschichte zeigt die christliche Prägung des Vorgangs. Die auch vertretene Theorie, es handele sich um das Fortleben eines alten Glaubens an den „lebenden Leichnam", ist daher wohl nicht zutreffend. Da die Bahrprobe mit einem Untersuchungsverfahren zusammenhing, lässt sich sogar annehmen, dass die erstmalige Erwähnung im 14. Jh. auch den Beginn dieses Gottesurteils bedeutete. Anzumerken ist, dass die Initiative zu einer solchen Bahrprobe nicht immer vom untersuchenden Gericht ausging, sondern diese oft vom Beklagten

Die Teufel erheben Klage vor der göttlichen Trinität wegen ihres Anspruchs auf die erbsündige Menschheit. *Ulrich Tenggler, Der neü Layenspiegel. Augsburg 1512, f. 186v.*

oder Verdächtigten in Verbindung mit dem Reinigungseid verlangt wurde. In der Rechtspraxis ist die Durchführung der Bahrprobe überraschend zahlreich belegt, auch in Hexerei- und Zaubereiverfahren, wurde aber zunehmend nur als Indizierung der Folter angesehen. Im ausgehenden 17. Jh. nahm ihr Einsatz deutlich ab, zu Beginn des 18. Jhs. verschwand sie.

Der Teufel als Rechtssubjekt

Nicht nur Gott wurde in diesem christlichen Weltbild verrechtlicht, sondern auch der bzw. die Teufel. Im christlichen Glauben kam dem Bösen niemals eine göttliche Qualität zu, wie es in anderen Religionen, aber auch z. B. bei den Katharern (Ketzern) vom 12. bis 14. Jh. im Sinne eines Dualismus gedacht wurde. Zwar legte das Christentum dem Bösen und dem Schädlichen, Gefährlichen, Verderben Bringenden eine personale Form bei, die auf einen Engel und damit auf ein mit totaler Freiheit und Erkenntnis geschaffenes Geschöpf zurückgeführt wurde. Lucifer (Lichtträger) habe sich gegen Gott entschieden und durch diesen Abfall von Gott das Böse in die Schöpfung gesetzt. Zum Bösen wolle er nun auch die mit Willensfreiheit ausgestatteten Menschen verführen, unterstützt von zahlreichen ehemaligen Engeln und nun dämonischen Mitstreitern, denen die Tradition unterschiedliche Namen gab: Satan, Belial, Beelzebub, Leviathan, Asmodi, Asterot, Behemot. Zu ihnen gehörten auch die antiken Gottheiten, hinter denen sie sich verborgen hätten. Diese Setzung des Bösen hatte aus sich heraus keine eigenständige Existenz und Wirklichkeit. Gott ließ sie nur zu, um die Menschen zu prüfen und sie durch ihre Absage an das Böse oder den Bösen in ihrem Glauben zu stärken. Konsequenz war deshalb die Unterordnung des Teuflischen unter Gott und seine Einordnung in die Schöpfung und damit auch in deren Recht. Dies bedeutete zum einen, dass der Teufel als Rechtssubjekt anzuerkennen war, weshalb er z. B. auch Pakte schließen konnte, zum anderen jedoch, dass er sich dem göttlichen Richterspruch, wenn auch zähneknirschend, zu unterwerfen hatte.

Es gibt eine Vielzahl von Darstellungen zu den „Satansprozessen", in denen diese selbstverständlich nicht als Realität dargestellt wurden, aber doch insofern als „Wirklichkeit", als es in diesen Verfahren um die heilsgeschichtlich relevanten Dogmen ging. Prozessiert und argumentiert wurde also in theologisch-religiöser Absicht unter Einhaltung der juristischen Formen. Daher eigneten sich diese Darstellungen der Satansprozesse auch als Lehrbücher des kanonischen Prozessrechts. In ihnen erhebt meist der Teufel als Vertreter der Hölle (der „höllischen Bosheit") einen Anspruch auf die erbsündhafte Menschheit.

Als ein Beispiel ist der „Layenspiegel" (1509) zu nennen, in dem der Verfasser Ulrich Tenggler die Klagevorbringung der Hölle, vertreten durch die teuflischen Anwälte, vor dem göttlichen Gericht (illustriert als Trinität) schildert. Die teuflischen Argumente sind durchaus schlüssig, wenn man den Sündenfall bedenkt. Als Vertreterin der beklagten Menschheit schaltet sich die Gottesmutter Maria ein, der es gelingt, das Verfahren zu wenden. Das Urteil nimmt Bezug auf das Jüngste Gericht am Ende der Zeit, das die dann Verdammten der Hölle zuweisen wird. Am bekanntesten ist der „Belial-Prozess", dessen populäre Darstellung durch Jacobus von Theramo (1382) weitverbreitet war und sogar als Prozessrechtslehrbuch diente. Hier klagt der Teufel Belial als Vertreter der Hölle Christus selbst an, da dieser nach seinem Tod am Kreuz in das Reich der Hölle hinabgestiegen sei und von dort die Patriarchen des Alten Testaments, darunter auch Adam und Eva, unter Sprengung des Höllentores in den Himmel geführt, sie somit der Hölle „geraubt" habe; geklagt wird auf Herausgabe dieser Seelen. Gott ernennt Salomon zum Richter, der Beklagte Christus lässt sich durch Moses vertreten. Es kommt zu einem nach den Regeln des Kirchenrechts durchgeführten Prozess, der mit einem abweisenden Urteil endet: Christus habe durch seinen Opfertod die Menschheit von der Erbsünde befreit. Belial appelliert jedoch gegen das Urteil und erklärt Salomon für befangen.

Gott setzt für die 2. Instanz Joseph von Ägypten ein. Doch sieht Belial bald, dass er auch hier nicht zum Erfolg kommen wird. Er schlägt ein Schiedsverfahren vor mit Octavian, Jeremia, Aristoteles und Jesaja als Schiedsleuten. Doch dieses endet mit einem Spruch, der wiederum auf das Jüngste Gericht verweist. Die Teufel sind zufrieden und bereiten sich darauf vor, die Menschen zum Bösen zu verführen. Der Verfasser lässt dabei offen, ob und in welchem Maße ihnen das gelingen wird.

Belial überreicht kniend in Anwesenheit des Moses dem Richter Salomon die Klageschrift gegen Jesus. Jacobus de Theramo, Belial. Pergamenthandschrift 1461. München, Bayer. Staatsbibliothek (Cgm 48, f. 21v).

Vor uch durchluchtigen herren / herrn
Salomon konig zu Iherusalem
spricht Belial der gantz hell ver
weser und verantwurter zu Ihesu Ob wer
sich des von synen wegen under wynt / Wan
die selbe hel sich gemeret und jme hat gehabt / und
auch yn nutze und gewere aller menschen
uff erden lip und sele / Dar uber hatte sie ge-

locus caluarie
confessor
uxor
puer
puer

Das lebenspraktische Recht

Als Regelung des sozialen Lebens steht das Recht immer in einem Bezug zur Öffentlichkeit. Daher sind heute die Verfahren der Gesetzgebung im Parlament und der Rechtssprechung vor den Gerichten der Öffentlichkeit zugänglich. Von diesem Recht wird im Allgemeinen aber nur wenig Gebrauch gemacht, da ein grundlegendes Zutrauen in die Rechtlichkeit dieser Verfahren besteht. Zudem ist das Recht ein Gegenstand der Wissenschaft geworden, und damit abstrakt, vom Leben abgehoben und dem Laienpublikum nicht mehr immer verständlich. In früherer Zeit waren die Rechtsfinder im gerichtlichen Verfahren juristische Laien, die in vielen Fällen nach nicht niedergeschriebenen, althergebrachten Gewohnheiten urteilten.

Recht war lange Gegenstand nicht eines theoretischen Wissens, sondern der praktischen Lebenserfahrung. Was verboten und erlaubt war, erfuhren die Menschen durch die öffentlich und damit sinnlich erfahrbar vollzogenen Rechtsakte und durch die Predigten in den Kirchen. Die sichtbare Geordnetheit, die zugleich eine ästhetische Bildhaftigkeit der Rechtshandlungen begründete, konnte den Rechtsinstanzen die notwendige Legitimation vermitteln und kam dadurch der Ausbildung der gesellschaftlich-staatlichen Macht zugute. Je stärker der Staat und je theoretischer sein Recht wurde, desto mehr verlor das Recht seine Fundierung in der religiös-sozialen Praxis der Menschen.

Unter großer Beteiligung des Volkes, darunter auch Kinder, wird der wegen Weindiebstahls verurteilte junge Missetäter von Gerichtspersonen, gefolgt von dem auf dem Pferd reitenden Richter, zu dem außerhalb der Stadt auf einer Anhöhe gelegenen Richtplatz, auf dem neben einem aufgestellten Rad der Galgen errichtet ist, geführt. Nach der (oben dargestellten) Absolution in der Beichte durch den ihn betreuenden Priester wird er gehängt werden. Volkacher Salbuch. 1504, f. 401r.

nach des mānes tode is si ledic von des mānes rechte· I
burgelden vn̄ phlechhaften heizen· vn̄ des schultheizen
dinc suchen· den gibit man vumfczen schillinge czu bu
vn̄ czen phunt czu wergelte· vmb den muz man wol kis
eine vronen botē ob man des bedarf d' mnne den dri hu
habe· den sal kisen d' richter vn̄ di schephē· Andere vrie
te di lantsezen heizen· di komē vn̄ varn in gastes wise·
en haben kein eigen· in deme lande· den gibit mā ouch v
czen schillinge czu buze· ir wergelt is czen phunt· czwene i
line hantczechen· vn̄ eine mistgabele is des tageweche
buze· sin wergelt is ein barck vol weizis· von czwelf rut
alse ielich rute von d' anderē ste eines vademes lanc· i
rute sal haben czwelf nagele uf werc· ielich nagel sal vo
me anderē sten alse d' mā lanc is· biz an di schulderē· dur
daz mā den barch geheben moge· von nagele czu nagel
ielich nagel sal haben czwelf butele· ielich butel czwelf s
linge· P haffen kinderē· vn̄ di vnelich geborn sin· den
bit man czu buze ein vodir houwes· alse czwene iern
ochsen gezien mugen· S pilluyte vn̄ alle di sich czu ei
geben· den gibit man czu buze den schatē eines manne
R emphen vn̄ iren kinderē gibit man czu buze· eines
schildes blickegen d' sunnen· Czwene beseme· vn̄ eine s
re is ir buze· di ir recht mit duybe· od' mit roube· od' and
vorwirken· Vn elicher luyte buze gibit luczel vrume·
is doch durch daz gesazt· daz d' buze des richters gewe
volge· A ne wergelt sin vnechte luyte· doch swer rein
wundet· od' roubet· od' totet· od' vnechtet wip notegt·
den vride an in brichet· man sal uber in richten nach w
des rechte· An varnden wiben· vn̄ an siner amyen mac
d' man sine lip vorwirken· ob he si ane danc belege

Die Öffentlichkeit des Rechtslebens

Für das Bild der Hinrichtung des jungen Weindiebes am Galgen der Stadt Volkach gab der Stadtschreiber Niklas Probst in seinem „Salbuch" (Rechtsbuch) ausdrückliche Anweisungen: „hie sol die lantschafft ... ziehen zum galgen." Dementsprechend ziehen in der unteren Hälfte des Bildes mehrere Personen zur Richtstätte: im rechten Eck ein Haufen Bewaffneter (einer mit Schaller, dem spätmittelalterlichen Helmtypus, der in der ersten Hälfte des 15. Jhs. aus dem sogenannten Eisenhut entstanden war), links Einzelpersonen, davon gekennzeichnet das Kind „Höpfferle" und der Mann „Bernecker" (mit Krücken und Prothese). Darüber reitet der Richter (iudex) mit zwei Begleitern. In der Bildmitte führt der Gerichtsdiener den Verurteilten, begleitet von einem weiteren Gerichtsknecht (Beynle) und einem Priester, daneben ein Kind (puerulus). Oben nimmt der Priester (confessor) dem Todgeweihten die Beichte ab, in der Nähe hält sich ein zweites Kind (puer) auf. Der Galgen steht wie das dahinter befindliche Rad außerhalb der Stadt auf einem Hügel, weit sichtbares Abschreckungs- und stolzes Hoheitszeichen der Stadt Volkach und ihrer eigenen Blutgerichtsbarkeit. Der Hügel wird als Kalvarienberg (locus calvarie) bezeichnet. Das Bild macht deutlich, dass jeder zugelassen ist als Begleiter des Verurteilten auf seinem letzten Weg, auch Kinder und Behinderte. Für ein anderes Bild in diesem Salbuch verlangte Probst eine ähnliche Ansammlung von Menschen mit dem Hinweis, dass das „volck vmb das gericht stenn [solle wie] die lantschafft der juden vmb vnseren hergott." In der Tat lassen die Darstellungen der Passion Jesu viele zeitgenössische Umstände des Gerichtsverfahrens erkennen.

Die gesamte Rechtspflege war im Mittelalter und noch in der beginnenden Neuzeit – das Salbuch stammt aus dem Jahr 1504 – öffentlich, aber in einem durchaus anderen Sinne, als wir das heute verstehen. Für uns meint die von der Verfassung garantierte „Öffentlichkeit" die mögliche Kontrolle und damit den Ausschluss von Willkürjustiz (Kabinettsjustiz). Damals war das gesamte Verfahren von der Verfolgung bis zur Vollstreckung der Strafe öffentlich, weil es unmittelbare Bedeutung für das Leben der Menschen hatte. Nur so konnten die des Lesens und Schreibens unkundigen Leute die rechtlichen Inhalte erfahren, ebenso wurden ihnen von der Kanzel die göttlichen Verbote und Gebote gepredigt. Deshalb waren selbst Kinder bei der Hinrichtung anwesend. Das Recht war niemals eine abstrakte Normenordnung, die von einem „Verbrecher" in formalem Sinne „gebrochen" wurde, sondern es war die Lebensgrundlage aller, weshalb sich auch alle am Rechtsleben beteiligten.

Die Bilderhandschrift des 1497 revidierten Hamburger Stadtrechts enthält unter anderem eine Miniatur – in diesem Buch neben dem Titel abgebildet –, die etwas von der Eigenart der alten Rechtspflege vermittelt. Im Vordergrund wird gerade das Totschlagsverfahren eingeleitet. Unter Vorsitz des Vogtes (als Richter der Stadt) haben die amtierenden Gerichtspersonen auf Stühlen Platz genommen. Vor ihnen liegt die Leiche des Erschlagenen, dem noch das Blut aus den Wunden fließt, aufgebahrt mit zusammengebundenen Händen und Füßen, wahrscheinlich um ein befürchtetes Wiedergängertum (als lebender Leichnam) zu verhindern. Vor ihnen steht der öffentliche Ankläger in blutrotem Gewand. Hinter der Kopfseite des offenen Sarges hat sich der in Hamburg „Frohn" genannte Scharfrichter mit seinem Schwert aufgestellt. Der Sarg ist von Bürgern als den Schöffen umgeben, die das Urteil auf Frage des Vogtes zu fällen haben. Im Vordergrund steht zu Füßen des Leichnams mit entblößtem Haupt der braun gekleidete, blond gelockte Jüngling, der von einem Mann als Zeichen der Verhaftung am Arm gefasst wird. Sicherlich hat bereits der Frohn sein „Mordgeschrei" über ihn erhoben und dreimal laut gerufen: „Zeter über diesen Mörder, der in dieser ehrenreichen Stadt diese Mordtat begangen hat."

Links daneben ist der Pranger errichtet, ein bedeckter Käfig auf einem hohen Holzpfahl, in der Form einem Taubenschlag ähnlich. In diesem Käfig sind gerade zwei leichtfertige Menschen, vielleicht eine Dirne und ihr Zuhälter, in ein Halseisen geschlossen und so dem öffentlichen Gespött ausgesetzt. An der unteren Holzsäule wird die Strafe des Staupenschlages vollstreckt. Der Henkersknecht schlägt mit zwei Besenruten auf die verurteilte Per-

Statt Geld erhält (in der zweiten Bildzeile von oben links) der Tagelöhner zwei wollene Handschuhe und eine Mistgabel als Buße. Darunter die Buße des Kindes eines Geistlichen: ein Fuder Heu. Ein Lohnkämpfer und sein Kind erhalten (in der Bildzeile darunter) als Buße „das Blinken eines Kampfschildes gegen die Sonne", der Spielmann darf dem Schatten seines Beleidigers gegen den Kopf schlagen. Die unterste Bildzeile zeigt links die Buße eines rechtlosen Vorbestraften: Rute und Schere. Heidelberger Bilderhandschrift des „Sachsenspiegels". Anfang des 14. Jhs., f. 20r.

son ein – die sowohl als ältere Frau mit hängenden Brüsten als auch als Mann mit Lockenkopf interpretiert wird – ,wobei in Hamburg bis zu 54 Schläge verabreicht werden durften. Dazu hat er die Ärmel seines Überrocks zurückgestreift und zusammengeschlungen, um größere Bewegungsfreiheit zu haben.

Im Vordergrund hat ein grün gekleideter Gerichtsdiener, mit einem reich verzierten Schwert im Gürtel, einen gut gekleideten, ebenfalls bewaffneten Mann am Kragen gepackt und scheint ihn zum Pranger hinzuführen. Vielleicht soll er dort öffentliche Abbitte für eine Beleidigung leisten. Auch hier stehen Zuschauer um die Szene herum. Ganz links sehen wir das Gerichtshaus, in dem die Gerichtspersonen mit dem Vogt sitzen, vor ihnen stehen mit entblößtem Haupt der Kläger und der Beklagte. Die Holzladen des großen Fensters sind nach vorn herausgeklappt, damit die Verhandlung öffentlich ist.

Rechts, unmittelbar neben dem Pranger, bereitet eine Hexe einen bereits brodelnden Zaubertrank zu. Auf ihrem Rücken sitzt ein Teufel, um zu zeigen, dass sie miteinander im Bund stehen. Mit ihren Händen spannt sie Fäden, was vielleicht auf einen Impotenzzauber hindeutet. Daneben, auf dem Marktplatz, steht das graue Gefangenenhaus, in Hamburg „Frohnerei" oder „Büttelei" genannt, in dem die bereits überführten Täter sitzen müssen: zwar hinter einem vergitterten Fenster, aber doch von der Straße her leicht zu sehen. Man kann erkennen, wie sie mit Händen und Füßen in den Stock eingespannt sind.

Außerhalb der Mauer weiter rechts steckt der Scharfrichter sein Richtschwert gerade nach Vollzug einer Enthauptung in die Scheide. Darüber sehen wir den Galgen und die auf Stangen aufgerichteten Räder mit den Leichen hingerichteter Missetäter, die nicht abgenommen werden durften und allmählich verfaulen. Deutlich wird, wie weit sichtbar diese Hinrichtungsstätte ist, denn sie befindet sich wie im zuvor erwähnten Volkach auf einem Hügel.

Links daneben ist eine weitere Missetat dargestellt. Ein bewaffneter Mann hat gerade eine Frau entführt. Sie sitzt hinter ihm auf dem Pferd und klammert sich an ihn. Auch ein Spruch findet sich in diesem Bild: „Peccantes coram omnibus argue, ut ceteri timorem habeant" (Du sollst die Sünder vor allem Volke anklagen, auf dass die anderen sich fürchten). Er ist aus zwei Stellen des Alten Testamentes zusammengesetzt.

Dieses Bild macht deutlich, dass die Rechtspflege damals im eigentlichen Sinne als „Volksjustiz" charakterisiert werden kann. Erst der sich allmählich ausbildende Territorialstaat griff auf beamtete, am abstrakten römischen Recht ausgebildete Juristen zurück. Vorbild war dabei die Kirche, die mit dem Offizial den ersten juristischen Richter ausgebildet hatte, der auch das Urteil fällte – wohl in Anlehnung an Christus als Weltenrichter. Bis zu dieser Zeit fanden angesehene Laien das Urteil, und auch die anderen Menschen wirkten am Verfahren mit. Erst die Berufsjuristen agierten hinter geschlossenen Türen, tauschten lieber gelehrte Schriftsätze aus, als dass sie miteinander redeten vor den Augen und Ohren aller.

Mit der Folter verschwand ein wesentlicher Schritt des Verfahrens hinter den Mauern der unterirdischen Folterkammern. Das Recht wurde so dem Volk entfremdet und zu dem, was es heute ist: eine Disziplin von studierten Spezialisten. Nur in manchen bäuerlichen Gegenden Süddeutschlands hielten sich Reste einer Volksjustiz bis in das 19. Jh. Man denke an das bayerische Haberfeldtreiben, bei dem vor allem Unsittlichkeiten der Dorfbewohner von den maskierten „Haberern" öffentlich gerügt oder mit Schlägen, In-den-Bach-Werfen und – bei betrogenen Ehemännern – mit abtragen des Daches geahndet wurden. Dann kriminalisierte die staatliche Gewalt diese alten Bräuche und bereitete ihnen damit ein Ende. Beliebt war lange auch die Erzeugung von misstönenden Klängen, der sog. „Katzenmusik", ein Brauch, der sich bis ins 19. Jh. in der Volksjustiz erhalten hat.

Dabei meint „Volksjustiz" nicht eigentlich das Phänomen, das als Lynchjustiz bezeichnet wird, obwohl auch solche unmittelbare, aus Angst oder Wut entsprungene Gewaltaktionen immer wieder zu finden waren. In manchen Fällen ergriffen die Menschen die Initiative und leisteten die Vorarbeiten für das rechtliche Verfahren. In den Zeiten der Hexenverfolgungen etwa bildeten sich Ausschüsse von verängstigten oder empörten Bürgern, die sich selbst auf die Suche nach verdächtigen Frauen oder Männern machten, denen sie schädigenden Zauber – etwa das Erzeugen von Ernte vernichtenden Unwettern oder von Krankheiten – vorwarfen.

Meist orientierten sie sich dabei an Vorurteilen, die den Betreffenden einen schlechten Leumund verschafft hatten. Man traute ihnen daher diese Untaten zu. Die Ausschüsse erhoben Klage gegen die ausgekundschafteten Verdächtigen oder zeigten sie bei der Obrigkeit an; sicherlich nahmen sie diese Personen auch manchmal fest und lieferten sie bei den Behörden ab. Verbunden waren solche Aktionen mit der Forderung, schnell und effektiv ein Verfahren einzuleiten, das zur Verurteilung und „Ausrottung" dieser bösen Menschen führte.

Daneben gab es bereits seit der frühen Zeit der fränkischen Herrscher Personen, denen die Aufgabe zuerkannt war, sündhafte Missetaten anzugeben, die ihnen gerüchteweise zu Ohren gekommen waren. Vorbild dieser „Rügegeschworenen" war das kirchliche Sendgericht, das bei der Visitation der Gemeinde durch den Bischof tagte. Auf diese Weise gingen Anzeigen (Denunziationen) bei den Behörden ein, die dann im öffentlichen Interesse die Untersuchung (inquisitio) einleiteten. Davon wie auch über die Einbindung der Volksangehörigen in die Rechtspflege aufgrund der Entwicklung vom Klage- zum Anklageprozess berichtet Kapitel 3.

Rechtsstellung und Ehre

Dieses Recht und Leben vereinende Verständnis fand seinen Niederschlag auch in der Verbindung von der Rechtsstellung des Einzelnen mit seiner „Ehre". Dabei war unter Ehre noch nicht wie heute die innere Würde des Menschen, sondern das soziale Ansehen, der Ruf (fama), der Leumund zu verstehen. Anders als heute, da der Mensch als Inhaber verschiedener Rollen begriffen und damit unterschiedlich, nach differenzierenden Leistungs-, Qualifikations- oder Moralkriterien beurteilt werden kann, betraf diese Ehre damals die ganze Person. Und im Gegensatz zu heute brachten in den kleinen, überschaubareren Gemeinschaften viel eher sämtliche Mitglieder direkt oder indirekt (etwa über das Gerücht) ihre Anerkennung oder Missbilligung in den kommunikativen Ehrdiskurs ein. In diesen Face-to-Face-Strukturen konnte man sich gegenseitig nur schwer gleichgültig bleiben. Es galt daher, jederzeit diese Einschätzung – die heute gerne als „symbolisches Kapital" bezeichnet wird – im positiven Sinne zu mehren und zu verteidigen. Denn ohne guten Ruf lebte es sich nicht gut – im Gegenteil: Die alltägliche, durchaus auch materielle Unterstützung durch Familie, Nachbarn, Berufskollegen und schließlich mittelbar auch durch die Obrigkeit konnte nur erhalten, wer auf dem „Markt der Achtung" (Gerd Schwerhoff) nicht jeden Kurswert verloren hatte.

Dieser Autor unterscheidet zwei pragmatische Ebenen der Ehrdimension, die miteinander verwoben, aber keineswegs deckungsgleich waren. Ein-

Begleitet von einem Geistlichen wird der Verurteilte zum Hinrichtungsplatz geführt. *Bambergische Halsgerichtsordnung 1507.*

mal die Beanspruchung eines höheren Rangs (Dignität) durch bestimmte soziale Gruppen bzw. die Zuweisung eines minder ehrbaren oder gar infamen Status an andere Gruppen, zum anderen das Ringen um Mehrung oder Erhalt der individuellen Ehre. Dass der Adel einen besonderen Ehrenvorrang beanspruchen durfte, verstand sich von selbst, aber auch städtische Honoratioren setzten sich nach unten hin als „ehrbar" ab. Geradezu zum Motor frühneuzeitlicher Sensibilität in Sachen Ehre entwickelten sich die Zünfte in ihrem von ökonomischen Motiven bestimmten Drang zum Ausschluss von immer mehr Personen als „unehrlich". Die große Gruppe dieser unehrlichen Leute muss differenziert gesehen werden. Sie umfasste zunächst Angehörige wenig angesehener Handwerksberufe, wie Leineweber oder Bader, bis hin zu den Abdeckern als definitiv infamierten Personen, sodann auch Menschen anrüchiger, verachtenswerter Lebensart, wie Spielleute, Gaukler, Kempen (Vertreter im Zweikampf), Dirnen, des Weiteren die fahrenden Leute (Vaganten); darunter waren auch die unehe-

lich Geborenen; und schließlich bestimmte Missetäter, auf die noch einzugehen ist.

Vor dem Hintergrund dieser höchst ungleich auf die sozialen Schichten und Gruppen verteilten Ehre, an der jede und jeder Einzelne natürlich in einem allgemeinen Sinne partizipierte, vollzog sich dann das Bemühen der einzelnen Personen zur Bewahrung und Mehrung ihrer individuellen Ehre. Alle gesellschaftlichen Akteure nahmen in spezifischer Weise an diesen Ehrdiskursen teil, Bürger und Bauern ebenso wie Vaganten und Henker, Männer ebenso wie Frauen. Dabei kam es zu zeitlichen Veränderungen der Ehrauffassung, auch zu örtlichen Unterschieden. So wurde in katholischen Gegenden der Scharfrichter (Henker) meist als unehrlicher Mann betrachtet, während die Reformation in ihm den „Nachrichter" sah, der wie der Richter ein von Gott gegebenes Amt versehen musste.

Es ging daher nicht um den Gegensatz „ehrlich" – „unehrlich", sondern um die konkrete Ehrenstellung in der Gemeinschaft und vor der Obrigkeit. Diese ließ sich durch individuelles Verhalten gegenüber der gruppenspezifischen Bewertung steigern oder schmälern. Jemand konnte mehr oder weniger Ehre haben, selbst in den an sich als unehrlich angesehenen Gruppen. Jede(r) war für dieses bestimmte Ansehen in gewisser Weise verantwortlich und hatte deshalb nicht nur entehrendes (schändliches, schelmisches), dem Sittencodex der Zeit widersprechendes Verhalten zu unterlassen, sondern musste sich auch gegen herabsetzende Beleidigungen (Injurien) oder Verdächtigungen zur Wehr setzen. Verfestigte sich ein böser Leumund, so konnte dies verheerende Folgen haben, da die Prozessgesetze – vor allem die „Carolina", die „Peinliche Halsgerichtsordnung" Karls V. von 1532 – als grundlegende Voraussetzung einer Zulassung der Folterung den bösen Leumund ansetzte.

Darin wird deutlich, dass die konkrete Ehrenstellung Auswirkungen auf die Rechtsstellung des Einzelnen hatte. Durch die Rezeption des römischen Rechts (ab dem 12. Jh.), an das auch das kanonische Recht der Kirche (vor allem in den Ketzerprozessen) anknüpfte, wurde das Institut der „infamia iuris" – auch als „capitis deminutio" bezeichnet – eingeführt. Diese Infamie konnte den Verlust des Bürgerrechts, der Familienzugehörigkeit und selbst der Freiheit bedeuten. Im Spätmittelalter und der Frühen Neuzeit entwickelte sich eine differenzierende Sicht beim Zusammenspiel von Unehrlichkeit, Ehr- und Rechtlosigkeit. Manche Missetaten, wie z.B. Landesverrat, aber auch Verrat des Freundes oder Untreue, daneben Diebstahl und Hehlerei, Mord, Meineid, Ketzerei und Hexerei (Zauberei), machten den Täter ehrlos und verminderten seine Rechtsstellung grundlegend. Der Be-

troffene war nicht mehr eidesfähig, konnte deshalb auf eine Anklage nicht mit dem Reinigungseid reagieren. Er genoss keinen Rechtsschutz gegen Beleidigungen, konnte nicht als glaubwürdiger Zeuge vor Gericht auftreten, auch keinen ehrbaren Beruf ergreifen (diese Konsequenz wurde oft auf seine Kinder ausgedehnt); meist verweigerte man ihm das Begräbnis in geweihter Erde.

◄▲ Vor den Augen der Volksmenge werden Jacob Finiger von Mühlhausen am 8. August 1587 in Bern enthauptet, drei Hexen am 5. Juni 1574 in Bern verbrannt, und eine Mutter, die ihr Kind getötet hat, am 2. April 1586 ertränkt. Johann Jacob Wick, Nachrichtensammlung. 1560 bis 1587 (F 35, f. 389r; 23, f. 56; 34, f. 173v).

Diese Missetäter wurden mit den entehrenden Strafen hingerichtet: dem Hängen, dem Rädern, dem Verbrennen, dem Zerreißen, dem Sieden. Sie wurden auch gestäupt und aus dem Land verwiesen – oft hinausgeprügelt –, vorher oft gebrandmarkt und dadurch gezeichnet. Andere Missetaten, darunter auch Gewaltdelikte wie Totschlag oder Raub, wurden mit der ehrlichen Strafe des Enthauptens sanktioniert. So erklärt sich die für uns befremdende Dankbarkeit eines Verurteilten für die Gnade, statt gehängt oder verbrannt nur enthauptet zu werden.

Daneben gab es Strafen, die durch ihren schmähenden Öffentlichkeitsbezug den Betroffenen unehrlich machen sollten, wobei manche Historiker heute zwischen Ehren- und Schandstrafen unterscheiden wollen. Während die Letzteren nur die soziale Ehrenstellung schmälern sollten, würden die Ersteren auch zu einer Herabsetzung der Rechtsfähigkeit geführt haben. Wie die anrüchigen Leute, z. B. Spielleute, Gaukler, Kempen, unehelich Geborene, konnten sie keine glaubwürdigen Zeugen mehr sein, auch keine ehrbaren Berufe annehmen. Doch war für die konkrete Wirkung dieser Strafen – sie werden im 5. Kapitel genauer behandelt – die nicht sicher vorhersehbare Reaktion der Öffentlichkeit maßgebend. Aus diesem Grunde wirkt eine solche Unterscheidung künstlich.

Aus der konkreten und daher unterschiedlichen Rechts- und Ehrenstellung ist eine Stelle in dem zwischen 1224 und 1230/31 entstandenen „Sachsenspiegel" des Eike von Repgow zu verstehen, der sich in der Wolfenbütteler Bilderhandschrift findet. Es geht um das Bußgeld, das jemand vom Schadensverursacher als Ersatz und Genugtuung zu fordern hat. In der oberen Zeile erhalten zwei Bauern – als „Pfleghafte" und „Biergelden" eingeordnet – zwölf Geldstücke; darunter sind zwei Freibauern („Landsassen") dargestellt, denen ebenfalls im Bild diese Geldsumme zugesprochen wird; daneben

◀ *Der Mörder Hans Richard Glaser wird 1534 auf dem Weg zur Hinrichtung mit glühenden Zangen gezwickt und dann gepfählt.*

◀ *Hans von Trient wird vom Richter, dem Schultheißen Ritter zu Luzern, 1559 zur Hinrichtung geführt.*

▶ *Agnes Muschin wird am 9. Oktober 1574 in Bremgarten als Hexe mit glühenden Zangen gequält und dann verbrannt.*
Abbildungen aus: Johann Jacob Wick, Nachrichtensammlung. 1560 bis 1587 (F 13, f.62r; 12, f.21r; 23, f.424).

steht ein Tagelöhner, dem zwei Handschuhe und eine Mistgabel zustehen. Die dritte Zeile illustriert die Vorschrift: „Kindern von Geistlichen und denjenigen (Kindern), die unehelich geboren sind, gibt man als Buße ein Fuder (d.h. eine Wagenlast) Heu, wie es zwei einjährige Ochsen ziehen können.“ Die vierte Zeile von oben bedeutet: „Spielleuten und allen denjenigen, die sich in Leibeigenschaft begeben, denen gibt man als Buße den Schatten eines Mannes. Lohnkämpfern und ihren Kindern gibt man als Buße das Blinken eines Kampfschildes gegen die Sonne.“ Und schließlich die untere Zeile mit dem rechts dargestellten Mann: „Zwei Besen und eine Schere ist die Buße derjenigen, die ihr Recht mit Diebstahl oder mit Raub oder auf andere Weise verwirken.“ Man bezeichnet diese drei Bußangaben als „Schein-“ oder „Spottbußen“. Es ist jedoch zu bedenken, dass diese unehrlichen Leute trotz allem in das System der Buße eingeordnet sind und auf diese Weise der höchst differenzierende Zusammenhang von Ehre und Rechtsstellung veranschaulicht wird.

Die Öffentlichkeit der Hinrichtung

Der Unterschied zur heutigen Strafrechtspflege zeigt sich deutlich im Vorgehen nach Fällung des Endurteils. Heute wird der zu einer Freiheitsstrafe Verurteilte in einer Strafanstalt eingeschlossen, die grundsätzlich der Öffentlichkeit entzogen ist. In den Vereinigten Staaten von Amerika, die noch die Todesstrafe vollstrecken, findet auch diese Tötung hinter Mauern unter Ausschluss des Publikums statt.

In früherer Zeit dagegen waren die Hinrichtungen und das ganze Geschehen um die Tötung des Missetäters – von Ausnahmen abgesehen, z.B. aus Furcht vor Unruhen oder aus Gnade bei hochgestellten Persönlichkeiten – öffentlich, können sogar durchaus als „Volksfeste" betrachtet werden. Verschiedene Zeichnungen in der „Wickiana", wie die Nachrichtensammlung des protestantischen Chorherren Johann Jakob Wick (1522-1588) genannt wird, zeigen dieses Phänomen. War das Todesurteil gesprochen und der Stab über den Verurteilten ge-

brochen, wurde er zur Richtstätte geführt. Das Bild aus dem Volkacher Salbuch wurde schon oben besprochen. Ein Holzschnitt in der Bambergischen Halsgerichtsordnung von 1507 zeigt ebenfalls einen solchen feierlichen Zug. Voran geht der Frohnbote mit seinem Stab; links neben dem vom Scharfrichter gebunden geführten Verurteilten, der im Übrigen als Einziger barfuß ist, geht ein Mönch, der auf das Kruzifix weist und den Todgeweihten zur Reue und zum Gebet mahnt, was ein Spruchband über seinem Kopf verdeutlicht.

Nicht immer verlief dieser Weg zur Richtstätte so friedlich. Oft wurde der Verurteilte gebunden vorwärtsgetrieben, vom versammelten Volk verspottet, beschimpft und geschmäht, auch mit Steinen beworfen. Besonders üble Täter, vor allem Mörder, Räuber und Hexen, wurden manchmal zur Strafverschärfung hinausgeschleift, auf eine Kuhhaut gelegt oder in sie eingehüllt, auch auf einem Holzbrett liegend, wobei der Kopf unbedeckt blieb und am Boden aufschlagen konnte und sollte. Manchmal verwendete man einen eigenen „Schinderkarren", auf dem Missetäter zusätzlichen Qualen unterworfen werden konnten. Sie wurden stehend oder sitzend mit Zangen, die glühend gemacht waren, um ein Verbluten zu verhindern, gerissen und gezwickt, geblendet oder kastriert. Mit diesem Karren wurden anschließend auch die Toten weggebracht.

Der Frieden auf dem Weg zum Richtplatz konnte auch auf andere Weise gestört werden, etwa durch Freunde des Verurteilten, die mit Gewalt versuchten, die Hinrichtung zu verhindern. Das Volkacher Salbuch zeigt diese Gefahr. Aus diesem Grunde sahen die Prozessordnungen meist vor, dass der Richter einen eigenen Frieden für das Hinrichtungsgeschehen aussprechen sollte, dessen Verletzung mit schwersten Strafen bedroht war. Doch wird immer wieder berichtet, dass es zu Gewaltausbrüchen kam. So wurde 1575 der Scharfrichter von Chur (Graubünden) von den empörten Zuschauern fast gesteinigt, weil es ihm offensichtlich wegen Alkoholisierung nicht gelang, die Enthauptung dreier Missetäter ordnungsgemäß durchzuführen; der hinter ihm stehende Richter war nicht in der Lage, daran etwas zu ändern.

Auf der anderen Seite konnte der lange Weg für den Verurteilten auch die Rettung vor dem Tode bedeuten. Manche hochgestellte Personen, wie selbstverständlich der Gerichtsherr oder der Kaiser selbst, hatten von alters her ein Begnadigungsrecht. Sie durften den Todgeweihten für sich beanspruchen, ihn sogar noch vom Strick losschneiden. So musste der von der Gräfin von Montfort begnadigte Missetäter sein weiteres Leben als Klosterknecht verbringen.

Gern berichtet wurde über die Begnadigungen durch das Erbitten zum Ehepartner, die freilich sehr selten Realität waren. Der Scharfrichter konnte danach die verurteilte Frau auf diese Weise vor dem Tode retten, auch eine Jungfrau einen verurteilten Mann. Für uns ist das nicht zu verstehen, es erscheint irrational. Daher wird manchmal auf eine Wurzel im alten Aberglauben an die reinigende Kraft der Jungfräulichkeit verwiesen. Näher liegt als Begründung die Tatsache, dass die hinrichtende

Obrigkeit auf den Charakter dieser Öffentlichkeit, zu achten hatte. Es konnte ein Akt rechtspolitischer Klugheit sein, offensichtlichen Wünschen des Volkes in Richtung einer Begnadigung entgegenzukommen. Auf diese Weise war es der Obrigkeit möglich, sich den Ruf einer gnädigen und deshalb mächtigen Instanz zu geben.

In gleicher Weise konnte es klug sein, der Gnadenbitte einer hochrangigen Persönlichkeit stattzugeben, um sie sich dadurch verpflichtet zu machen. Allerdings wurde dieses Einsetzen für einen Verurteilten vielfach geradezu als Sport betrieben. Die hochedlen Damen und Herren des Adels konnten nicht genug Bittbriefe schreiben, um jeden verurteilten Missetäter vom Galgen oder Schwert oder Rad oder Scheiterhaufen zu bringen. Schließlich bedeutete die Stattgebung einer solchen Bitte das Anerkennen der hochgeachteten Stellung und Ehre. Die Belästigung der Gerichte und des Landesherren wurde schließlich so schwerwiegend, dass dieses Fürbitten gesetzlich verboten wurde. Anzumerken ist, dass in manchen Gerichtsherrschaften bei Massenhinrichtungen der Scharfrichter ein Recht auf den zehnten Mann hatte; nach dem „Sachsenspiegel" durfte er diesen gegen Lösegeld freilassen. Auch damit konnte das Bedürfnis nach Sensation der Umstehenden befriedigt werden.

Zum Verständnis dieser Praktiken und Szenen muss man den Charakter einer solchen Hinrichtung bedenken. Als Tötung eines Menschen und damit als Verstoß gegen das 5. Gebot bedurfte sie einer Legitimation, die sich in einem Bezug zur begangenen Straftat zeigen musste. Da sie in diesem Sinne eine Antwort auf Vergangenes war, erwuchs ihr der Zwang zur Vergegenwärtigung von Vergangenem, stellt sie sich dar als eine „Form der Erinnerung" (Alois Hahn). Sie unterbrach demnach den kontinuierlichen Zeitablauf, indem sie Anschluss an die vergangene Tat herstellte und die

◀ *Bewaffnete warten in ihrem Versteck, um den zum Galgen geführten Verurteilten zu befreien. Dadurch brechen sie den vom Richter ausgesprochenen Frieden. Volkacher Salbuch. 1504, f. 400r*

▼ *In Baden befreit am 14. Juli 1509 die Gräfin von Montfort einen wegen Diebstahls zum Tod durch Hängen verurteilten Gerber. Seine Geliebte, für die er die Tat begangen hatte, flieht im Vordergrund vor dem Gerichtsknecht in die Freistatt der Kirche. Luzerner Chronik des Diebold Schilling d. J. 1513, f. 330v. – Drei Missetäter sitzen am Marktplatz gefangen im Block, vor ihnen steht der Kläger mit erhobenem Schwert. Ulrich Tenggler, Der neü Layenspiegel. Augsburg 1512, f. 168r.*

◀ *Wegen des Misslingens der Enthauptung von drei Dieben werden 1575 in Chur Richter und Scharfrichter von der aufgebrachten Menge gesteinigt. Johann Jacob Wick, Nachrichtensammlung. 1560 bis 1587 (F 24, f. 345).*

▶ *Der Stadttrompeter kündigt den öffentlichen Vollzug der Prügelstrafe am Pranger an. Breslauer Bilderhandschrift der Chronik des Jean Froissart. 1488/89. Bd. 3, f. 44r. Staatsbibliothek Berlin-Preußischer Kulturbesitz (Dep. Breslau 1).*

Zeit dazwischen ausschied, was auch die Identität des Täters betraf: Er wurde auf diese vergangene Tat fixiert.

Dieser Radikalität der Unterbrechung entsprang der Zwang zur Darstellung der Gründe und damit zu einer Inszenierung, die die Vergangenheit in der Einheit von Tat und Täter gegenwärtig machte, um beide nun auszulöschen. Damit sollte auch die Erinnerung nicht mehr an die Tat, sondern an die Hinrichtung selbst gebunden werden. Die Hinrichtung musste sich als notwendige Konsequenz dieser Vergangenheit, als letzter und abschließender Akt erweisen. Als Folge wurde die Tötung von den Angehörigen und Freunden des Hingerichteten wie auch allgemein von der Öffentlichkeit akzeptiert und führte nicht selbst zu neuer Gewalttat (in Form von Rache). Deshalb greift die Kennzeichnung als „Schauspiel des Todes" oder als „Theater des Schreckens" (Richard van Dülmen) zu kurz. Die Hinrichtung musste sich als „Theater des Rechts" darstellen. Der erforderliche Bezug zur Vergangenheit wurde zunächst unmittelbar sinnlich-leiblich hergestellt, indem der Täter am Tatort, mit der Tatwaffe, mit der Beute, am Jahrestag der Tat getötet wurde; man spricht gerne von „spiegelnden Strafen". Später diente dazu die Verlesung des Geständnisses (Urgicht), sofern nicht überhaupt die Hinrichtung unmittelbar im Anschluss an die Urteilsverkündigung im Verfahren – am endlichen Rechtstag – erfolgte. Bei dieser Vorgangsweise ging der unmittelbare leibliche Bezug zur konkreten Tat verloren zugunsten ihres allgemeinen Charakters als Rechts- oder Friedensbruches. Die Hinrichtung konnte daher zunehmend auch als Mittel zur Abschreckung der Anderen und zur Wiederherstellung des Rechtsvertrauens der Allgemeinheit eingesetzt werden. Diese pädagogisch-didaktische, auch moralisierende Absicht der neuzeitlichen Hinrichtung führte zu ihrer manchmal volksfestartigen Inszenierung.

Der Tötungsakt selbst musste in seiner leiblichen gestalthaften Durchführung einer geordneten Körperbewegung auch ästhetische Qualität bekommen, was zum Berufsstand des Scharfrichters für die nun immer wichtiger werdende Enthauptung führte. Da aber auch der Hinzurichtende selbst bei diesem Schauspiel mitwirken sollte, kam es zu Vereinbarungen über den konkreten Vollzug: etwa die vorherige heimliche Tötung bei der Feuerstrafe oder die Ablösung des Hängens oder Räderns durch das Enthaupten. Diese Reduzierung des unmittelbaren Bezugs zur aufzuhebenden und auszulöschenden Tat-Täter-Einheit wurde gefördert von der aufkommende Psychologisierung des Menschen und damit der Erklärung der Tat aus der Geschichte und Situation des Täters. Diese Erklärbarkeit der Tat stellte zugleich Maßnahmen in den Raum, die zu seiner möglichen Besserung führen konnten. Damit geriet die Hinrichtung konsequent in eine Legitimationskrise, denn zunehmend etablierte sich die Vorstellung, der Strafzweck sei auch durch andere Maßnahmen erfüllt als gerade die Tötung eines Menschen. Dazu kam, dass die Hinrichtung auch als Theater des Rechts eine Tötung war und blieb, weshalb jedes Wort, jede Geste und Tat besonderes Gewicht erhielt an der „Schwelle vom Sein in dieser Welt in das Sein in einer jenseitigen Welt, das – je nach religiösem Verständnis – zwar schattenhaft, aber durch den Kontakt mit dem Göttlichen allge-

◀ *Am 16. Oktober 1585 wird ein Mann aus Augsburg in Baden an das Halseisen gestellt. Ihm wird sodann die Zunge abgeschnitten, weil er über den neuen Kalender geschimpft hat. Johann Jacob Wick, Nachrichtensammlung. 1560 bis 1587 (F 33, f.191v).*

▶ *Der Rat von Mülhausen tagt unter der Gerichtslinde. Luzerner Chronik des Diebold Schilling d. J. 1513, f.70v.*

genwärtig ist und deshalb den Überlebenden ebenso bedrohlich wie hilfreich erscheinen kann" (Walter Eder). Bei jeder Hinrichtung griffen Recht, Religion und Gewalt eng ineinander. Denn selbst eine rechtliche Hinrichtung beseitigte niemals völlig das Tabu, das mit der verunreinigenden Wirkung der Tötung eines Menschen verbunden ist.

In der Hinrichtung verbanden sich Gewalt und Recht ebenso wie Recht und Religion zu einer kompromissbehafteten Einheit; jede der drei Komponenten konnte im teilweisen Widerspruch zu den Inhalten der anderen geraten. Das war vor allem der Fall, wenn das weltliche Recht sich die Regeln der Religion zunutze machte. Von daher ist es verständlich, dass die Umstände der Hinrichtung oft mit abergläubischen Vorstellungen belegt wurden, auf die im 5. Kapitel noch eingegangen wird. Das Problem verschärfte sich dann, wenn die Bestrafung über die Tötung hinaus auch eine Misshandlung des Leichnams darstellte. Außerdem erschloss sich dem Verständnis nur schwer, warum ein Mensch, dem die Kirche die Hoffnung auf das ewige Leben mit allen anderen zusprach, für staatliche Belange getötet werden musste.

Jedenfalls war das Gelingen einer Hinrichtung von vielen Umständen bedroht. Das Theater „gefiel" den Umstehenden nicht immer; der Hass auf den Missetäter konnte dem Mitleid weichen; der Tötungsakt konnte falsch verlaufen und zu einem brutalen Abschlachten werden. Die Hinrichtung drohte immer in Gewaltszenen bis hin zu Unruhen umzuschlagen und musste daher zunehmend von Militär und Polizei gesichert werden. Im 19. Jh. wurde sie dann als öffentliche Aktion aufgegeben. Es bedurfte der erwähnten rechtspolitischen Klugheit der Obrigkeit, den schmalen Pfad zwischen Recht und Unrecht zu finden.

Die Öffentlichkeit der sonstigen Strafvollstreckung

Auch die Vollstreckung der anderen Strafen geschah in der Öffentlichkeit. Die erforderlichen Strafgeräte mussten daher auf einem öffentlichen Platz aufgestellt werden. So finden wir auf zeitgenössischen Darstellungen an der Wand des Rathauses einer Stadt einen Stock oder Block angebracht, in den die Missetäter mit Füßen und Händen eingeschlossen werden konnten, oder ein Halseisen, das ihnen angelegt wurde. Auf dem Marktplatz errichtete man – wie in der Bilderhandschrift des „Hamburger Stadtrechts" zu sehen – häufig einen Pranger oder eine Schandsäule, an die ein Verurteilter gebunden wurde und wo er gestäupt (ausgepeitscht) oder mit einer Verstümmelung (z.B. Zungenabschneiden) bestraft werden konnte.

Um das Publikum anzulocken, kündigte man die Vollstreckung einer solchen Strafe laut an. Dazu eignete sich auch Musik. An manchen Prangern war eine Glocke angebracht, deren Läuten die Menschen herbeizog, mancherorts wurde auch der endliche Rechtstag oder die Hinrichtung durch die Kirchenglocke eingeläutet. Noch eindringlicher konnte das Interesse durch den Stadttrompeter oder durch Trommeln geweckt werden.

Die Öffentlichkeit des Verfahrens

Das Verfahren, das zur Verurteilung und Strafvollstreckung führte, war ebenfalls öffentlich. Noch mehr: Es nahm wegen dieser Öffentlichkeit auch den Charakter eines „Theater des Rechts" an. Dies fasziniert uns einerseits, andererseits erscheint uns die Vergangenheit gerade in dieser Eigenart – wie dem bloßem Spektakel eines Schauprozesses – sehr fremd, kindlich und unernst, gemessen an der nüchternen bis kalten Atmosphäre in unseren heutigen Gerichtssälen. Doch lasse man sich nicht täuschen. Wer darauf achten will, erkennt auch heute noch theatralische Strukturen, von den Roben der Richter, der Rollenverteilung der Parteien, der gehobenen Sprechweise bis zur Ausstattung der Gerichtsorte. Es ist heute ein anderes Theater, das aufgeführt wird, ein „Theater der Sachlichkeit", das sich darin in der Tat von den früheren Inszenierungen unterscheidet.

Zunächst zeigte sich diese Öffentlichkeit und Theatralik im Ort des Verfahrens. Es fand nämlich lange Zeit im Freien statt, oft an besonderen Stätten, denen Achtung, ja Verehrung zukam. Von alters her waren mächtige Bäume, wie frei stehende Eichen, in Dörfern vor allem Linden beliebte Gerichtsorte. Man konnte die Gerichtsbänke auch sonst im Freien aufstellen und dort tagen. In dieser Weise fanden auch die Verfahren vor den Femegerichten statt, die seit der Romantik gerne als „heimliche Gerichte" betrachtet werden. Das Bild in einer Soester Sammlung von Dokumenten, u. a. zum femerechtlichen Kapitel des „Frankfurter Reichsabschieds" von 1442 aus dem 15. Jh., lässt den Ort dieses Gerichts durch den angedeuteten Grasboden, auf dem der Gerichtstisch mit dem Schwert als Zeichen der Blutgerichtsbarkeit steht, erkennen. Die Femegerichte tagten in der Regel

außerhalb der Ortschaften unter freiem Himmel und damit an Orten, die allgemein zugänglich waren – denn auch ihr Verfahren war öffentlich.

Nur die Vollstreckung des gefundenen Endurteils, das immer auf Erhängen mit der Weiderute hinauslief, fand meistens nächtlich und damit im Geheimen statt, an dem Ort im Reich, wo der Verurteilte angetroffen worden war. Dargestellt sind in diesem Soester Bild der Richter (Freigraf) und neben ihm auf beiden Seiten je ein Urteilsfinder (Freischöffe). Das auf dem Tisch liegende Schwert war das Zeichen der Blutgerichtsbarkeit. Diese führten die Femegerichte auf eine Verleihung durch Karl den Großen zurück und leiteten davon zugleich ihre Zuständigkeit für das gesamte Reichsgebiet ab. Tatsächlich entstanden die Femegerichte erst im 13. Jh. im Rahmen der Landfriedensbewegung. Die Freigrafen erhielten den Blutbann vom König, außer in Westfalen, wo ihn seit der Entmachtung Heinrichs des Löwen 1180 der als Statthalter eingesetzte Erzbischof von Köln vergab. Die Freischöffen bildeten demgegenüber einen Bund von „Femegenossen", der zunehmend den Charakter eines Bundes von Eingeweihten und Wissenden – also eines Geheimbundes – annahm. Vom Namen dieses Bundes leitete sich dann die spätere Bezeichnung „Femegericht" ab.

Manchmal, so wird berichtet, hielt man Gericht auf Friedhöfen oder in Kirchen, zumindest im Kirchenportal unter der Darstellung des Weltenrichters Christus, wie der Dorfrichter gemäß „Sachsenspiegel". Die Stadtgerichte tagten in offenen Gerichtslauben am Rathaus, wie die Bilderhandschrift des

„Hamburger Stadtgerichts" zeigt, oder auf einer Bühne an erhöhter Stelle des Rathausplatzes, wie es die Bilder im „Volkacher Salbuch" oder auch die Darstellung des „Herforder Stadtgerichts" veranschaulichen. In Städten mit einer Rolandsstatue wurde Gericht auch vor diesem Hoheitszeichen gehalten.

Später errichtete man Gerichtslauben im Rathaus selbst, die bald zu reich ausgestatteten Gerichtssälen wurden. An der Wand hing oft ein Bild des Weltenrichters Christus. Manchmal wurden auch eigene Gerichtshäuser gebaut. Jedenfalls verlagerte sich dadurch der Ort des Gerichts in das Innere von amtlichen Gebäuden. In diesen abgeschlossenen Gerichtszimmern gab es dann keine Zuschauer mehr, denn das Verfahren wurde im Wesentlichen nur mehr schriftlich geführt, von wissenschaftlich ausgebildeten Juristen, die ein Recht anwendeten, das den Menschen oft alleine schon wegen der lateinischen Sprache der Texte nicht mehr bekannt war.

Ihren Höhepunkt erreichte diese Entwicklung im Inquisitionsprozess. Seine wichtigen Verfahrensschritte der Untersuchung (inquisitio) blieben der Öffentlichkeit verborgen. Das Recht wurde nun in unterirdischen Folterkammern gefunden, in kleinen Räumen der Kerkertürme, in verschlossenen Ratsstuben oder überhaupt nur noch im versiegelten Briefverkehr mit den Rechtsfakultäten, die man um eine Begutachtung bat, und die urteilten, ohne jemals den Missetäter gehört und gesehen zu haben.

Aber zurück in die Zeiten des öffentlichen Verfahrens! Der Ort des Gerichts war interessant nicht nur für die Parteien, deren Verwandte und Freunde, sondern für alle, für die das Recht die Grundlage des Zusammenlebens ausmachte und für die es mangels Lesefähigkeit nur in sinnlicher Weise erfahrbar und erlernbar war. Es ging daher nicht eigentlich um eine Öffentlichkeit, die das Verhalten der Obrigkeit kontrollieren und Willkür vermeiden sollte. Ihre tiefere Bedeutung lag in der Konstituierung der rechtlichen Legitimität des Geschehens, bei dem es sich um schwerwiegende Eingriffe in das Leben der Beteiligten handelte. Recht – so war die damalige Vorstellung – konnte nur in dieser öffentlichen Weise entstehen, für alle sichtbar und erfahrbar. Deshalb durfte das Gericht nur bei Sonnenlicht tagen. Ein im Geheimen gefundenes Urteil konnte nicht den Anspruch erheben, eine rechtliche Lösung des Streits zu sein, selbst wenn es

▶ *Rechts oben: Ein städtisches Femegericht (vielleicht Soest, Dortmund oder Münster). Kolorierte Federzeichnung in einer Handschrift letztes Viertel des 15. Jhs. Soest, Stadtarchiv.*

◀▶ *Wegen Mordes wird 1582 ein Verfahren durchgeführt. Der Mann wird verurteilt und gerädert. – Wegen Hexerei werden Mutter und Tochter im Jahre 1568 verbrannt; die Mutter hatte ihre Tochter mit dem Teufel verheiratet. Johann Jacob Wick, Nachrichtensammlung. 1560 bis 1587 (F 30, f. 25r; 18, f. 146v).*

den modernen wissenschaftlichen Ansprüchen der argumentativen Begründung entsprach.

Das Verfahren der Urteilsfindung musste also öffentlich stattfinden, was für den Inquisitionsprozess bedeutete, dass das zuvor bereits schriftlich niedergelegte Urteil vor den Augen und Ohren der versammelten Menschen nun erneut und neu gefunden werden musste. Selbst der berühmte sächsische Jurist Benedikt Carpzov, dessen Werk „Practica nova imperialis Saxonica rerum criminalium" (1635) mit dem Titelblatt im 1. Kapitel schon vorgestellt wurde, beharrte in diesen Fällen auf der Notwendigkeit des endlichen Rechtstags. Dies bedeutete freilich im Ergebnis, dass der Prozess der Urteilsfindung und das gesamte Verfahren bis zum Endurteil „vorgespielt" werden mussten. Es ist aber missverständlich, wenn heutige Betrachter darin ein bloßes Schauspiel, einen Schauprozess sehen. Denn nur durch diese öffentliche Darbietung konnte das Endurteil seinen rechtlichen Anspruch erheben. Es war ein „Theater des Rechts", weil das Recht als sinnlich erfahrbares Phänomen notwendig theatralisch dargestellt werden musste; und dies unabhängig davon, ob die Entscheidungen und Weichenstellungen bereits im geheimen Vorverfahren getroffen waren. Im 3. Kapitel wird dieses Theater des Rechts am Beispiel des Volkacher Salbuches aufgezeigt.

Allgemein ist noch festzuhalten, dass wegen dieser sinnlichen, zur Legitimierung von Rechtsakten notwendigen Theatralik das damalige Rechtsverständnis als ein leibliches, leibbezogenes charakterisiert werden muss. Rechtlicher Sinn wurde nicht gedacht, sondern vorgelebt und anhand von Vorbildern in Erinnerung gebracht. Daher wurde er auch in den vielen Bildern dargestellt, die uns heute helfen können zu verstehen und uns zugleich durch ihre Lebendigkeit erfreuen. Mit der Verwissenschaftlichung und im Übrigen auch mit der Auflösung des Leibbegriffs in den Gegensatz von Geist und Körper, hat das Recht die Dimension des Bildhaften verloren und ist nur zu Gedankenwerk und damit zu Geist geworden. Die Vergangenheit erscheint uns daher in gewisser Weise als kindlich und naiv.

Anzumerken ist, dass selbst Prozessordnungen, die auf einen ausführlichen endlichen Rechtstag verzichteten, doch ein Moment der Öffentlichkeit zumindest zur Begründung der Legitimität des Verfahrens bewahrten. Die beiden Parteien mussten am Platz vor dem Rathaus auftreten, umgeben von den versammelten Menschen, denen dann von der Gerichtstreppe aus das Geständnis (die „urgicht") des Angeklagten und das Urteil verlesen wurde. Dass so der letzter Akt eines Prozesses leicht zur Farce werden konnte, da auf diese Weise das nicht kontrollierbare Geheimverfahren abgesichert werden sollte, liegt auf der Hand.

Die früher für die Legitimität erforderliche Theatralik betraf die Szene, die Kulisse, die Ausstattung und die Personen. Am Volkacher Beispiel wird das im 3. Kapitel konkretisiert . Hier interessiert die Gestalt des Richters als des maßgebenden Leiters des Verfahrens. Lange Zeit war er nicht gleichzeitig auch Urteiler, er fand vielmehr das Urteil durch Fragen an die neben ihm und um ihn herum auf Gerichtsbänken sitzenden Schöffen. Sie waren nicht studierte Juristen, sondern von der Gemein-

◀ Das Stadtgericht von Herford. Herforder Rechtsbuch um 1375. Herford, Stadtarchiv.

▶ Die Gerichtssitzung gegen die Adeligen, die gegen die Kleiderordnung der Stadt Bern verstoßen haben, wird 1470 vor dem Stadtgericht eröffnet („Twingherrenstreit"). Berner Chronik des Diebold Schilling d.Ä. 1474-1483 (Mss.h.h.I.3, f.87).

Das verkunde als Niclaus von erlach der
vnclich am ersten furgenomen / vnd nach
mit der Satzungen geuertiget ward ~

schaft anerkannte und vertrauenswürdige Männer, die nach bestem Wissen und Gewissen die maßgebenden Antworten gaben. Sie wussten das Recht aus ihrer Lebenserfahrung, aus dem sozialen Umfeld, in das hinein sie erzogen worden waren, auch aus der eigenen Schöffenpraxis, da sie im Regelfall auf Lebenszeit gewählt waren.

Die Fragen des Richters mussten klar und kurz formuliert sein, oft in altehrwürdigen Formeln, die von den Umstehenden auch verstanden werden konnten. Wurde die Antwort – also das Urteil – eines gefragten Schöffen stillschweigend akzeptiert, erhielt sie Rechtskraft, konnte also nicht mehr infrage gestellt werden. Doch es bestand für einen Mann auch die Möglichkeit, das Urteil des Schöffen zu schelten. Dies führte entweder zum Zweikampf oder dazu, dass der Scheltende den Platz des Gescholtenen annahm. Die Wolfenbütteler Bilderhandschrift des „Sachsenspiegels" illustriert in der dritten Zeile diesen Austausch, während die oberste Zeile die Vorschrift zeigt, dass die Schöffen ohne Kopfbedeckung sitzend agieren müssen. Die „Peinliche Halsgerichtsordnung" Karls V. (Carolina) von 1532 veränderte dieses Verhältnis von Richter und Urteiler, und zwar dahingehend, dass nun auch der Richter – der weiterhin das Verfahren leitete – nun gemeinsam mit den Schöffen das Urteil fand, sofern nicht überhaupt das Ratsuchen bei Rechtsfakultäten in schwierigen Rechtsfragen angebracht war. Darin ist sicherlich ein Zeichen der beginnenden Verwissenschaftlichung der Rechtspflege zu sehen, wie sie in den kirchlichen Gerichten seit der Übernahme des römischen Rechts, vielleicht auch unter dem Einfluss der Vorstellung von Christus als Weltenrichter oder dem des Alten Testaments, eingesetzt hatte. Der Offizial war die allein leitende und entscheidende Person. Das kam der Schnelligkeit und Einfachheit des Verfahrens zugute und war auch in dieser Beziehung Vorbild für die weltlichen Herrschaften.

Zur Rolle des Richters gehörte eine spezifische Ausstattung, wir sprechen heute von „Richtersymbolen". Gemeint sind Gegenstände, die für die Umstehenden Zeichen darstellten, mit deren Hilfe sie den Betreffenden als Richter identifizieren konnten – und anhand derer wir zeitgenössische Abbildungen verstehen. Für die damalige Lebenswelt waren das keine bloßen Zeichen, sondern sie führten vielmehr die unmittelbar bildlich-leibliche Wirklichkeit eines Richters vor Augen. Man konnte ihn aufgrund dessen als solchen wahrnehmen und daher musste er sie auch unbedingt aufweisen. In zahlreichen Darstellungen trägt der Richter einen Stab oder in Blutgerichtssachen ein Schwert, die er bei wichtigen Verfahrensschritten aufrechthalten muss. Der Sinn des Schwertes liegt auf der Hand. Es muss vom eigentlichen Instrument der Hinrichtung, dem Richtschwert des Scharfrichters, unterschieden werden. Letzteres hatte schwer zu sein, um zusammen mit der schnellen Drehbewegung die erforderliche Wucht zu erreichen, mit der die Wirbelsäule des Betroffenen durchschlagen und der Kopf abgetrennt werden konnte. Um ein Zustechen ging es bei der Hinrichtung nicht, weshalb das Richtschwert vorne abgerundet war. Das Richterschwert dagegen war nur der Form nach eine Waffe und zeigte meistens eine sehr schmuckvolle Ausgestaltung.

Für den Stab lässt der Sinn sich nicht so leicht finden. Man verweist auf den Wanderstab, der den Botschaftsüberbringer bezeichnete, oder an den Zauberstab, der die göttliche Weisheit und Kraft vom Himmel herabziehen konnte; für den geistlichen Richter bietet sich der Hirtenstab an. Jedenfalls musste der Richterstab anfangs einfacher Natur und schmucklos gewesen sein. Manche Vorschriften verlangten sogar, dass er entrindet war, um zu verhindern, dass sich böse, das Recht behindernde Dämonen unter der Rinde verbergen und den Rechtsgang negativ beeinflussen. Darüber hinaus finden sich Symbole, wie der Richterstuhl, auf dem der Richter wie der Herrscher auf dem Thron zu sitzen hatte, und der im Vordergrund, oft zu den Füßen des Richters schlafende Hund. Dessen Deutung ist wiederum schwierig. Viel spricht dafür, dass die Ruheposition dieses sonst die Menschen aufmerksam beobachtenden Tieres für die ordentliche Verfahrensführung sprechen sollte, vielleicht stellt sie auch ein Zeichen für die Öffentlichkeit dar.

Die Rolle des Richters verlangte jedenfalls diese sitzende Haltung – genauer: eine ruhige und dadurch würdevolle Sitzhaltung. Die Soester Gerichtsordnung aus der Zeit um 1500 enthielt die Bestimmung, dass der Richter auf seinem Stuhle sitzen solle „als ein griesgrimmer Löwe und schlagen den rechten Fuß über den linken." Da das Soester Nequambuch aus dem Zeitraum von 1315 bis 1421 den Stadtrichter mit dem linken über dem rechten Fuß sitzend zeigt, muss es auf diese Sitzhal-

Das Urteil gegen den gefesselten Missetäter wird öffentlich vor versammeltem Volk von der Rathaustreppe aus verlesen. Ulrich Tenggler, Der neü Layenspiegel. Augsburg 1512, f. 178v.

◀ *In der obersten Bildzeile legen die Schöffen vor dem Richter (Grafen) und Schultheißen ihre Kopfbedeckung und Handschuhe ab, wenn sie über Deutsche oder Wenden, Leibeigene oder Freie – Bildzeile darunter – urteilen (wobei die Rose Symbol des Urteils ist). Darunter fasst der Urteilsschelter die Hand des Schöffen, dessen Spruch er bekämpft, und zieht ihn von der Bank, um seinen Platz einzunehmen. Die beiden unteren Bildzeilen illustrieren die Vorschrift, dass vor einem nicht unter Königsbann einberufenen Gericht jeder Urteil über den anderen (auch über den Juden [mit Hut]) finden darf, außer ein Sachse (mit Messer) über einen (sich daher abwendenden) Wenden (und umgekehrt); wiederum mit der Ausnahme (unterste Zeile) der Ertappung auf handhafter Tat. Heidelberger Bilderhandschrift des „Sachsenspiegels". Anfang des 14. Jhs., f. 24r.*

▶ *Der Richter wird durch das Tragen und Heben des Stabes, in Kriminalsachen des Richterschwertes symbolisiert. Ulrich Tenggler, Der neü Layenspiegel. Augsburg 1512, f. 135v; 152r.*

tung selbst ankommen. Es ist plausibel, deren Sinn im leiblichen Zwang zur Ruhe zu sehen, denn in dieser Haltung konnte der Richter nicht aufspringen oder wild gestikulieren. Der griesgrimmige Löwe dagegen soll vielleicht den notwendigen Ernst des Amtes unterstreichen sowie betonen, dass Grimassen ebenso wie Zeichen der Sympathie oder Antipathie zu vermeiden seien. In dem bekannten Kupferstich Albrecht Dürers mit dem Titel „Sol invictus" (1498/99) glaubt man ein Vorbild dafür zu erkennen . Dort sitzt der Weltenrichter Christus mit Flammenblick, Schwert und Waage auf einem grimmig schauenden Löwen.

Schließlich ist noch auf das theatralische Sprechen auf der Gerichtsbühne hinzuweisen. Die „Schauspieler" konnten nicht in ihrer alltäglichen Sprache reden. Erforderlich war das lautstarke Vortragen der rechtlich relevanten Formeln, die sich auf das gute, alte Recht bezogen und in ihrer Altertümlichkeit die feierliche Atmosphäre des Verfahrens begründeten. Für den Prozess bestand Gefahr, da es bei einem Verfehlen dieser Formeln zur Unwirksamkeit des Vortrags kam, was letzten Endes bedeutete, den Prozess zu verlieren. Deshalb wurde den formelunkundigen Parteien ein rechtserfahrener Vorsprecher (Fürsprech) an die Seite gestellt, meist ein Schöffe. Er übersetzte den in informellem Gespräch mit der Partei erfahrenen Inhalt in die Formel und trug sie für die Partei vor. Meist wurde – wie auch im Volkacher Verfahren – derselbe Fürsprecher für beide Parteien tätig, weshalb man in ihm keinen Verteidiger sehen darf. Eine Miniatur in der Bilderhand-

schrift des „Hamburger Stadtrechts“ von 1497 macht das Verhältnis deutlich: der rechts neben der linken Säule stehende Mann (mit Haube) ist Partei; er legt seine Hand dem vor ihm stehenden Fürsprecher. Dieser legt ihm beruhigend die Hand auf die Schulter und steht in wahrem Wortsinne hinter ihm.

Das Öffentlichmachen der Missetat

Dieses Bild zeigt auch die andere Partei, den Kläger oder Verkläger oder Ankläger, der dem Gericht in der Rathauslaube seine Verwundung, die er bei dem links außen dargestellten Gefecht erlitten hat, handfest unübersehbar entgegenstreckt. Dies macht auf eine weitere Konsequenz der Öffentlichkeit des Rechtslebens aufmerksam: Im Theater des Rechts ist es nämlich erforderlich, auch die Missetat sinnlich-leiblich erfassbar zu machen. Zwar kann man sie durch das Verlesen der Klageschrift und gegebenenfalls des Geständnisses hören und daher gedanklich nachvollziehen. Doch kann der Kläger die gleiche Wirkung durch das Beschreien des von ihm Angeklagten erzielen. So wie es im Volkacher Verfahren dreimal – das erste Mal vor dem Haus des Claus Heynn, wo der Angeklagte im Stock eingeschlossen war und offensichtlich aufgrund einer Stiftung des Genannten als letzte Mahlzeit eine Suppe essen und ein Glas Wein trinken durfte – in aller Öffentlichkeit zu geschehen hatte: „Ich schrey hewt vber mein vnnd des lands diep.“

Doch musste lange Zeit die Tat auch dem Augensinn zugänglich werden. Erforderlich war der Augenschein, der „blinkende Schein“, durch den nicht die Tat als eine Vergangenheit bewiesen, sondern sie vergegenwärtigt und damit offenbar und öffentlich gemacht wurde. Dieser „Zwang zur Vergegenwärtigung von Vergangenem“ ist bereits bezüglich der Öffentlichkeit der Hinrichtung angemerkt worden. Durch diese Öffentlichkeit wurde in „Form der Erinnerung“ der kontinuierliche Zeitablauf unterbrochen und ein direkter Anschluss an die vergangene Tat hergestellt, die Zeit dazwischen schied aus. Dies betraf auch die Identität des Täters: Er wurde auf diese vergangene Tat fixiert.

Am stärksten offenbar ist die Tat, wenn der Täter bei der Tatbegehung gestellt und sofort gerichtet wird. Es ist anzunehmen, dass schon in früher Zeit die Tötung eines auf frischer Tat ertappten Täters allgemein anerkannt war und somit als rechtlich

◀ *Der Stadtrichter hört in der vorgeschriebenen Sitzhaltung – ein Bein über das andere geschlagen – dem städtischen (An)Kläger (mit erhobenem Schwert) zu. Der vornehm gekleidete Angeklagte, begleitet von seinem Diener, zeigt durch sein Abwenden den Versuch, sich dem Vorbringen zu entziehen. Nequambuch. 1315-1421. Soest, Stadtarchiv.*

▶ *Vor dem Stadtgericht (unter der Leitung des Vogtes, neben ihm die zwei Gerichtsverwalter des Rates) weist der Kläger – rechts daneben der Stadtchirurg und zwei Zeugen – auf seine tiefe Wunde an der rechten Hand und erhebt Klage gegen den links von zwei Gerichtsknechten hereingeführten Mann (mit Haube). Der Beklagte legt seine Hand dem Vordermann auf die Schulter, wodurch dieser als Fürsprecher gekennzeichnet ist. Die an sich erforderlichen Schöffen sind nicht abgebildet. Bilderhandschrift des Hamburgischen Stadtrechts von 1497.*

galt. Voraussetzung war nur ihre Verklärung (Offenbarung), durch die der unmittelbare Zusammenhang von Tatbegehung und Reaktion (Sanktion) in Form von Tötung durch den in seinen Rechten Verletzten (der dies auch war, wenn ein Verwandter erschlagen worden war) offenbar wurde; und zwar allen gegenüber, vor allem den Verwandten des vom Verletzten Getöteten.

Es musste klargestellt werden, dass die Tötung rechtens war. Dies geschah durch Erheben des Geschreis (Gerüfte), durch das die Nachbarn herbeigerufen wurden. Ihnen musste die Frische der Tat durch den „blinkenden Schein“ offenbart werden. Erhob ein Verwandter Klage wegen unrechten Totschlags, dann konnte sich der Beklagte durch seinen Eid, der durch die Herbeigerufenen als Eideshelfer (manchmal „Schreimannen“ genannt) bestätigt wurde, reinigen unter Hinweis auf die Ertappung auf frischer Tat. Beharrte der Kläger auf seinem Vorwurf der unrechten Tötung, konnte er den Reinigungseid schelten und es kam zum Zweikampf.

Die Rechtmäßigkeit der Tötung ließ sich auch – wahrscheinlich sicherer, weil augenfällig(er) zeigen, wenn der Verletzte seinerseits in unmittelbarem Anschluss Klage gegen den von ihm Getöteten erhob. Dies setzte voraus, dass auf sein Gerüfte hin ein Notgericht so schnell als möglich einberufen wurde. Vor diesem Gericht machte er die Tat dadurch „frisch“ und gegenwärtig, dass er die Umstände der Tatbegehung offenlegte. Er band etwa die Tatwaffe oder die Beute dem Getöteten auf den Leib oder bahrte den Leichnam des erschlagenen Verwandten auf und zeigte die Wunden.

Das „Meißener Rechtsbuch“ aus dem 14. Jh. bestimmte: „Erwischt einer einen anderen bei seinem Weibe auf der frischen Tat des Ehebruchs und schlägt er sie beide aufeinander tot, so soll er sich mit seiner Waffe in der Hand auf sie setzen und nach dem Gericht schicken und soll mit Gerüft über seinen Räuber und des Landes Räuber und Räuberin Klage erheben, die ihn mittels furchtbaren Verbrechens seiner Ehe beraubt haben, und bitten, dass ihm das Gericht Urteil gebe, wie er wegen dieser offenkundigen handhaften Tat mit ihnen verfahren solle. Das Urteil lautet: Er solle sie aufeinanderbinden und solle sie offenkundig unter den Galgen bringen; dort solle er ein Grab graben sieben Schuh lang und sieben Schuh tief, und solle zwei Bündel Dornen nehmen, das eine solle er in das Grab tun und das Weib mit dem Rücken darauf legen, über sie solle er den Ehebrecher werfen und auf seinen Rücken das andere Bündel Dornen breiten, und er solle einen eichenen Pfahl durch beide hindurchschlagen, gleichgültig, ob sie lebendig oder tot sind, damit sie nicht entkommen können; und das Grab solle er zufüllen. Und hat er sie beide totgeschlagen und verhält sich dann so rechtgemäß, so hat er weder von den Blutsfreunden noch dem Gericht etwas zu fürchten, ebenso wenig wenn er sie lebendig überwältigt und mit ihnen

Non facies calumpniam proximo tuo Non eris criminator et susurro in populis

dann so nach dem Rechte verfährt." In Verbindung mit diesem blinkenden Schein war seine Klage eigentlich das Geschrei über die gegenwärtige, bzw. vergegenwärtigte Tat; sozusagen der Wutschrei oder Notschrei um Hilfe.

Es ist daher missverständlich, darin den Getöteten als wirklichen Beklagten aufzufassen, der nun als noch weiterlebend angesehen wurde. Zwar mögen die damals Lebenden an ein Wiedergehen oder Fortleben nach dem Tod als lebender Leichnam geglaubt haben, – was das Christentum nur für die Heiligen annahm, die in Legenden durchaus Bedrängten zu Hilfe eilten. Das Aufbahren der Leiche des Getöteten vor Gericht und das Klagegeschrei (Beschreien) über ihn diente der Offenbarung (Verklarung) des Geschehens als einer rechtmäßigen Tötung. Der Kläger begehrte nicht die Verurteilung des Täters, sondern die Anerkennung seines Tötungsrechts. Damit er auch einer gegen ihn erhobenen Klage eines Verwandten entgegentreten konnte.

Auch wenn der Kläger selbst die Leiche des vom Täter Erschlagenen vor Gericht brachte und auf deren Wunden hinwies, bedeutete dies nicht, dass nun der Erschlagene als eigentlicher Kläger auftrat. Vergleichbares gilt für den umgekehrten Fall, wenn der Verwandte des getöteten Täters seine Klage gegen den „Verletzten", durch die Aufbahrung des Getöteten sinnlich unterstützte. Auch hier ist es missverständlich, von einer Klage des Toten – vertreten durch den Verwandten – zu sprechen. Es ging um Rechtlichkeit oder Unrechtlichkeit der Tötung, die durch Zweikampf entschieden wurde, sofern nicht der „blinkende Schein" diese Frage klärte.

Zu einem Klageverfahren kam es, wenn das Tötungsrecht bei frischer Tat skeptisch gesehen wurde, denn die entstehenden Herrschaften wollten zunehmend eine Kontrolle über diese Tötungen ausüben, um Eskalationen und Fehden zu vermeiden. Bald war nur mehr das Festhalten und Binden des ertappten Täters zulässig. Das alte Ritual blieb. Auf das Gerüfte hin eilten die Nachbarn herbei und ließen sich die Sachlage klarmachen; es konnte ein Notgericht einberufen werden. Dann erhob der „Verletzte" Klage gegen den gebundenen Mann und unterstützte sein Geschrei durch die Vergegenwärtigung der Tat, indem dem Beklagten wiederum Tatwaffe oder Beute aufgebunden wurden oder der Leichnam des vom Beklagten erschlagenen Verwandten aufgebahrt wurde.

Auf diese Weise war die Tat augenfällig und offenbar. Deshalb konnte der Beklagte sich durch Eid oder mit Eideshelfern nicht mehr reinigen; der Augenschein sprach sinnfällig gegen ihn. Der Beklagte war überführt „mit der handhaften Tat", wie es die Blume des Magdeburger Rechts (um 1400) ausdrückte; oder nach dem Dresdner Schöffenrecht: „in handhafter Tat überführt". Und überführt „mit seinen Schreimannen", wie es weiter in der Magdeburger Rechtsquelle hieß, was bedeutete, dass der Kläger seine Klage (sein Klagegeschrei) mit seinem Eid unterstützte und als Eideshelfer die herbeigerufenen Nachbarn schwören ließ. Über die Entwicklung zum Übersiebungsverfahren gibt das 3. Kapitel Aufschluss; hier interessiert nur diese Vergegenwärtigung der Tat vor Gericht.

Das „Bamberger Stadtrecht" von 1306 sah diesbezüglich vor: „Einem Mörder soll man Schwert, Spieß, Messer oder andere Waffen und Sachen auf-

◀ *Der (An)Kläger erhebt vor der Volksmenge sein Zetergeschrei über „meinen und des Landes Dieb", den er in den Stock gesetzt hat. Volkacher Salbuch. 1504, f.388v.*

▶ *Den beiden Kämpfern wird in der obersten Bildzeile die Sonne gleichmäßig zugeteilt. Erscheint der Beklagte nach dreimaliger Ladung nicht auf dem Kampfplatz, führt (in der mittleren Bildzeile) der erschienene Kämpfer einen Hieb gegen den Wind und gewinnt damit den Kampf. Darunter verhindert ein Verwandter des Erschlagenen den Eid, mit dem der Täter handhafte Tat beweisen will: es kommt zum Zweikampf. In der untersten Zeile löst ein verurteilter Missetäter die Strafe durch Geldzahlung an den Richter ab; er wird dadurch rechtlos. Wolfenbütteler Bilderhandschrift des „Sachsenspiegels". Drittes Viertel des 14. Jhs, f.26r.*

binden, womit man einen Menschen töten kann. Auf einen Notzüchter soll man ein Frauenkleid, das blutige Flecken hat, binden. Auf einen Dieb, Räuber, Verräter und Landzwinger soll man je eine Handhafte von Kleidern und Gewändern oder anderer Habe binden." Deutlich wird damit, dass diese Gegenstände der Tatbegehung als „Handhaft" verstanden wurden; so auch z. B. im Steiermärkischen Landrecht (vor 1425): „Die Handhaft, die ihm (nämlich die angebundene Beute dem Dieb) auf dem Halse liegt, nimmt ihm die Ehre"; bzw: „Ermordet man einen oder schlägt ihn zu Tode und ist das blutige Gewand da, das ist die Handhaft." In diesem Sinne bestand die Handhaft bei der Vergewaltigung (Notzucht) darin, dass die Frau unmittelbar nach der Tat mit aufgelöstem Haar und zerrissenem Kleid das Gerüfte erhob.

Die Entwicklung brachte eine zunehmende Erweiterung dieser Handhaft. Der „Sachsenspiegel" (zwischen 1224 und 1230/31) umschrieb die „handhafte Tat" so: „Wenn man einen Mann bei der Tat oder auf der Flucht von der Tat aufgreift oder wenn einer gestohlenes oder geraubtes Gut in seinem Besitz hat, zu dem er selber den Schlüssel verwahrt." Voraussetzung im Verfahren war aber ebenso, dass dem Gefangenen und Gebundenen die Tatwaffe oder die Beute aufgebunden wurde. Der Kläger musste dann vor Gericht nur beweisen, „dass gerade diese Handhafte ihm geraubt oder gestohlen worden ist", wie das Bambergische Stadtrecht von 1306 formulierte. Dies bedeutete, dass nicht mehr die Tatbegehung, sondern nur die Herkunft des Gegenstandes aus der Tatbeute zu beweisen war, dass somit von letzterer auf erstere rückgeschlossen wurde. Die Vergegenwärtigung der Tat

selbst verlor dadurch ihre Sinnfälligkeit; sie blieb Vergangenheit, auf die mit gegenwärtigen Augenscheinobjekten geschlossen wurde.

Den letzten Schritt findet man im Freiberger Stadtrecht (bereits um 1300). Danach durfte der Beraubte den Täter selbst dann noch festnehmen und binden, wenn er seiner „erst nach einem halben oder ganzen Jahr oder nach noch längerer Zeit ansichtig" wurde. Und da die Beute schon vertan war und nicht mehr zur Verfügung stand, sollte er diesem „eine unschuldige Habe aufbinden, einen Mantel oder einen Rock oder ein Schwert oder sonst etwas; er soll sie ihm so aufbinden, dass es weder der Richter noch ein Schöffe gewahr wird. Und er soll ihn zu Haus und Hof des Vogtes (des Richters) bringen und schreien über seinen Räuber und der Landleute Räuber, und er bitte um Gericht und weise die aufgebundene Sache nach."

Die Handhaft war hier nicht mehr die Tatbeute, sondern nur mehr ein Gegenstand, der für sie stand, also ein Zeichen, das der Überführung des Festgebundenen diente. Sie konnte deshalb leicht durch andere Zeichen ersetzt werden; z.B. durch Male am Körper, die wegen früheren Diebstahls durch Brandmarkung gesetzt worden waren, oder durch frühere Verurteilungen wegen Diebstahls; oder durch die Tatsache der Unehrlichkeit, die von vornherein die Möglichkeit eines Reinigungseides ausschloss. Es stand dann nichts mehr im Wege, den Schluss auf die vergangene Tat durch die Aussage von Tatzeugen oder durch das Geständnis des Täters als ausreichend gelten zu lassen. So konnte sogar das Innere des Täters öffentlich werden. Das Öffentlichmachen der Tat hatte damit die frühere Augenfälligkeit (und Leiblichkeit) zugunsten der hörbaren Erzählung und der damit verbundenen „Vergeistigung" verloren.

Zweikampf und Eid als offenbarendes Verfahren

Eine ähnliche Entwicklung nahmen mit Zweikampf und Eid zwei Prozesshandlungen, die zunächst ebenfalls die sinnliche Offenbarung zwar nicht der Tat, aber der Lösung des Konflikts bedeuteten, der dem Verfahren zugrundelag, im Übrigen wie auch das im 1. Kapitel behandelte Gottesurteil. Denn der Zweikampf sowie das Gelingen des Eides führten keinen Beweis, waren deshalb anfangs keine Beweismittel, sondern beendeten das Verfahren selbst, waren insofern – wie das Gottesurteil – Endurteil. Genauer gesagt, folgten sie dem Endurteil im Verfahren, das „zweizüngig" gehalten war, nach. Es wurde nämlich durch Frage des Richters und urteilende Antwort des Schöffen nur geklärt, wie das Verfahren sein Ende finden sollte; eben durch den Sieg im Zweikampf oder durch Gelingen oder Misslingen der Eidesleistung – vergleichbar dem Gelingen oder Misslingen des Gottesurteils. Dabei glichen sich Eid und Zweikampf insofern an, als

◀ *Ein Verwandter hat den Leichnam des Erschlagenen vor Gericht gebracht und die Klage wegen Totschlags („mit dem toten Mann") erhoben. Es kommt zum Zweikampf. Wolfenbütteler Bilderhandschrift des „Sachsenspiegels". Drittes Viertel des 14.Jhs, f.29v.*

▲ *Im Handhaftverfahren wird das Verfahren durch das Gerüfte eingeleitet: gegen den vor Gericht gebrachten Getöteten (Klage „gegen den toten Mann"); gegen den gefangen genommenen Dieb; gegen den Vergewaltiger durch eine Frau oder ein Mädchen (mit zerrissenem Kleid und zerzausten Haaren). Heidelberger Bilderhandschrift des „Sachsenspiegels". Anfang des 14.Jhs., f.10v.*

▶ *In der zweiten Bildzeile von oben werden zwei Kämpfer eingekleidet. Zwei Kampfhelfer werden (darunter) ihnen vom Richter beigegeben. Sie halten eine lange Holzstange in den Händen, mit denen sie in den Kampf eingreifen können. Unten schwören beide gerüsteten Kämpfer den Eid, dass sie für die Richtigkeit ihrer Aussage eintreten. Wolfenbütteler Bilderhandschrift des „Sachsenspiegels". Drittes Viertel des 14.Jhs, f.25v.*

nach dem „Sachsenspiegel" (zwischen 1224 und 1230/31) von den Kämpfern ein Eid verlangt wurde, dessen Richtigkeit bzw. Meineidigkeit durch den Sieg im Kampf offenbar werden sollte.

Eigentlich handelte es sich um zwei Verfahren: Einmal, um dieses zweizüngige Urteil, das missverständlich gerne als „Beweisurteil" bezeichnet wird, sodann um die Durchführung des in diesem Urteil gewiesenen Weges der Konfliktlösung. Insofern

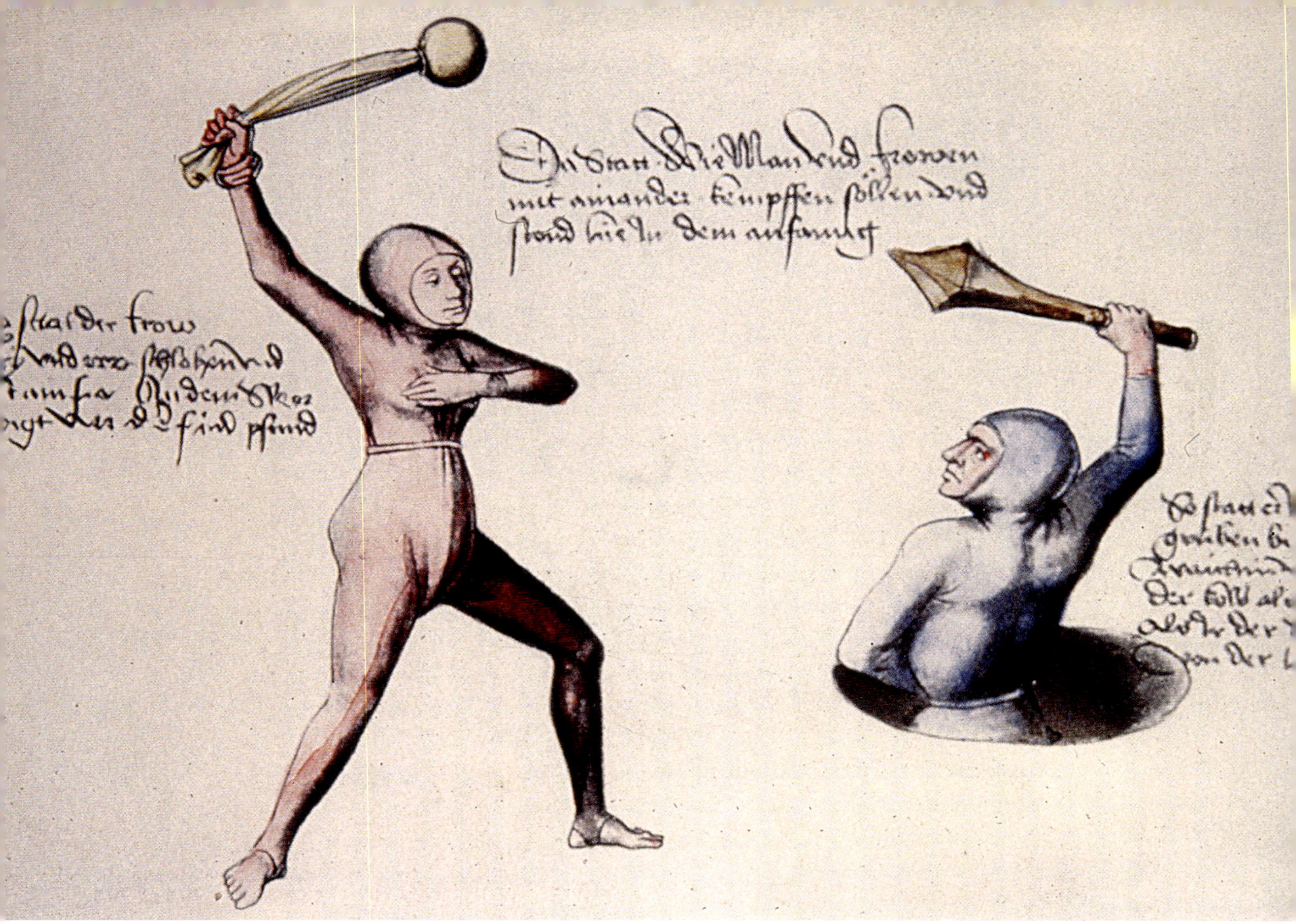

Eine Frau, bewaffnet mit einem im Schleier festgebundenen Stein, kämpft gegen einen mit einer Streitaxt bewaffneten Mann in einer Grube. Federzeichnung in Hans Thalhoffers Fechtbuch (Codex Gothanus). 1467. Gotha, Museen der Stadt.

ging es bei Zweikampf oder Eid (oder Gottesurteil) nicht um das Finden der Wahrheit einer Vergangenheit, sondern um die Beilegung des Konflikts auf eine Weise, hinter der die Gemeinschaft – vertreten durch Richter und Urteiler – stand und die daher für die Parteien letztlich zwingend war, wollten sie nicht außerhalb dieser Gemeinschaft stehen.

Dies schloss aber nicht aus, dass man wie beim Gottesurteil auf die Hilfe des die Wahrheit kennenden Gottes hoffte – auch bei Zweikampf und Eidesleistung setzte man auf das Offenbarwerden der Richtigkeit der Konfliktlösung. Immerhin musste der Eidesführer eine ausreichende Zahl von Eideshelfern finden, sie also informell von der Wahrheit seiner Position überzeugen. Die Nähe des Zweikampfs zu einem Gottesurteil wurde im 1. Kapitel schon genannt, obwohl anzunehmen ist, dass vor der Christianisierung einfach demjenigen das Recht zuerkannt wurde, der seine Position auch verteidigen und letztlich mit Gewalt durchsetzen konnte.

Der „Sachsenspiegel" regelte den Zweikampf noch in dieser Bedeutung der Konfliktentscheidung und eindeutig nicht als Gottesurteil. Es wurde nicht auf Gott vertraut (der dem Unschuldigen, aber Schwachen, die zum Sieg erforderliche Kraft gab bzw. dem Schuldigen, aber Starken, diese nahm), sondern versucht, faire Kampfbedingungen für beide Kämpfer bzw. für die Kempen, die für die Parteien den Zweikampf durchführten, zu schaffen. Diese Vertretung war nicht nur für Kampfunfähige (Frauen, Kinder, Alte, Kranke) zulässig, sondern allgemein.

Es gab einen eigenen Berufsstand der Kempen, der als unehrlich angesehen wurde. So sollten beide dieselben Schwerter und Schilde vom Gericht zur Verfügung gestellt bekommen und so aufgestellt werden, dass keiner in die Sonne blicken musste. Es wurde ein Kampfkreis ausgemessen und es wurden Männer als Kampfhelfer bestellt, die mit langen Stangen in den Kampf eingreifen sollten, wenn dieser seinen rechtlichen Charakter verlor. Sinn und Augenfälligkeit des Zweikampfes zeigten sich in dem rituellen Akt, der bei Nichterscheinen eines der Kämpfer vorgeschrieben war: Der Anwesende sollte einen Hieb gegen den Wind führen und hatte dadurch für alle gekämpft und gesiegt.

Frauen waren nicht kampffähig, wurden daher von ihrem Ehemann oder Vormund oder sonst jemandem, der für sie antrat, vertreten, wobei gerade die zuletzt genannte Konstellation die Nähe zum Gottesurteil anbietet (man denke an Wagners „Lohengrin"). Das Rechtsbuch Ruprechts von Freising (1328) sah allerdings einen Zweikampf zwischen Mann und Frau – die dem Mann Notzucht vorwarf – vor, für den es seltsame Vorschriften der Chancengleichheit und der Konsequenz der Niederlage angibt. Der mit einem Kampfkolben bewaffnete Mann sollte bis an den Nabel in ein Erdloch eingegraben werden, die linke Hand auf den Rücken gebunden. Die Frau bekam einen in ihr Tuch eingewickelten Stein, den sie als Schleuderwaffe benutzen konnte. Siegte die Frau, sollte dem Mann der Kopf abgeschlagen werden, andernfalls ihr die Hand.

In Hans Thalhoffers Fechtbuch von 1467 wurde ein solcher Kampf auch bildlich und in betont erotisierender Weise dargestellt. Hier siegt die Frau dadurch, dass sie den Mann an „sinem züg" (Gemächte) zu fassen kriegt und ihn aus der Grube ziehen kann. Der Unernst eines solchen Kampfes liegt auf der Hand. Auch der in der Berner Chronik für das Jahr 1288 geschilderte und illustrierte siegreiche Kampf einer tief dekolletierten Dame in hoher Haube mit fliegenden Bändern und in langem Schleppkleid über einen schwer gerüsteten Ritter vor den Augen anderer Ritter ist nicht als historische Wirklichkeit anzusehen.

Die Parallele zur Handhaft zeigt sich darin, dass Zweikampf und Eid, dessen rituelle Durchführung näher im 3. Kapitel besprochen wird, von der Konfliktentscheidung nach dem zweizüngigen Urteil zu einem Beweismittel vor der Urteilsfindung wurden. Dabei verlor der Zweikampf wegen der Ablehnung seitens der Kirche bald seine Legitimität auch als Beweismittel, das nur zu einem Sieg und nicht mehr, wie ursprünglich vorgesehen, zum Tod eines Kämpfers führte. Der Zweikampf wurde verboten bzw. durch den Kampf der Argumente, geführt von Juristen, ersetzt.

Auch der Eid war der Kirche wegen der Gefahr des sündhaften Meineides stets suspekt. Er wurde zunehmend durch die neuen Beweismittel, wie Zeugenaussage, Urkunde, Geständnis, abgelöst. Der Inquisitionsprozess brauchte weder Reinigungs- noch Überführungseid mehr, selbst wenn Benedikt Carpzov (1595-1666) den Reinigungseid als geistige Folter (tortura spiritualis), Gewissenszwang und Angst vor den göttlichen Strafen noch vorsehen wollte.

Die Rechtsfantasien

Auf eine Konsequenz dieser Verankerung des Rechts im Volksleben ist noch hinzuweisen. Da die Menschen sich mit dem Recht beschäftigten und es sinnlich-leiblich wahrnahmen, erinnerten oder erzählten, neigten sie auch zu Übertreibungen mit fantasievollen Ausschmückungen sowie zu gruseligen ebenso wie zu humorvollen Geschichten über dieses Recht. Auf einige abergläubische wie auch fantastische Vorstellungen ist im 3. Kapitel einzugehen. Diesen lagen nicht nur von Dichtern verfasste Schwänke oder Tragödien zugrunde, sondern auch von Künstlern in Gemälden, Illustrationen, Flugblättern und sonstigen Werken dargestellte oder musikalisch umgesetzte rechtliche Inhalte, außerdem Gerüchte, behauptete Erfahrungen und Vorurteile einfacher Leute. Sind doch auch eine Hinrichtung, in der das sonst herrschende Tötungstabu durchbrochen wurde, und eine im Geheimen stattfindende Folter Phänomene, die faszinieren können und die Fantasie anregen – und das bis heute!

Für die historische Betrachtung ergibt sich daraus die Schwierigkeit, die vielen Quellen der Vergangenheit auf historische Wahrheit oder zumindest Plausibilität zu untersuchen. Dafür bedarf es auch des Versuchs, das Weltbild der früheren Menschen zu verstehen. Nicht alles, was uns heute unmöglich erscheint, wurde von den Zeitgenossen so verstanden, sie waren aber nicht so irrational, dass man ihnen alles zutrauen könnte. Aber auch nicht alles, was wir verständlich finden, war historische Realität. Man kann mit guten Gründen z. B. davon ausgehen, dass die Androhung von furchtbaren Strafen für Baum- und Grenzfrevler in bäuerlichen „Weistümern" vielleicht ernst gemeint war, um die Wichtigkeit der dadurch geschützten Objekte zu betonen. Doch sollten sie niemals angewendet werden. Also sollte demjenigen, der einen Baum entrindet hatte, nicht der Bauch aufgeschnitten, der Darm herausgezogen, der Nabel an den Stamm geheftet werden und er dann um den Baumstamm geführt werden, bis die entrindeten Stellen von seinen Eingeweiden bedeckt waren. Auch sollte derjenige, der einen Grenzstein ausgegraben hatte, nicht bis zum Gürtel in die Erde eingegraben und ihm

◀ Die berüchtigte „Eiserne Jungfrau" ist eine Erfindung. Im Jahre 1857 wurde ein Schandmantel des 16. Jhs., das Instrument einer Ehrenstrafe für Frauen (die darin stehend öffentlich ausgestellt wurden), mit inneren Eisenspitzen und einer Kopfmaske versehen und dem schauernden Publikum in einem Nürnberger Museum gezeigt. Heute steht sie im Mittelalterlichen Kriminalmuseum in Rothenburg o.d.T.

▶ Von den Fenstern eines hallenartigen Gebäudes verfolgen Zuschauer einen seltsamen, wohl fiktiven Kampf zwischen der (siegreichen) Frau und einem Mann. Spiezer Chronik des Diebold Schilling d.Ä. 1485 (Mss.h.h.I.16, f.112).

dann der Kopf abgepflügt werden. Manche solcher Fantasien finden sich in den anderen Kapiteln dieses Buches. Eine soll noch erwähnt werden:

Im Mittelalterlichen Kriminalmuseum in Rothenburg o.d.T. ist ein furchtbares Strafinstrument im Original zu bestaunen. Es hat die Gestalt einer Frau in einem eisenbeschlagenen Mantel, zumindest trägt die Figur einen Frauenkopf. Die finstere Miene entlarvt sich als Grausamkeit, wenn man den Mantel öffnet und die eisernen Stacheln entdeckt, die ihre tödliche Wirkung beim Schließen der beiden Mantelhälften entfalten. Man nennt diese Figur die „Eiserne Jungfrau". Eine Chronik erzählte – so berichtete 1793 der Rechtsprofessor Johann Chr. Siebenkäs in seinen „Materialien zur Nürnbergischen Geschichte" –, dass diese „eiserne Jungfer für die Maleficanten an Fröschthurm Mauer (...) aufgestellt worden, so man öffentlich zu justificiren angestanden, und das heißt man die armen Sünder nach Fischen schicken, denn darinnen ein eisern Bildnis 7 Schuh hoch, welches beide Arme gegen den Maleficanten ausbreitet. Sobald der Henker den Tritt berührt, so haut es mit breiten Hand-Säbeln ihn zu kleinen Stücken, welche Stück die Fische in verborgenen Wassern verschlucken. Solche heimliche Gerichte waren ehehin in mehreren Städten."

Trotz der offensichtlichen Unmöglichkeit des Vorgangs – wie sollten diese „Stücke" nach unten in das Wasser fallen können, wenn sie an den Handsäbeln aufgespießt waren? – verbreitete sich diese Botschaft im 19. Jh. Nun wusste man Bescheid über das ach so finstere Mittelalter und dessen unmenschliche Grausamkeit.

Noch im Jahre 1941 konnte der Amerikaner Charles R. Beard einen verallgemeinernden Zusammenhang mit den Deutschen herstellen, indem er in diesem Strafinstrument das „Symbol des deutschen Volkes nicht nur in der Vergangenheit, sondern auch in der Gegenwart" sah und seine Anwendung mit den Aktionen der Gestapo verglich. Inzwischen steht dieses Gerät im Museum und zwar tatsächlich als Original. Denn es wurde im 19. Jh. von einem geschäftstüchtigen Nürnberger für seine Ausstellung bestellt und für ihn gebaut. Zugrunde lag ein hölzerner Schandmantel, wie er für die Bestrafung von Frauen im Rahmen einer Ehrenstrafe verwendet wurde. Die Delinquentinnen mussten sich in ihm auf öffentlichen Plätzen ausstellen lassen, wobei ihr Kopf herausragte. Angebracht wurden innen Spitzen, die von im Napoleonischen Krieg von Franzosen verwendeten Bajonetten stammten. In der historischen Realität hat es ein solches Strafgerät nicht gegeben.

Rechtsfantasien entwickelten demnach nicht nur die Menschen im Mittelalter und in der Frühen Neuzeit, sondern auch aufgeklärte Menschen des 19. Jhs. Aber genauso gerne glauben die heute Lebenden an ein finsteres, blutiges, so anders gelebtes Mittelalter und stehen fasziniert, erschaudernd bis amüsiert in Rothenburg vor diesem und anderen schrecklichen Folter- und Hinrichtungsgeräten.

Das ein man vnd ein frow an der matten ze Bern miteinandern kampfte

Do man zalt/ m/ cc lxxxviii iare/ an dem achtenden tag der kindlen/ beschach ein kampf an der matten/ an der statt do nů des kilchofs mure statt/ vnd kampften ein man vnd ein frow mit einandern/ vnd lag die frow ob.

Von deß Apts von Einsidlen pfister, der Schneehaß genant:

Am 27 Junij Anno 1579 ward zů Schwytz mitt dem schwert gericht, Hans Schneehaß pfister zů Einsidlen vom Pfäffikon bürtig, hatt ob xx Jaren dem Closter gedienet. Und als grosse klag ein zytlang gsin, wie vil kernen veruntrüwet auch den armen nüt werde, was aber inen werden soll, unnd billich hörte: ist der müller daselbst in ein starcken lümbden und argwohn kommen, als ob er dem Apt unnd gottshuß da sin veruntrüwe, ja grad vom pfister selbs, der etwan geredt das im ist der müle nitt werde, was im aber hörte.

Das rechtliche Verfahren

Mag das Recht auch öffentlich mit Selbstverständlichkeit gelebt werden – gegen Unrecht stellt es sich nicht von selbst wieder her. Erforderlich ist ein Verfahren der Rechtsverwirklichung. Geht es nur um den Ersatz von materiellen Schäden, reichen Verhandlungen vor einem Mittler oder einem Schiedsrichter aus, sofern der beklagte Schädiger sich dem Verfahren stellt. Verweigert er sich oder stellt sich nicht, weil ihm die peinliche, vielleicht sogar tödliche Bestrafung wegen einer Missetat droht, bedarf es der gesellschaftlich-staatlichen Macht und der Institution eines Strafgerichts, die den Täter zu einem rechtlichen, geordneten Verfahren zwingen. Diese Entwicklung fand entsprechend dem christlich-religiösen Rechtsverständnis im Zusammenwirken von geistlicher und weltlicher Gewalt statt. Dabei war eines der uns heute am meisten irritierenden Phänomene des früheren Strafverfahrens der Einsatz der Folter. Heute ist die Anwendung von Gewalt oder Drohung mit Gewalt ein selbstverständlich verbotener staatlicher Unrechtsakt. Im Gegensatz dazu war bis in das 18. Jh. die Erzwingung eines Geständnisses als rechtlicher Verfahrensschritt allgemein anerkannt, obwohl die Gefahr, dadurch eine falsche Aussage zu erhalten und so einen Unschuldigen zu verurteilen, immer gesehen wurde. Es bedarf daher grundlegender Überlegungen, um diese damalige Praxis zu verstehen und die Entwicklung vom Rechtsinstitut zum heutigen Unrechtsakt nachzuvollziehen.

Am 27. Juni 1579 wird Hans Schneehaß, der Bäcker des Klosters Einsiedeln, wegen des Vorwurfs, einen Betrug begangen zu haben, mit dem trockenen Zug gefoltert. Da er die Tat gesteht, wird er enthauptet. Johann Jacob Wick, Nachrichtensammlung. 1560 bis 1587 (F 28, f. 99r).

Vier Ritter (unter der Führung des Balduin von Warendorf) rauben mit ihren Genossen fremdes Vieh; zugleich die Illustration des Textes: „Das sind herumstreichende Gewappnete, die es in dem Lande böse treiben. Sie jagen die Schafe und die Kuh und verlieren dabei Kopf und Kragen". Nequambuch. 1315-1421. Soest, Stadtarchiv.

Die Vielgestaltigkeit des Verfahrens

Das rechtliche Verfahren enthielt eine Reihe von Schritten (processus), die rechtlich geordnet waren. Für die Öffentlichkeit war der endliche Rechtstag am interessantesten, an dem in mündlicher Verhandlung das Theater des Rechts aufgeführt wurde, das im 2. Kapitel dargestellt ist. Doch muss der Begriff des Verfahrens weiter gefasst werden, wenn man über das ursprüngliche Klageverfahren hinausgeht, in dem zwei Parteien den Streit miteinander vor Gericht austragen, dieser also erst mit Erhebung der Klage als Verfahren beginnt. Das Gericht und ein Staat waren noch an dem dahinterstehenden Konflikt der Streitenden wenig interessiert; geboten wurde ein Ort für die geregelte Konfliktaustragung, wobei Gewaltaktionen zur Rechtsdurchsetzung zurücktraten. Auch das Verfahren war aus diesem Grunde ein Konflikt, ein Streit, dessen Durchführung aber den Beteiligten aus den Händen genommen wurde: Sie mussten sich eines Fürsprechers bedienen, der für sie die alten feierlichen Formeln sprach. Dadurch wurde bereits viel Aggressivität aus dem Streit genommen. Die Einbeziehung des sozialen Umfelds durch das Erfordernis, Eideshelfer zu finden, konnte ebenfalls befriedend wirken.

Das Interesse der sich herausbildenden Herrschaft galt einer Friedensordnung, die die Grundlagen des Zusammenlebens sichern und ermöglichen sollte. Sie wurde deshalb auf Gott zurückgeführt, der zudem durch sündhafte Missetaten beleidigt und erzürnt werden konnte. Dieses Interesse an einer

Friedensordnung veränderte die Bedeutung des Verfahrens. Es ging nicht mehr um Lösung „privater“ Konflikte. Erforderlich war jetzt eine Untersuchung, die Friedensbrüche, aber auch geheime Missetaten entdecken konnte und die Verurteilung zu einer Strafe ermöglichen sollte. Vor den öffentlichen Rechtstag schob sich ein Vorverfahren, in dem die eigentlichen Weichen für das Theater des Rechts gestellt wurden.

Dieses Theater konnte mit gutem Gewissen aufgeführt werden, wenn im Vorverfahren die Wahrheit der Vergangenheit herausgebracht worden war. Denn nun ging es um diese Wahrheit: nicht nur bezogen auf einen Schaden als in der Klage behaupteten Erfolg, sondern auch um eine Handlung, hinter der ein unrechtlicher, böser Wille stand und somit ein Inneres, das letztlich nur durch das Geständnis des Betreffenden offenbar gemacht werden konnte. Das Zivilverfahren um die Schädigung zwischen den beiden Parteien trennte sich zunehmend vom Strafverfahren, in dem es um die Entdeckung und Bestrafung von sündhaften Missetaten ging, woran die Öffentlichkeit und der Staat Interesse hatten und haben mussten. Dieses Strafverfahren sollte nicht primär einem Geschädigten Ersatz sowie Genugtuung bringen, sondern die durch die Tat gestörte Rechtsordnung wiederherstellen und das Vertrauen der Menschen in das Recht und in den sie schützenden und durchsetzenden Staat stärken. Außerdem sollte die in ihm manifest werdende Zwangsgewalt mögliche Missetäter von solchen Taten abschrecken und den überführten Täter unschädlich machen. Das Strafverfahren wurde dadurch zu mehr als einer Reaktion auf die Missetat, nämlich zu einer staatlichen Maßnahme, mit der die Sicherheit der Menschen gestützt werden sollte. Es ging also auch und wohl zunehmend um das, was die Zeitgenossen „gute Polizey“ nannten, um den geordneten Zustand eines wohlhabenden Gemeinwesens.

Insgesamt ergab sich eine Vielgestaltigkeit der Strafjustiz. Wichtig war der Unterschied von höherer und niederer Gerichtsbarkeit. Letztere wurde von traditionellen städtischen, genossenschaftlichen oder patrimonialen Schöffengerichten (Frevel-, Rüge-, Go-, Brüchten-, Wald-, Haingerichte) ausgeübt. Dabei lag die Gerichtshoheit häufig nicht beim Landesherren, sondern bei unterschiedlichen medialen Gewalten (Adel, Geistlichkeit, Städte, Zünfte, Gemeinden). Das Verfahren beruhte auf der Klage des Geschädigten. Doch fanden sich auch Formen eines Frevel- und Rügeverfahrens, in dem genossenschaftliche Rüger im Interesse der Gemeinschaft den Prozess gegen Verletzungen der traditionellen Ordnung mit einer Klage einleiteten. Die Parteien gehörten wie die Urteiler zu einer sozialen Gemeinschaft mit einem relativ hohen Grad an sozialem Wissen über alle Beteiligten. Daraus ergab sich ein hohes Kontrollpotenzial dieser Gemeinschaft, verbunden mit der Gefahr, dass in manchen Fällen gegen Außenseiter extreme Mittel und rigorose Maßnahmen eingesetzt wurden.

Im Gegensatz dazu wurden von den Hochgerichten (Malefiz-, Zent-, Fraisgerichten) über die klassischen schweren Missetaten (Mord, Totschlag, Raub, Diebstahl, Brandstiftung, Ehebruch, Gewaltdelikte) gerichtet, wobei lange Zeit die genauere Abgrenzung zur Niedergerichtsbarkeit fließend war. Die Landesherren besetzten zunehmend diese Gerichte mit studierten Juristen, die die Gesetze und Ordnungen kannten und diese als Richter sowie Urteiler zugleich anwenden konnten, unterstützt von den Rechtsfakultäten, die im Aktenversendungsverfahren in die Entscheidungsfindung eingebaut wurden. Dadurch wurden diese Gerichte zu Justiz- und Verwaltungsbehörden. Die juristische Zuständigkeit dieser Hochgerichte dehnte sich aus, wodurch die Niedergerichte verdrängt oder zu Verwaltungs- und „Polizeyorganen“ wurden.

Die auf diesem Weg in der Frühen Neuzeit langfristig etablierte Amts- oder Polizeigerichtsbarkeit der landesherrlichen Lokalverwaltung bediente sich eines mehr oder weniger nach rechtlichen Formen geregelten Strafverfahrens, das durch inquisitorische Elemente geprägt war. Es kam zur Ausbildung eines polizeilichen Ermittlungsverfahrens und zu Verfolgungsmaßnahmen gegen Gruppen, die für landschädlich gehalten wurden. Gegen soziale Randgruppen entstanden Sonderverfahren, die im Wesentlichen ohne rechtliche Formen (und unter Anwendung von Folterungen) durchgeführt wurden.

Entscheidende Impulse zur allgemeinen Durchsetzung und verfahrensrechtlichen Fixierung des eigentlichen Inquisitionsprozesses im 16. Jh. gingen dann von der Rezeption (Übernahme) des kanonischen und des römisch-rechtlichen Verfahrens der oberitalienischen Städte aus, in dem die amtliche Verfolgung in Verbindung mit der Folter bereits Ende des 14. Jhs. integraler Prozessbestandteil war. Neben den Reichsstädten fanden diese Verfahren vor allem in den geistlichen Territorien über die geistliche Gerichtsbarkeit Eingang. Dabei hatte sich schon im 13. Jh. in der Ketzerinquisition als einem

◀ *Vor dem (Lehens) Gericht stehen ein kirchlich Gebannter (über ihm der Teufel, dem er durch die Exkommunikation übergeben wurde), ein Verfesteter und ein Geächteter. Das Schwert durch den Hals (bei der Acht durch die Königskrone gekennzeichnet) symbolisiert den Ausschluss des Reinigungseides. – Ein Verfesteter wird durch den Kläger mithilfe von zwei Eideshelfern eidlich überführt. Wolfenbütteler Bilderhandschrift des „Sachsenspiegels". Drittes Viertel des 14. Jhs, f. 62v; f. 57r.*

▶ *Der Eid wird in ritualisierter Form (hier: auf Reliquien eines Heiligen) abgelegt. Wolfenbütteler Bilderhandschrift des „Sachsenspiegels". Drittes Viertel des 14. Jhs, f. 24v.*

weniger stark formalisierten Sonderverfahren eine engere Verbindung von kirchlichem und weltlichem Strafverfahren herausgebildet.

Das Klage-, Verklage-, Anklageverfahren

Ursprünglich konnte ein gerichtliches Verfahren nur auf Klage des Geschädigten durchgeführt werden, der den Beklagten als Schädiger darstellte, behauptete und zum Ersatz des Schadens sowie zu einer Bußzahlung als Genugtuung für die Rechtsverletzung aufforderte. Dieses ursprüngliche Klageverfahren entspricht dem heutigen Zivilprozess.

Die Schwierigkeit bestand anfangs vor allem darin, den Schädiger überhaupt dazu zu bringen, sich dem Verfahren zu stellen. Solange es noch keine feste Staatsorganisation gab, die jeden ihr Unterworfenen zum Erscheinen zwingen konnte, musste der Kläger die Initiative ergreifen und dafür sorgen, dass sein Gegner sich dem Gerichtsweg unterwarf.

In vielen Fällen blieb noch über die Zeit des Mittelalters hinaus nur die Möglichkeit, sich sein Recht mit eigener Gewalt selbst zu holen. Dies bedeutete, dass der Geschädigte seinen Schaden dadurch wiedergutzumachen versuchte, dass er dem Schädiger seinerseits das Entsprechende wegnahm. Ein gerechtes Maß dafür fehlte, der Betroffene wollte außerdem sein Genugtuungsbedürfnis befriedigen und deshalb den Schädiger demütigen. Daher eskalierte ein solcher Streit im Allgemeinen. Auch die andere Partei griff dann zu den Waffen. Da in den frühen Zeiten der Einzelne sich noch als Mitglied einer größeren Gemeinschaft (Sippe oder Gefolgschaft, „Freundschaft") verstand, kam es in der Folge zum Kampf dieser Gemeinschaften. Man nannte eine solche Auseinandersetzung „Fehde".

Diese Fehden waren den entstehenden Herrschaften ein Dorn im Auge, bedeuteten sie doch einen privaten Kriegszustand, der in seiner Aggressivität den Keim zur Ausdehnung auch auf andere Gruppen (Freundschaften) enthielt. Die Herrschenden versuchten deshalb, das Fehderecht einzugrenzen, zu reglementieren und letztlich überhaupt aufzuheben. Man kann auch sagen: Sie ließen den Krieg zu, allerdings in den Regeln eines geordneten Verfahrens.

Dieser Vergleich des Prozesses mit einem Krieg war im Übrigen noch in der Frühen Neuzeit durchaus üblich. Jedenfalls boten die Herrschaften sich und ihre Stellvertreter – vor allem die Grafen – als Richter an und setzten die Menschen unter Druck, indem sie Friedensgebote aussprachen und die damit verbundenen Fehdenverbote mit ihrer eigenen Herrschaftsmacht durchzusetzen versuchten. Man spricht von „personalem Frieden", da ein Bruch als Verletzung und Missachtung des Herrschenden aufgefasst und geahndet wurde.

Schon die Merowinger bedienten sich dabei des alten römischen Verratsverfahrens, das schnelles Vorgehen und schwerwiegende Gewaltmaßnahmen (Strafen) ermöglichte. Weigerte sich jemand, den Weg zum Gericht zu gehen, konnte der König ihn aus seinem Frieden stellen und jedem erlauben, ihn festzunehmen, ja ihn zu töten. Seit den Karolingern führte das Nichterscheinen trotz Ladung (bannitio) zu dieser Verfestung. Bei dauerhafter Rechtsverweigerung wurde die Acht ausgesprochen. Diese Ächtung wurde meist durch die von den kirchlichen Instanzen – die ohnehin das christliche Gebot zur Friedlichkeit predigten – ausgesprochene Exkommunikation verstärkt („Acht und Bann"). Der Gerichtsverweigerer war dann ein aus der Friedensgemeinschaft Ausgeschlossener, allerdings nicht auf immer, sondern mit der Absicht, ihn dadurch zur Anerkennung der Gerichtshoheit und zur Unterwerfung unter sie zu bringen. Der Druck auf ihn wurde dadurch gesteigert, dass er im Falle der Festnahme als Verfesteter keine Verteidigungsmöglichkeit mehr hatte.

Denn im Regelfall bedeutete die Klage einen Vorwurf der Schädigung und somit eine Verletzung der Ehrenstellung des Beklagten. Aus diesem Grund wurde dem Beklagten die rechtliche Möglichkeit eingeräumt, sich von diesem Klagevorwurf zu reinigen, sofern er nicht die Schädigung eingestand. Der Weg dazu war – neben den Gottesurteilen, die im 1. Kapitel dargestellt sind – die eidliche Versicherung, nicht für diesen Schaden verantwortlich zu sein und zu haften.

Dieser Eid allein reichte aber nicht aus, den Konflikt mit dem Kläger und seiner Gemeinschaft, aber auch mit seiner „Freundeschaft“ aus der Welt zu schaffen. Durch ein auf Frage des Richters gegebenes Urteil wurde die Anzahl der Männer bestimmt, die den Eid des Beklagten für glaubwürdig behaupteten und selbst eidlich versicherten, für den Beklagten einzutreten – bis hin zum Einsatz im Zweikampf. Diese Schwörenden waren keine Zeugen, die über eigene Wahrnehmungen zum Gegenstand der Klage berichten konnten, sondern Glaubwürdigkeits- oder Leumundszeugen, die man „Eideshelfer“ nannte. Wie im 2. Kapitel dargelegt, war ein solches Urteil „zweizüngig“, weil es nicht den Konflikt selbst entschied, sondern nur den Weg angab, wie dieser aufgelöst werden sollte: nämlich durch Gelingen oder Misslingen dieses Eidverfahrens, das sich an das Urteil anschloss und im eigentlichen Sinne ein zweites Verfahren darstellte. Der Eid des Beklagten wurde anfangs auf das eigene Schwert abgelegt, das im Sinne einer bedingten Selbstverfluchung gegen sich angerufen wurde. Würde man die Unwahrheit beschwören, sollte das Schwert in einem Ernstfall versagen.

In christlicher Zeit wurde der Eid auf die Reliquien eines Heiligen abgelegt. Für bedeutende Eide, wie manche Beschwörungen eines Gottesfriedens, begab man sich an den balsamierten Leichnam eines Heiligen und legte die Schwurfinger auf ihn. Das in der Bergpredigt ausgesprochene Schwurverbot (Mt. 5, 34) wurde dahingehend

◄► *In der mittleren Bildzeile (links) überführt der Kläger den auf handhafter Tat Ertappten und gebunden vor Gericht Gebrachten durch seinen Eid, unterstützt von sechs Eideshelfern. – In der zweiten Bildzeile von unten (rechts) weist der Kläger (mit erhobenem Schwert) auf Mond und Sterne, um anzudeuten, dass die Tat noch nicht „übernächtig“ ist. Deshalb kann er mit sechs Eideshelfern den flüchtigen Täter durch Richterspruch verfesten lassen. Wolfenbütteler Bilderhandschrift des „Sachsenspiegels“. 3. Viertel des 14. Jhs, f. 26v; 27v.*

interpretiert, dass nur unwahre oder überflüssige Eide unzulässig seien. Die zu sprechende Eidesformel war vorgeschrieben und musste in feierlicher Form laut vorgetragen werden, oft unter Hilfe eines Fürsprechers. Später konnte der Eid auch „gestabt“ werden, wobei der Schwörende den Stab des Richters anzufassen hatte. Die Eideshelfer traten meist hinter den von ihnen Unterstützten und leisteten ihren eigenen Eid gemeinschaftlich – wie einen sinnlich-anschaulichen „Schwurleib“ – ab.

Von dieser Regelform wich das Verfahren gegen einen Verfesteten oder Geächteten ab. Ergriff man ihn und stellte ihn vor Gericht, dann war ihm dieser Reinigungseid verschlossen. Der Kläger hatte nur die Tatsache, dass der Beklagte ein verfesteter oder geächteter Mann sei, durch seinen Eid zu beweisen, und zwar mit Eideshelfern oder durch das Zeugnis des Richters, der die Acht ausgesprochen hatte, oder eines damaligen Schöffen. Dann wurde der Betroffene ihm übergeben. Die Bilderhandschriften des „Sachsenspiegels“ aus dem 14. Jh. veranschaulichten diese eingeschränkte Rechtsstellung des Verfesteten und Geächteten im Verfahren dadurch, dass sie ein Schwert – bei der Acht: mit Krone – durch seinen Hals zeichneten, denn die Verteidigungsrede war ihm genommen.

Die Ordnungen des 15. Jhs. (auch noch die „Bambergische Halsgerichtsordnung“ von 1507) sahen das Institut der Mordacht vor. War jemand gewaltsam getötet worden und der Täter flüchtig, klagte die „Freundschaft“ des Getöteten, der meist aufgebahrt war, bei Gericht, das nach Besichtigung der Leiche und der offensichtlichen Spuren der Gewalttat den eidlich behaupteten Täter öffentlich vorlud. Blieb diese Vorladung trotz zweimaliger Wiederholung erfolglos, wurde mit Urteil eine Friedlossprechung verfügt und ein Achtbrief ausgestellt. Meist wurde die Leiche begraben, aber ein Leibzeichen aufbewahrt. Die Peinliche Halsgerichtsordnung Karls V. (Carolina) von 1532 erst hob die Konsequenz auf, dass dem später ergriffenen Verurteilten der Unschuldsbeweis nicht mehr gestattet war.

In gleicher Weise wurde das Verfahren bei Handhaft durchgeführt, das im 2. Kapitel dargestellt ist. Der Eid des Klägers – der seine Behauptung glaubwürdig machen sollte, dass er den von ihm gebundenen zu Gericht gebrachten Beklagten auf handhafter Tat gefangen habe – und die Unterstützung der von ihm damals herbeigerufenen „Schreimannen“ als Eideshelfern verlegten dem Beklagten den Reinigungseid. Durch das Urteil musste nur mehr

festgelegt werden, wie der Eid durchzuführen sei und wie viele Eideshelfer erforderlich seien. Je nach Offenkundigkeit der Tat (durch „blinkenden Schein“) benötigte der Kläger zwei bis sechs Helfer.

Diese Möglichkeit des Beklagten, in anderen Fällen als dem Verfestungs-, Acht- und Handhaftverfahren sich mit Eideshelfern durch Reinigungseid freischwören zu können, bedeutete selbstverständlich für den Kläger ein erhebliches Prozessrisiko. Gelang dem Beklagten die Reinigung, hatte der Kläger nicht nur das Verfahren verloren, sondern musste auch der siegreichen Seite Schadenersatz und Genugtuung leisten. Man spricht von „Talion“, weil das Ausmaß des zu Leistenden dem entsprach, was dem Beklagten vorgeworfen worden war. Es liegt auf der Hand, dass deshalb in vielen Fällen der Geschädigte auf Klageerhebung verzichtete. Den Weg der Fehde ging er nur, wenn er sich die kriegerische Auseinandersetzung zutraute.

Diese Konsequenz betraf zunächst nur den Geschädigten und sein eigenes Verhältnis zum Schädiger. Doch mit der Herausbildung der Herrschaft entstanden das Interesse und das Bedürfnis, die für das Zusammenleben selbst gefährlichen und schädlichen Menschen zur Verantwortung zu ziehen. Dies nicht nur zur Wiedergutmachung und Genugtuung des Geschädigten, sondern zur Wiederherstellung und Sicherung der gewohnten Lebensverhältnisse durch Bestrafung, in schweren Fällen durch Ausscheidung des Betreffenden, durch Abschreckung etwaiger Gesinnungsgenossen und zur Besänftigung des durch die sündhafte Missetat beleidigten Gottes. Doch muss gesehen werden, dass in manchen Fällen sogar beim Totschlag, allerdings eher im Affekt (Trunkenheit), oder bei Körperverletzung mit Todesfolge noch bis ins 17. Jh. eine gütliche Einigung (teydigung) zwischen den Parteien zulässig war und auch von der Obrigkeit vermittelt wurde. Freilich nur, wenn es sich um Einheimische und bisher Unauffällige handelte.

Sonst aber erhob der Kläger seine Klage nicht mehr nur gegen seinen Schädiger, sondern zugleich auch gegen den Missetäter, der die Ordnung des Zusammenlebens missachtet und damit dem Land schädlich geworden war. Deutlich wurde dies in der Formel, die sich im 15. Jh. durchsetzte: Klage gegen „[m]einen vnnd des lanndes schadbarn man“. Aus diesem Grunde meinte der um 1436 entstandene „Klagspiegel“, das Rechtsbuch des Schwäbisch Haller Stadtschreibers Conrad Heyden, dass man in diesen Kriminalsachen nicht von „klagen“, sondern von „verklagen“ sprechen müsse. Später wurde die Bezeichnung als „anclager“ üblich. In den Stadtrechten sah man vielfach einen beamteten „(An)clager von Rats wegen“ (Ratsmitglied, Gerichtsdiener oder sogar den Knecht des Scharfrichters) vor, der im Namen der Bürger im öffentlichen Interesse tätig wurde.

Dadurch entstand auch das Interesse überhaupt an einem solchen Kläger oder Verkläger oder Ankläger. Mancherorts wurde der Schädiger verpflichtet, die Klage zu erheben. Im Niedergerichtsverfahren traten Personen als Kläger auf, die von der Gemeinschaft, etwa eines Dorfes, als „Rüger“ eingesetzt waren, um nach dem Vorbild des kirchlichen Sendgerichts Frevel (Verletzungen der Regeln) im Interesse der Gemeinschaft vor Gericht zu bringen. Der Verzicht auf Beschreiten des Gerichtsweges wegen des Prozessrisikos musste verhindert, die Stellung des An- wie Verklägers verbessert werden. Dies verlangte auf der Gegenseite eine Verschlechterung des Rechts des Beklagten, vor allem die Erschwerung oder gar Verlegung des Reinigungseides. Schon früher war die Möglichkeit anerkannt, das Gelingen der Reinigung dadurch zu verhindern, dass der Kläger die Schwurhand des Betreffenden wegriss und ihn zum Zweikampf forderte. Besser geeignet war die Stärkung der Klägerposition durch die Einräumung einer möglichen Überführung des Gegners. Auch dafür gab es Vorbilder, nämlich die erwähnten Verfestungs-, Acht- und Handhaftverfahren. Die Ausdehnung der Handhaft auf die Offenkundigkeit der Tat selbst ist im 2. Kapitel angesprochen.

Zunehmend ließen die Prozessordnungen zu, dass der Kläger mit seinem Eid seinen Vorwurf glaubwürdig machte und diesen durch den unterstützenden Eid von Eideshelfern absicherte. Meistens verlangte man sechs Eideshelfer, was bedeutete, dass die Überführung durch einen Eid mit sieben Händen gelingen konnte. Dieses „Übersiebnungsverfahren“ ermöglichte im Kampf gegen die im 4. Kapitel vorgestellten landschädlichen Leute ein schnelles und erfolgreiches Vorgehen. Daher ließen sich vor allem Städte ein diesbezügliches Privileg vom König als Gerichtsherrn geben. Noch schneller gestaltete sich das seltener verliehene Privileg des „Leumundsverfahrens“, in dem letztlich nur mehr auf Antrag (Anklage) innerhalb des Rates abgestimmt wurde, ob bzw. wie man einen gegangenen Mann richten sollte. Maßgebend dafür war der schlechte Leumund, das Aussehen oder Auftreten des Betroffenen. Meist genügte die Tatsache, dass er im Wald lebend angetroffen worden war: denn wer

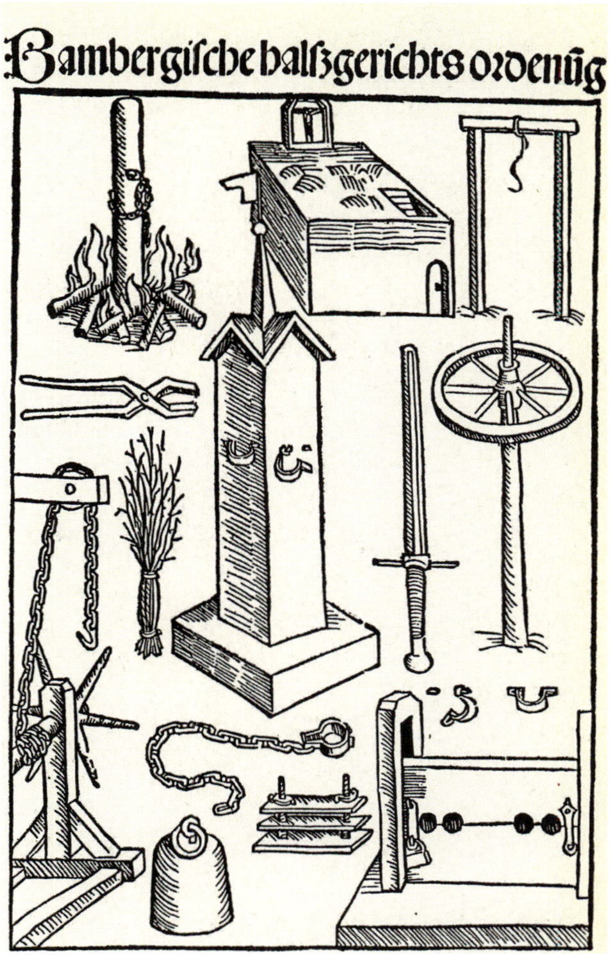

Das Titelblatt der Bambergischen Halsgerichtsordnung von 1507 zeigt neben Hinrichtungsgegenständen in der unteren Bildhälfte auch die Folterwerkzeuge des trockenen Zuges (mit einem Stein, den man dem Aufgezogenen an die Füße binden konnte) und der Fingerschraube.

außer Räubern oder andern Missetätern sollte in der Wildnis (über)leben können! Für Übersiebungs- und Leumundsverfahren benötigte man dann auch keinen individuell Geschädigten als Kläger mehr; an dessen Stelle konnte ein beauftragter oder beamteter Ankläger treten.

Eine andere Möglichkeit war die Zulassung des Zeugenbeweises zur Unterstützung der Klage bzw. des auf sie bezogenen Eides. Konnte der Kläger sein Vorbringen durch zwei oder mehrere gute, weil anständig beleumundete und daher glaubwürdige Zeugen der Tatbegehung absichern, war dem Gegner die Reinigungsmöglichkeit verlegt. Die Rezeption des römischen und des kanonischen Rechts begünstigte überhaupt den Beweis durch Aussagen der Tatzeugen, die zunehmend an die Stelle der Eideshelfer traten, die nur „Leumundszeugen" in Bezug auf die Glaubwürdigkeit des Schwörenden waren. Eine solche Unterstützung des Klägers war auch durch „blinkenden Schein" möglich, also durch Augenscheinsobjekte, die die vorgeworfene Tatbegehung so plausibel anschaulich machten, dass eine Reinigung ausgeschlossen war. Hierin wird deutlich, dass es in dem Verfahren nicht mehr um die Lösung des Konflikts zwischen den Parteien ging, sondern um die materielle Wahrheit der Tatbegehung. Es musste der wirkliche Täter entdeckt und verurteilt werden, auch um dem Gott der Gerechtigkeit Genüge zu tun.

Trotzdem behielt der Kläger letztlich das Prozessrisiko. Eine weitere Verbesserung wurde zwar dadurch gewährt, dass auf Antrag die Folter angeordnet werden konnte. Doch musste der Kläger in diesem Fall eine Kaution stellen. Dieses sollte die Kosten und den Ersatz der Schäden des Angeklagten, Ver- und Beklagten abdecken, falls er die Folter ohne Geständnis überstand. Denn führte die Folter zu keinem Gestehen der Tat, wurde darin eine Reinigung gesehen.

Einen anderen Weg ging eine Verordnung des Fürstbischofs von Würzburg, der seinen Gerichten, darunter auch der Stadt Volkach, im Jahr 1504 das Privileg Kaiser Maximilians I. mitteilte, dass das Übersiebnungsverfahren abgeschafft sei. Er begründete dies damit, dass es sich für die Kläger als ungünstig erwiesen habe, vor allem wegen der Kosten, aber auch wegen der Schwierigkeit, solche Eideshelfer zu gewinnen. Es sei vorgekommen, dass manche Übeltäter ungestraft geblieben seien, da die Beweise gefehlt hätten. Um diesen Missständen abzuhelfen, habe er den Kaiser gebeten, die Gewohnheit des Übersiebnens abzuschaffen. Dieser habe der Bitte durch sein Privileg entsprochen: Die Gerichte sollten über eines jeden Übeltäters Missetaten urteilen und richten, so die offenbar oder durch ihn selbst bekannt oder aber durch den Betroffenen zu Recht genügsam bewiesen worden seien. Art. 273 der Bambergischen Halsgerichtsordnung von 1507 trat ebenfalls für die Abschaffung des als „alter Missbrauch" bezeichneten Verfahrens ein. Das Volkacher Salbuch berücksichtigte diese Verordnung und sah nur mehr einen Einereid als Überführungseid vor, allerdings nur, wenn ausreichende Beweise vorlagen – vor allem das Geständnis. In der Praxis bedeutete dies freilich eine Zunahme der Wichtigkeit der Folter.

Das Inquisitionsverfahren

Ein grundlegend anderer Weg erwies sich in der Rechtspraxis als besser geeignet, das öffentliche Interesse an einer Verfolgung von Missetätern zu befriedigen. Man verzichtete ganz auf einen Kläger, Ver- oder Ankläger zugunsten der von Amts wegen eingeleiteten und durchgeführten Erforschung und Untersuchung der Wahrheit.

Dieser neue Weg wurde in der „päpstlichen Revolution" (Harold J. Berman) eröffnet, nämlich durch den Juristenpapst Innozenz III., bürgerlich Lothar von Segni (1160/61 – 1216), Studium der Rechte in Bologna von 1178 bis 1987, Papst seit 1198. Er verstand sich als Reformer und setzte auf den Vorrang des Klerus gegenüber dem Volk der Gläubigen. Außerdem sah er sich als Statthalter Christi auf Erden (vicarius Dei), dem daher die Aufgabe der Ordnung der Christenheit zufiel.

Vor allem ging es ihm um eine Disziplinierung der Kleriker, in deren schlechtem Lebenswandel er den Hauptgrund für die entstandenen Ketzerbewegungen sah. Für Vorwürfe gegen Kleriker wie auch gegen Laien war neben dem Klageverfahren auch das traditionelle Sendgerichtsverfahren vorgesehen, das seit der Zeit der Karolinger als Rügeverfahren ausgestaltet war. Der Bischof oder sein Stellvertreter, der Archediakon, befragten bei ihren Visitationen angesehene und glaubwürdige Männer und verpflichteten sie, alle sündhaften Missetaten mitzuteilen, die ihnen als Gerücht zu Ohren gekommen seien. Diese „Sendgeschworenen" konnten dann als Ankläger oder nur als Anzeigende (Denunzianten) tätig werden. Entscheidend war, dass der Bischof oder der Archediakon eine Untersuchung dieses Gerüchts (inquisitio famae) vornahmen, wobei sie dem göttlichen Wort bezüglich Sodom und Gomorrha (1. Mose 18, 20 u. 21) folgten (siehe 1. Kapitel). Es wurden der Betroffene und Zeugen gehört, die Aussagen, vor allem die Einwände des ersteren, schriftlich niedergelegt und überprüft; auch Augenschein war vorgesehen. Gottesurteilen stand die Kirche kritisch gegenüber. Den Abschluss bildete ein Urteil, mit dem die Anzahl von Eideshelfern festgesetzt wurde, die der Beschuldigte zur Unterstützung seines Reinigungseides benötigte, der auch in diesem Verfahren vorgesehen war. Gelang die Reinigung, war der Betroffene freizusprechen; misslang sie oder lag ein Geständnis vor, erfolgte die Verurteilung.

Innozenz III. genügten anfangs in seinen Bemühungen zur Disziplinierung des Klerus offensicht-

► Im Verließ werden zwei Mitglieder einer Räuberbande („gütlich") verhört und („peinlich") gefoltert. Ketzertafel 1660-62. Kloster Schlierbach (Österreich).

◄ In dem juristischen Lehrbuch des Johannes Millaeus (Praxis criminis persequendi, Paris 1541) wird die Folter – hier als trockener Zug und als Anlegen der Beinschrauben – in Wort und Bild dargestellt. Der rechtliche Charakter zeigt sich in der Anwesenheit des Richters, zweier Gerichtszeugen (oft Schöffen) und des Schriftführers.

lich diese herkömmlichen Verfahren. Freilich war die Chance eines Klerikers, die geforderte Anzahl der Eideshelfer zu bekommen, sicherlich gut. Doch sah der Papst ohnehin die Möglichkeiten von Laien, gegen Kleriker rechtlich vorzugehen, skeptisch. Klagen oder Anzeigen von Klerikern selbst wurden bevorzugt behandelt. Teilweise wurde in den Fällen eines Vergehens eines höhergestellten Klerikers sogar ein Reinigungseid ausgeschlossen. Daran knüpfte Innozenz III. in seiner Dekretale „Qualiter et quando" vom 26. Februar 1206 an. In ihr wurden die päpstlichen Legaten auch gegenüber Bischöfen zur Untersuchung der Wahrheit angehalten; ein Reinigungseid war nicht mehr vorgesehen. Entschieden werden sollte allein aufgrund dieser Untersuchung, die keine Anklage mehr erforderte.

Dieses neue Verfahren „per inquisitionem" wurde 1215 mit dem achten Kanon des IV. Laterankonzils als verbindlich etabliert. Doch ging es dabei zunächst allein um das innerkirchliche Verfahren gegen Kleriker, also um das Disziplinarverfahren. Es muss betont werden, dass in den Aktionen gegen die Ketzer weiterhin das traditionelle Sendgerichtsverfahren angewendet wurde, auf das 1184 Papst Lucius III. in seiner Dekretale „Ad abolendam" ausdrücklich abgestellt hatte. Den von den Sendgeschworenen Angezeigten wurde der Reinigungseid zugestanden. Er gewann allerdings bei den Bewegungen, die den Eid aufgrund biblischen Verbotes (Mt. 5, 34) ablehnten, eine neue Bedeutung als Mittel zum Aufspüren von Ketzern. Denn jeder Eidesverweigerer galt als überführt.

Die Neuheit des Inquisitionsverfahrens gegen Kleriker wurde von den zeitgenössischen Juristen selbstverständlich erkannt – und auch anerkannt. Der Rechtsgelehrte Roffredus (um 1170-1244) sah dieses kanonische Disziplinarverfahren auch im römischen Recht begründet und hielt deshalb in der weltlichen Gerichtsbarkeit für anwendbar. Als Mitglied am Hofgericht Kaiser Friedrichs II. war er sicherlich mitverantwortlich dafür, dass der Kaiser den neuen Prozess in seinen Gesetzen für Sizilien übernahm. Oberitalienische Städte folgten, da sich das neue Verfahren als erfolgreich im Kampf gegen die Kriminalität erwies.

Die Rechtswissenschaft widmete sich zunehmend der juristischen Ausarbeitung dieses Inquisitionsverfahrens. Von der „inquisitio ex officio", in der der Richter aufgrund eines Verdachts oder eines Gerüchts von sich aus tätig wurde, unterschied man die „inquisitio per promoventem", in der ein öf-

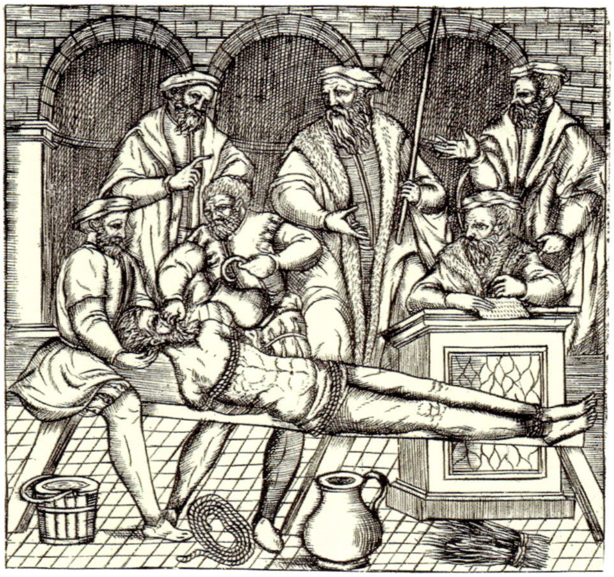

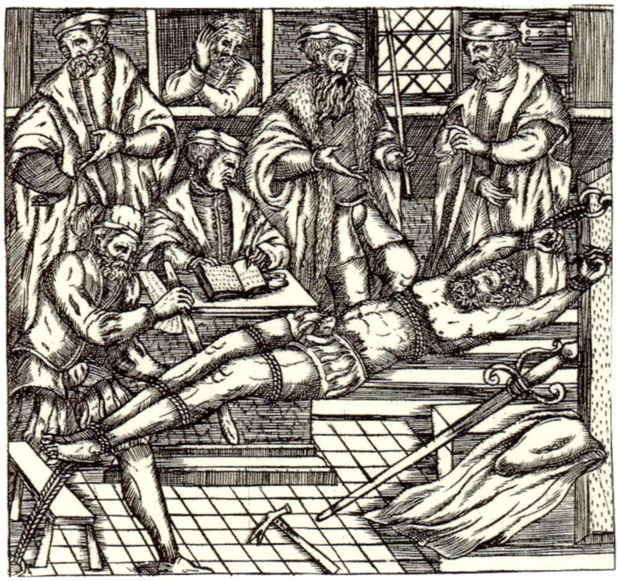

fentlich genannter Denunziant als Promotor im Verfahren die notwendigen Beweismittel lieferte, ohne aber das Prozessrisiko eines Klägers zu tragen. Zu einer allgemeinen Voruntersuchung (inquisitio generalis) kam ein Verfahren gegen den mutmaßlichen Täter (inquisitio specialis). Für eine ausreichende Verteidigung war zu sorgen. Dem Betroffenen mussten die Namen der Belastungszeugen mitgeteilt werden. Er durfte durch Schriftsätze die gegen ihn sprechenden Beweise angreifen, sich dabei auch eines Prokurators (Advokaten) bedienen. Er durfte eigene Beweismittel beantragen. Aber auch der Richter hatte von Amts wegen die entlastenden Umstände zu erforschen und zu berücksichtigen.

Schließlich erweiterte die Kirche das neue Verfahren über den bisherigen Disziplinarbereich hinaus auch auf die Ketzerbekämpfung. In den Vordergrund trat die Aufgabe, einen solchen Verdacht der Ketzerei auf Wahrheit hin zu untersuchen: ihn entweder zu festigen oder zu entkräften. Die Beweisbarkeit des Vorwurfs der Ketzerei fiel immer schwerer, je mehr die innere Seite der ketzerischen Gesinnung in den Vordergrund rückte: Diese Innerlichkeit konnte nicht durch Zeugen nachgewiesen werden, war auch mit dem äußeren Verhalten nicht identisch. Die Not der Beweisführung führte somit zu weiteren Veränderungen des Verfahrens. Dabei rekurrierten die Juristen auf die Gleichstellung der Ketzerei mit dem römisch-rechtlichen „crimen laesae majestatis (divinae)“, worauf im 4. Kapitel eingegangen wird. Der Verratsprozess war seit der römischen Kaiserzeit als Untersuchung von Amts wegen geführt worden, unter Zulassung anonymer Denunzianten. Im Ketzerprozess teilte man nun dem Verdächtigten nicht mehr die Namen der Belastungszeugen mit (auch deshalb, weil übel beleumdete, selbst bereits Verurteilte als Zeugen zugelassen waren), schmälerte dadurch seine Verteidigungsmöglichkeiten – zumal man auch auf die pflichtgemäße Zuordnung eines Advokaten allgemein verzichtete. Schließlich wurde auch wie im alten Verratsprozess die Folter zugelassen. Es entwickelte sich so in der Praxis der Ketzerprozesse ein „summarisches“ Verfahren, in dem „simpliciter et de plano, sine strepitu et figura judicii“ (einfach und ohne Umstände, ohne Einreden und die Förmlichkeiten einer Gerichtsverhandlung) vorgegangen wurde.

Der Inquisitionsprozess setzte sich ebenfalls in der Praxis der weltlichen Gerichte durch – aus den oben genannten Gründen. Von Bedeutung war dafür auch die Übereinkunft, die 1184 Papst Lucius III. mit der Dekretale „Ad abolendam“ und Kaiser Friedrich I. Barbarossa in Venedig getroffen hatten. Sie versprachen die Zusammenarbeit gegen Ketzer dahingehend, dass das Verfahren selbst von den kirchlichen Instanzen durchgeführt werden sollte, der überführte Ketzer dann aber der weltlichen Hand zwecks Bestrafung zu übergeben sei. In der Praxis wirkten die weltlichen Behörden auch im Verfahren vor allem der Folter mit. Dadurch kam es zum Siegeszug des neuen Verfahrens. Es bedurfte keines Klägers mehr. Eine Anzeige, ein Gerücht, ein Verdacht führte zu einer richterlichen Untersuchung von Amts wegen, die ohne Einbeziehung

◀▶ *In dem juristischen Lehrbuch des Jost Damhouder (Praxis rerum criminalium. Antwerpen 1554) wird die Folter – hier als Wasserfolter und als Strecken – als Rechtsinstitut dargestellt.* *Das rechte Bild zeigt die Personen, die von der Folter ausgenommen sind: Schwangere, Kinder, alte Wahnwitzige, Amtspersonen, Gelehrte, Ritter.*

der Öffentlichkeit durchgeführt wurde. Ziel war die Aufdeckung der Wahrheit – wie im Übrigen auch in der Beichte, die das IV. Laterankonzil 1215 einmal jährlich jedem Christen zur Pflicht machte.

Trotzdem galt lange Zeit noch in Theorie und Gesetzgebung als Grundform des Verfahrens der „processus ordinarius", der alte Parteienprozess. Der 1436 veröffentliche „Klagspiegel" des Schwäbisch Haller Stadtschreibers Conrad Heyden gilt als Wegbereiter des neuen Denkens der Rezeption. Doch begann die Darstellung des Prozessrechts mit dem Verfahren des „verclagens". Erst danach wurde beschrieben, „wie der richter von seins ampts wegen nach den sünden und übelthaten forschen und straffen sol", was als „inquisitio in criminibus" bezeichnet wird. Der Richter solle nach allen übeltätigen Menschen in seinem Gerichtsbezirk forschen und „sol das landt reinigen von bösen leüten". Doch dürfe eine solche Untersuchung nicht gegen jemand erfolgen, der einen völlig unversehrten Leumund habe, was durch zwei Zeugen zu beweisen sei. Auch noch die Peinliche Halsgerichtsordnung Karls V. (Carolina) von 1532 ging vom Anklageprozess als dem ordentlichen Verfahren aus, wobei dem Ankläger bei Vorbringen der notwendigen Indizien auch die Folter zugestanden wurde, für die er allerdings Kaution und Bürgschaft erlegen musste. In dieser Regelung zeigte sich, dass nun auch der Klageprozess an der Aufdeckung der Wahrheit orientiert wurde. Deshalb wurde auch später meist mit der Zulassung der Folter das vom Kläger eingeleitete Verfahren zu einem Inquisitionsverfahren. Das Annehmen eines Übeltäters „vonn der oberkeit vnnd Ampts wegen" war in der „Carolina" als Ausnahme gedacht, bot jedoch so viele Vorteile, dass es sich in der Praxis durchsetzte. Aber selbst in späterer Zeit, als sich der Inquisitionsprozess als Normalverfahren etabliert hatte, brauchte man eine letzte Erinnerung an den alten Parteienprozess. Man führte zum feierlichen öffentlichen Abschluss den endlichen Rechtstag durch, in dem dann ein Ankläger aufzutreten hatte und das im 2. Kapitel charakterisierte Theater des Rechts aufgeführt wurde.

Die Folter

Eine Konsequenz dieser Veränderung der Prozessstruktur von Konfliktlösung hin zur Wahrheitserforschung war die Einführung der Folter in das Verfahren. So lange es nur um das Verhältnis von Schädiger und Geschädigtem und um den Ersatz eines äußeren Schadens ging, brauchte man das Geständnis nicht. Sollte das Verfahren aber den Zweck erfüllen, den wirklichen Täter zu finden und zu bestrafen, um den durch dessen sündhafte Missetat beleidigten und erzürnten Gott zu besänftigen, dann war auch ein Eingeständnis der Schuld erforderlich.

Je mehr sich der Schwerpunkt vom Äußeren in das Innere des Menschen verlagerte, desto schwieriger war es in einem Verfahren, dieses Neue der Handlungs- und Entscheidungsdimension öffentlich zu machen. Denn an das Innere des Menschen kam man durch äußere Indizien oder durch Zeugenaussagen nicht heran. Es konnte nur der Betreffende selbst sein, der es dadurch offenbarte, dass er es allen mitteilte. Dadurch konnte er sich auch von seiner Schuld lossagen, sich von ihr befreien; wie in der Beichte, deren Bedeutung parallel zur Herausbildung der Folter zunahm. Das Wort „confessio" wurde für das Geständnis sowohl bei der Beichte als auch beim Verfahren verwendet. Für beide war ebenfalls Freiwilligkeit gefordert.

Immer war den Menschen bewusst, dass man durch Zwang und Druck falsche Aussagen erpressen könne. Die diesbezüglichen Warnungen gab es bereits im antiken Rom, und sie fanden sich in

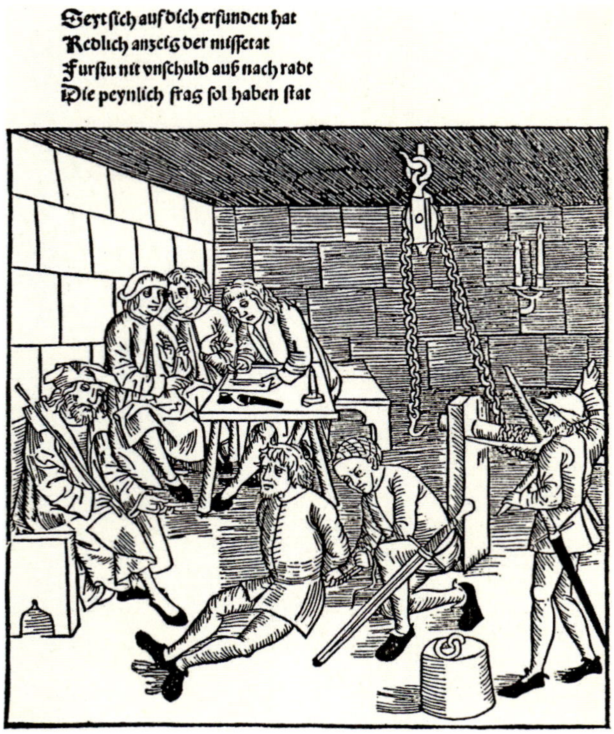
Seyt ſich auf dich erfunden hat
Redlich anzeig der miſſetat
Furſtu nit vnſchuld auß nach radt
Die peynlich frag ſol haben ſtat

◀ *Ein durch „redliche anzeygungen" (Indizien) Verdächtigter wird für die Folterung durch den trockenen Zug vorbereitet. Bambergische Halsgerichtsordnung 1507.*

▶ *Unter dem Verdacht, nächtens in Ettiswil seine Ehefrau Margret getötet zu haben, wird der Kriegsknecht Hans Spiess 1503 im Turm in Willisau mit dem trockenen Zug gefoltert. Er übersteht die „peinliche Frage" ohne Geständnis. Erst an der Bahre des Leichnams (vgl. S. 33, 35) wird er die Tat gestehen. Luzerner Chronik des Diebold Schilling d. J. 1513, f. 216r.*

allen juristischen Traktaten, verbunden mit der Mahnung, um Gottes willen lieber einen Schuldigen laufen zu lassen als einen Unschuldigen zu verurteilen. Deshalb verlangten die Juristen, dass ein erfoltertes Geständnis außerhalb der Foltersituation von selbst (spontan) wiederholt werden musste. Der Zwang und die Gewalt sollten den Widerstand des verstockten und hartnäckigen Täters brechen, der in der Unfreiheit des Bösen verstrickt war und deshalb nicht den Weg zur befreienden Wahrheit und zur Errettung aus der Sünde finden konnte. Die zunehmende Trennung von äußerem, auch dem Teufel zugänglichem Körper und der Gott zugewandten Seele erhielt dadurch Bedeutung, dass man durch Schwächung des Körpers der Seele den Weg zu Gott eröffnete.

Die rechtlichen Regelungen, die die Juristen für die Vornahme der Folterung erfanden, und zuletzt die Mahnung an den gerechten Richter und sein Gewissen sollten Gewähr dafür bieten, dass wirklich nur die Wahrheit an den Tag kommen würde. Manchmal wurde der alte Glaube an das Eingreifen Gottes zur Unterstützung des Unschuldigen herangezogen, wodurch die Folter Ähnlichkeit mit einem Gottesurteil erhalten konnte. Man meinte auch, dass ein Mensch nur dazu gezwungen werden könne, überhaupt zu sprechen, nicht aber zu einer unwahren Aussage, die doch eine sündhafte Lüge darstellen würde. Diese Auffassung führte manchmal sogar dazu, dass sich Verdächtige oder übel Beleumundete selbst einer Folterung unterziehen wollten, um die Wahrheit ihrer Behauptungen zu untermauern und sich vom Verdacht zu reinigen. Selbst eine Kampffolter für beide gegnerische Parteien wurde manchmal berichtet. Jedenfalls wurden in der Diskussion um die Folter unterschiedliche Argumente bemüht, die zeigen, dass bei diesem Rechtsinstitut stets ein Unbehagen mitschwang, das bei manchen Theoretikern schon früh zu einer Kritik an der Tauglichkeit der Folter zur Erforschung der Wahrheit führte. Doch die Mehrheit sah sich beruhigt durch die vielfältigen Versuche, die Gewalt in der Folterkammer zu reglementieren.

Angemerkt sei, dass diese Darstellung nur für die Erfolterung eines Geständnisses gelten konnte. Daneben dachte man auch an andere Formen der Folter, um überhaupt eine gewünschte Information zu erhalten. Man kannte die Komplizenfolter, um von einem bereits überführten Täter Angaben über Mittäter oder über den Ort der Beute oder – im Sinne einer Präventivfolter – nähere Angaben über geplante Missetaten zu erzwingen, oder die Zeugenfolter.

Jedenfalls stellte die Folter, wie sie uns als „tortura", „tormenta" oder peinliche Frage in den Prozessordnungen ab 1500 entgegentritt, ein anerkanntes Rechtsinstitut dar, das deshalb auch mehr oder minder genauen Regeln unterworfen war. Man betrachte nur die Titelblätter der Ausgaben der Gesetze oder die Illustrationen in den juristischen Lehrbüchern. In dieser Regelhaftigkeit wurde der Fortschritt gegenüber den früheren Gewaltaktionen gesehen, die offensichtlich seit jeher im Kampf gegen gefährliche, schädliche oder verhasste Menschen begangen wurden.

Bereits die alten Römer hatten brutale Folterungen an Sklaven gekannt, deren Aussagen dadurch an Glaubwürdigkeit gewinnen sollten. In der Kaiser-

zeit war in den Verratsverfahren auch die Folter gegen freie Bürger zugelassen worden. Die germanischen Herrscher übernahmen sie in diesem Rahmen, setzten sie also vorwiegend gegen Unfreie und Verräter ein. Für das 11. und 12. Jh. gibt es einige Hinweise darauf, dass man Verdächtigten durch Auspeitschen Geständnisse abzwang. Auf die Nähe der schmerzhaften Gottesurteile zu der Folterung ist im 1. Kapitel hingewiesen.

Den ersten Gesetzestext, der die Folter erwähnt, finden wir im „Liber iuris civilis" der Stadt Verona im Jahre 1228. Dann folgte eine Rubrik in den Statuten von Vercelli von 1241, die vielleicht auf 1229 zurückging, eine Festsetzung von 1233, die in den 1255 verfassten Statuten von Parma wiedergegeben wurde, und schließlich ein Kapitel der Statuten von Viterbo 1237/38. Eine besondere Bedeutung hatten die Gesetze Friedrichs II. für Sizilien von 1231, in denen die Folter für Personen minderer Herkunft vorgeschrieben wurde, die stark eines Mordes oder eines anderen schweren nächtlichen bzw. heimlichen Verbrechens verdächtig waren.

Seit der Mitte des 13. Jhs. schlossen sich fast alle Städte in Italien in ihren Statuten an. Auch hier wurde das römische Recht zur Begründung herangezogen, und die Folter für Hochverrat und Münzfälschung vorgesehen. Gefoltert wurden anfangs bei den politischen Kämpfen in den oberitalienischen Städten meist Adelige. Doch griff man dort im Zuge der Friedensbewegung zunehmend zur Folter gegen Täter, die Gewaltverbrechen begangen hatten, vor allem Berufsverbrecher und gemeingefährliche Personen. So erlaubten z.B. die Statuten von Bologna 1250 die Folter in den Fällen von Raub, Fälschung, Mord, Landesverrat, Brandstiftung, Viehdiebstahl und Vernichtung von Weinreben.

Gefoltert wurde schließlich auch in den Ketzerprozessen. Grundlage dafür war die Qualifizierung der Ketzerei als eines „crimen laesae majestatis", wie sie nach dem Vorbild des antiken römischen Rechts im 12. Jh. vorgenommen wurde (worüber im 4. Kapitel berichtet wird). 1252 erkannte Papst Innozenz IV. in der Bulle „Ad extirpanda" die Anwendung der Folter im Ketzerprozess durch die weltlichen Behörden mit der Begründung an, dass Ketzer „Räuber und Mörder der Seelen" seien und daher auch wie gewöhnliche Räuber und Mörder der Folter unterzogen werden dürften.

Es ist daher wahrscheinlich, dass auch in Deutschland Ende des 13. Jhs. gefoltert wurde, zumindest in Süddeutschland. Denn das 1275 von einem oder mehreren Franziskanermönchen in Augsburg verfasste, im 17. Jh. „Schwabenspiegel" genannte Rechtsbuch sah vor, einen Verdächtigten „mit Schlägen am Pranger, mit hartem Gefängnis, mit Hunger und mit Frost und mit anderen üblen Dingen zur Einsicht zu bringen, bis er gesteht". Gerichtsurkunden und Chroniken zeugen dann unmissverständlich von der Anwendung der Folter: in Augsburg 1321, in Straßburg, Speyer und Köln 1332 sowie in Regensburg 1338. In den Jahren 1348 und 1349 kam es überall in Deutschland zu Prozessen gegen Juden, in denen gefoltert wurde. Die Belege häufen sich im 14. und 15. Jh. In Stadtrechten, Rechtshandbüchern und Privilegien lässt sich der Gebrauch der Folter nachweisen. Deutlich wird, dass in den meisten Fällen der böse Leumund eines Verdächtigen genügte, um ihn der peinlichen Frage zu unterwerfen. Doch in zunehmendem Maße wurden auch angesehene Bürger gefoltert. Dadurch entstand das Bedürfnis nach einer rechtlichen Eingrenzung dieser Praxis. Auf dem Reichstag von Lindau 1496/97 waren die Klagen über die Willkürjustiz vieler Obrigkeiten nicht mehr zu überhören.

Maßgebend wurden die Regelungen, die die italienischen Juristen an den Universitäten ausgearbeitet hatten und die der um 1436 entstandene „Klagspiegel", das Rechtsbuch des Schwäbisch Haller Stadtschreibers Conrad Heyden, erstmals vorschrieb. Danach dürfe man nur zur Folter schreiten, wenn „indicia wortzeichen oder argument vor[liegen]", wobei die Aussage eines Tatzeugen ein Wortzeichen ausmache; andernfalls sei ein erfoltertes Geständnis unwirksam. Diese Indizienlehre übernahmen in der Folgezeit die wichtigsten Vorschriften: das Wormser Stadtrecht (Reformation) von 1498, die „Bambergische Halsgerichtsordnung" (Bambergensis) von 1507 und die Peinliche Halsgerichtsordnung Karls V. (Carolina) von 1532, die für das gesamte Reichsrecht zumindest subsidiäre Geltung beanspruchte und das neue rechtliche Niveau vorgab.

Nach der „Carolina" war zunächst Voraussetzung, dass die Tat selbst durch Augenschein, Gutachten von Sachverständigen (Ärzten) und/oder Zeugen bewiesen war; man nannte dies in der Theorie „corpus delicti" und das entsprechende Verfahren im Inquisitionsprozess „inquisitio generalis". So musste feststehen, dass der Tod des Opfers tatsächlich auf Gewalt oder – wie für das Verbrechen der Zauberei – auf eine zauberische Handlung zurückgeführt werden konnte. Für die Frage der Täterschaft (im Inquisitionsprozess: „inquisitio specialis") schrieb die „Carolina" als Grundvoraussetzung einen schlechten Leumund vor, weshalb dem Betreffenden die Tat auch zuzutrauen war. Daraus wurde die Pflicht abgeleitet, sich vor dem Anschein eines Übels, aus dem ein solcher böser Leumund oder Verdacht entstehen könnte, zu hüten: man habe sonst „sein Ungemach selbst verschuldet".

Dazu mussten noch eindeutige und schwer belastende Indizien („redliche annzeygungen", „warzeichenn", „argkwon") kommen, die anhand von einigen Beispielen aufgezählt wurden. Allgemein führte die „Carolina" dazu, auch den Verlust einer Sache bei der Tatbegehung, welche dem Betroffenen als sein Besitz nachgewiesen werden konnte, die detaillierte Aussage eines glaubwürdigen Zeugen über die Hauptsache der Tat, eine überzeugende Besagung durch Mittäter und eine vor der Tat ausgesprochene Drohung mit der Schadensfolge. Darüber hinaus stellte die „Carolina" auf Indizien ab wie: Anwesenheit an verdächtigen Orten, Gesehenwerden auf dem Weg zum oder vom Tatort, Umgang mit bereits überführten Verbrechern oder verdächtigen Personen, Feindschaft mit dem Geschädigten der Tat, Bezichtigung durch das sterbende Opfer sowie Flucht des Beklagten.

Schließlich gab die „Carolina" noch für einige Missetaten, wie Mord, Raub, Diebstahl, Brandstif-

Unter der Androhung der Folter, die als trockener Zug im offenen Obergaden des Wasserturms vorbereitet ist, gesteht der Wirt und Hofbesitzer Peter Amstalden („am Stalden"), Kopf des für die Herbstmesse 1478 geplanten, aber gescheiterten Aufstandes der Entlebucher gegen Luzern gewesen zu sein. Er wird im August 1478 hingerichtet. Luzerner Chronik des Diebold Schilling d. J. 1513, f. 129v.

tung, Verrat, Zauberei, besondere Indizien an: etwa für Zauberei das Angebot des Verdächtigen, jemanden Zaubern zu lehren oder zu bezaubern, Gemeinschaft mit Zauberern, Besitz von Zauberbüchern oder anderen verdächtigen Gegenständen. Lässt man diese Indizien Revue passieren, dann fällt auf, dass in den meisten Fällen heute der Verdächtigte schuldig gesprochen würde. Denn das moderne Prozessrecht sieht seit dem 19. Jh. die freie Beweiswürdigung vor, die den Richter, der die vorliegenden Beweismittel beurteilt, nicht an die Voraussetzung eines Geständnisses oder von Aussagen zweier Tatzeugen binden. Zulässig ist heute der Indizienbeweis auch gegenüber einem nicht geständigen Angeklagten. Die frühere Zeit dagegen sah in einer solchen Freiheit eine gefährliche Willkür der Urteiler, die ja vielfach juristische und auch sonst nicht geschulte Laien waren. Deshalb banden die Prozessordnungen die Urteiler an strenge Voraussetzungen (Beweisregeln), die erfüllt sein mussten, um einen Schuldspruch tätigen zu können.

▼ *Die Ausgabe der Peinlichen Halsgerichtsordnung Karls V. („Carolina", 1532) von 1565 zeigt neben der (realen) Folterung durch den trockenen Zug die „erfundene", aus einem Buch von Petrarca über erlittene Gewalt übernommene Folter im glühenden eisernen Ochsen.*

▶ *Ein Missetäter wird durch den trockenen Zug und Verbrennen der Achselhaare gefoltert (darüber das Abhacken der Hand). Ulrich Tenggler, Der neü Layenspiegel. Augsburg 1512, f. 165r.*

Die Ehefrau des Fuhrmanns Hans Ueli wird im November 1577 in Mellingen wegen des Verdachts der Hexerei vor den Augen ihrer Tochter zu Tode gefoltert. Johann Jacob Wick, Nachrichtensammlung. 1560 bis 1587 (F 26, f.226r).

Dabei wurde aus den genannten Gründen dem Geständnis (confessio) die wichtigste Bedeutung als „regina probationum" (Königin der Beweise) zuerkannt, neben dem aus der Bibel übernommenen Beweis durch die übereinstimmende Aussage von zwei glaubwürdigen Tatzeugen.

Pointiert könnte man formulieren, dass man damals ein für die Verurteilung erforderliches Geständnis in Fällen erfolterte, in denen der heutige Richter aufgrund der vorliegenden Indizien sofort schuldig sprechen würde. Man durfte nur solche Verdächtige foltern, die in den Augen des Gerichts bereits als überführt galten, die man aber nicht verurteilen konnte, weil die dafür erforderliche Prozessvoraussetzung des Geständnisses fehlte. Der „Klagspiegel" verlangte, dass der Verurteilte „mit den allergewisten zeücknüssen und clarer dann das liecht überwunden" sein müsse.

Darüber hinaus ordnete die „Carolina" an, dass bei Vorliegen solcher Indizien die Folter im Regelfall nicht von den Personen, die das Verfahren durchführen – auch nicht vom Richter – angeordnet werden sollte. Viel mehr war die Folter durch ein Rechtsgutachten einer juristischen Fakultät oder eines Oberhofes im Wege der Aktenversendung (des Ratsuchens) vorzubereiten. Deshalb wurden alle Verdachtsgründe schriftlich aktenmäßig erfasst und diese Akten dann an die Universität oder den Oberhof geschickt. Die Professoren oder die Richter des Oberhofes urteilten aufgrund der Aktenlage in unterschiedlicher Weise: Sie konnten die Folter erlauben – dabei aber bestimmte Schärfegrade vorsehen – oder verbieten oder neue Untersuchungen verlangen.

Schriftlich waren auch die Fragen auszufertigen, die der gefolterten Person vorgelegt wurden. Verboten waren Suggestivfragen, also Fragen, die nur mit Ja oder Nein beantwortet werden konnten. Das Ziel war nicht ein einfaches Gestehen der Tat in dem Sinne „Ja, ich war es", sondern den Verdächtigen dazu zu bringen, seine wirkliche Tatbegehung in eigenen Worten zu erzählen. Dabei sollte er Umstände berichten, die nur der wahre Täter wissen konnte – etwa den Ort der Leiche oder der Beute, die Kleidung des Opfers oder bestimmte Eigenheiten des Tatorts. Zusätzlich verlangte die „Carolina", dass diese angegebenen Umstände von Amts wegen verifiziert werden mussten. Traf z.B.

die Angabe über den Ort der Leiche nicht zu, weil man dort keinen Leichnam fand, so galt das Geständnis nicht. Eine Wiederholung der Folterung war nur unter neuen Verdachtsgründen zulässig.

Schließlich galt grundsätzlich das in der Folterkammer, also während der Folterung durch den Scharfrichter in Beisein des Richters und mehrerer Gerichtszeugen, abgelegte Geständnis nicht allein. Es musste ohne Druck freiwillig und spontan wiederholt werden. Was dann zu geschehen hatte, wenn der Gefolterte dies nicht mehr gestand, war strittig. Doch durfte eine erneute Folterung nicht ohne weitere Indizien durchgeführt werden.

Vorschriften bezüglich der konkreten Foltermethoden enthielten die Prozessordnungen nicht. Der „Klagspiegel" verlangte ein menschliches und vernünftiges Maß. Die „Carolina" stellte auf die „gelegenheit des Argkwons der personen" und auf die „ermessung eins guten vernunfftigen Richters" ab. In der Praxis unterschieden die Juristen mehrere Foltergrade, die in den Gutachten im Aktenversendungsverfahren genau nach der Stärke der konkreten Indizien festgesetzt wurden. Am leichtesten – und noch nicht als wirkliche Folter aufgefasst – war die „territio mere verbalis" (das Erschrecken mit Worten). Dabei zeigte der die Folter durchführende Scharfrichter in dem finsteren Keller, in dem meistens nachts oder frühmorgens die peinliche Befragung stattfand, die Geräte vor und pries sowohl ihre als auch seine eigene Grausamkeit.

Der Betroffene wurde entkleidet, manchmal wurden die Haare geschoren, dann wurde ihm ein Folterkittel angezogen. Es folgte, wenn kein Geständnis abgelegt wurde, die „territio realis", die im Regelfall im Anlegen der Daumenschrauben oder der Schnüre bestand. Mancherorts wurde der Betroffene auf einen Folterstuhl mit hölzernen Stacheln gesetzt. Die schweren Grade der Folter setzten die Geräte in Aktion: Die Daumenschrauben, auch Beinschrauben wurden festgeschraubt, die Schnüre angezogen. Man verwendete eine Streckleiter oder -bank, auf die der Betroffene gelegt und gestreckt wurde, wobei man zur Verschärfung eine stachelige Rolle unter dem Rücken anbrachte. Üblich war das Hochziehen an den gebundenen Händen mit einer Winde oder einem „trockenen Zug" (Flaschenzug), erschwert durch das Anhängen von Steinen an den Füßen oder durch ein Auf- und Abwippen. Die hängende Person konnte auch ausgepeitscht werden.

Als letztes und schwerstes Mittel galten die Verwendung von Feuer (z.B. zum Abbrennen der Achselhaare) oder der Einsatz von brennenden Schwefelplätzchen, die man auf die Haut klebte. Darüber hinaus gab es lokale Besonderheiten oder selbst erfundene Methoden der einzelnen Scharfrichter. Manche Methoden wurden auch von den Medien erfunden. So enthielt die Ausgabe der „Carolina" von 1565 eine Illustration der peinlichen Frage, die neben dem trockenen Zug das Quälen eines Menschen zeigt, der in einen glühend gemachten eisernen Ochsen eingesperrt war. Diese Aktion hatte man aus einem literarischen Werk des Francesco Petrarca übernommen, sie hatte mit der historischen Realität nichts zu tun.

Schließlich regelte die „Carolina" das Überstehen der Folter ohne Geständnis. In diesem Fall sprach man von „Purgation" (Reinigung). Darunter wurde allerdings nicht die amtliche und öffentlich verkündete Feststellung der Unschuld verstanden, sondern nur die Reinigung von den Verdachtsmomenten, die die Zulässigkeit der Folter begründet hatten. Der Betreffende war deshalb aus der Haft zu entlassen. Die Juristen sprachen von einer „absolutio ab instantia". Das bedeutete, dass nur bei neuen zureichenden Indizien das Verfahren wieder aufgenommen werden konnte und auch eine neue Folterung erlaubt war.

Die rechtlichen Grenzen, vor allem der Indizienlehre, waren bei besonnenen Richtern und vorsichtigen Gutachtern im Aktenversendungsverfahren durchaus geeignet, ein willkürliches Ausufern der Folter im Zaum zu halten. Gegen Eiferer und Fanatiker freilich war kein rechtliches Kraut gewachsen. Dies zeigte sich vor allem in den Hexereiverfahren, in denen nach allem auch die vorgesehenen Grenzen versagten. Denn stellte man auf die Strafbarkeit des bloßen Umgehens mit dem Teufel ab (wie im 4. Kapitel dargestellt), musste die Voraussetzung des Nachweises eines „corpus delicti" ausscheiden. Wie bei anderen „crimina occulta" (im Geheimen begangene Verbrechen), wie Inzest, Ehebruch, Vergiftung, Grabfrevel und vor allem Verrat, wurde darüber hinaus das Niveau der Stärke der Indizien herabgesenkt. Es reichten also bereits geringere Verdachtsgründe zur Folterung aus, da es nicht mehr um eine Tat, sondern um eine innere Einstellung – den bösen Willen – der Verdächtigen ging. Die von der „Carolina" vorgesehenen Indizien schieden für das Umgehen mit dem Teufel aus. Andere Indizien suchte man zwar, konnte aber deren Tauglichkeit nicht wirklich begründen.

Bei der Wasserprobe (dem Hexenbad) griff man den überholten Gedanken des im 1. Kapitel dargestellten Gottesurteils auf, brachte ihn aber mit der Teufelsbuhlschaft in Verbindung, die zu einem Leichterwerden der Hexe führe, weshalb sie auf dem Wasser schwimmen bliebe. Allerdings wurde dieses Indiz immer heftig kritisiert, obwohl viele Verdächtigte oder übel Beleumundete sich freiwillig dieser (teuren) Probe unterwarfen. Bei der Nadelprobe stach der Scharfrichter in Körpermale, um zu überprüfen, ob sie bluteten (und damit lebendig waren). Floss kein Blut, wurde auf ein totes Mal geschlossen, das der Teufel – der kein Leben schaffen könne – beim Pakt angebracht habe.

Die Tränenprobe beruhte auf der Theorie, dass nur gute Menschen weinen könnten, weshalb Hexenleute trotz der Konfrontation mit traurigen Geschichten dazu nicht in der Lage wären. Man griff sogar – widersprüchlich – auf die Kompetenz von Wahrsagern oder Hexendoktoren (selbst Magier, denen man aber keinen Teufelspakt zuordnete) zurück, mit deren Hilfe man die TäterInnen zu entdecken suchte.

Allgemein blieben nur der stets wichtige Leumund (fama) und die Besagung durch Mittäter übrig, die dann mit dem eigenen Geständnis bestätigt wurden. Diese Indizienerhebung führte dann zu den wellenförmig auftretenden Massenverfolgungen.

Das Folterrecht, wie es vor allem die „Carolina" vorgeschrieben hatte, griff also in den Verfahren wegen Umgehens mit dem Teufel nicht. Die Begrenzungen und die eingebauten Sicherungen versagten. Letztlich war die subjektive Einstellung der Verfolger entscheidend. In ihrem Eifer, die Seele zu retten und im (männlichen) Kampf gegen den Teufel um den Körper der Frau zu obsiegen, produzierten diese oft ein Ausmaß von Gewalt, das von vielen nicht mehr hinzunehmen war. Für manche mag auch ein Frauenhass, vielleicht überhaupt ein Menschenhass motivierend gewesen sein. Oft mag wohl auch der Genuss an einer sadistisch ausgeübten Willkürherrschaft bestimmend gewesen sein, ausgeübt von Menschen, deren gestörte Persönlichkeitsstruktur heute die Psychowissenschaften herausarbeiten.

Eine vehemente Kritik setzte daher gegen die Hexereiprozesse ein. Denn für diejenigen, die ein solches Umgehen mit dem Teufel oder auch eine zauberische Schädigung für Irrealität hielten, musste ein diesbezügliches, erfoltertes Geständnis nur unwahr sein. Aber auch für diejenigen, die an der Realität von Hexerei nicht oder zumindest nicht öffentlich zweifelten, blieb stets der Hinweis auf die Grenzenlosigkeit der Folter in einem solchen Verfahren, auf das Fehlschlagen jedes Versuches, rechtliche Voraussetzungen durchzusetzen.

Bekannt ist der Jesuitenpater Friedrich Spee, der im Jahre 1631 seine Schrift „Cautio criminalis seu Liber de processu contra sagas" (etwa: Mahnung zur Behutsamkeit in Strafverfahren oder von den Hexenprozessen) als Kampfschrift gegen die Folter in Hexereiverfahren veröffentlichte, anonym, aber mit Einverständnis des Ordensoberen. Dieses Buch erregte Aufsehen, erntete viel Zustimmung, wohl auch, weil der Boden für diese Kritik durch die eigenen Erfahrungen mit den Hexenverfolgungen vorbereitet worden war. Jedenfalls führte diese Kritik zu der Erkenntnis, dass die Folter in den Hexereiverfahren als Unrecht aufzufassen war. Sie hatte auch durchaus Erfolg, ging aber in vielem auf Selbstverständliches hinaus, da diese Verfahren nach den letzten Wellen ab 1660 ihre Bedeutung verloren. Es gab zwar vor allem in kleineren Herrschaften noch Verfahren, in denen auch gefoltert wurde, was aber für die juristische Diskussion nicht mehr als rechtliche Maßnahme in Betracht kam.

Freilich ist festzuhalten, dass diese Qualifikation als Unrecht häufig nicht darauf gestützt wurde, dass gefoltert worden war, sondern darauf, dass die rechtlichen Grenzen nicht eingehalten, also das Folterrecht missbraucht worden sei. Auch wenn nicht übersehen werden darf, dass die Kritik an den Hexereiverfahren die allgemeine Glaubwürdigkeit der Folter stark angegriffen hatte, ist dennoch festzuhalten, dass wegen dieser Konzentration der Kritik auf diese Verfahren der Schwerpunkt auf den Missbrauchsaspekt gelegt wurde. Folter in anderen Verfahren – vor allem gegen landschädliche Leute – wurde weiterhin für erforderlich und auch für rechtlich zulässig eingeschätzt. So kam es erst im 18. Jh. allmählich zu ihrer Abschaffung. Voraussetzung dafür war allerdings auch, dass man nun aufgrund der modernen Erkenntnistheorie und einer neuen Staatstheorie auf die Aufdeckung der Wahrheit um jeden Preis verzichtete und sich mit Verurteilungen aufgrund von Indizien und Wahrscheinlichkeiten begnügte.

Der (gehörnte) Teufel „Spitzhuet" versucht sechsmal, das Verhör und die Folter seines Verbündeten Sigmund Ridler im Dezember 1657 zu stören. Doch gelingt es den Gerichtspersonen, die „confusion" durch Weihwasser, einem Kruzifix und dreimaligen Widerruf des Ridler zu verhindern. Ketzertafel 1660-62. Kloster Schlierbach (Österreich).

Sizet in Der IUSTITIA und gerechtigkeit zu Hoch-
hauß, würdet EXAMINIERT, bekennet auf seine gespān
Vor ihm aber Kom̄en ihre geister, Wohlen eine
CONFUSION machen, Werden aber Sechs-
mahl abgetriben.
16

Ein Musterprozess

Der endliche Rechtstag 1504 im Volkacher Salbuch

Der eigentliche Höhepunkt des Verfahrens – auch des oben geschilderten Inquisitionsverfahrens – war der endliche (endhafte) Rechtstag, der öffentlich in den alten feierlichen Ritualen begangen und inszeniert wurde. Im 2. Kapitel ist die Frage, ob darin ein bloßes Spektakel vorgespielt wurde, dahingehend beantwortet, dass es sich um ein ernst zu nehmendes und für die Legitimation des Urteils erforderliches „Theater des Rechts“ gehandelt hat. Wie es aufgeführt wurde, zeigt uns in Text und Bildern das 1504 entstandene Salbuch der Stadt Volkach. Darin schildert der Stadtschreiber Niclas Brobst das zeitgenössische, auf einer Ordnung des Stadtherrn, des Fürstbischofs von Würzburg, gründende Verfahren anhand eines Prozesses gegen einen jungen Weindieb.

Der unten stehende Verkläger bittet durch den Gerichtsknecht um Beiordnung eines Fürsprechers. Die Augenscheinsobjekte für den Beweis des Diebstahls („abstracta cum furtu“) liegen dem Gericht bereits vor (f.391r).

◀ *Die Richtstätte der Stadt Volkach im 16. Jh. lag außerhalb der Stadtmauern (und des Stadtturms mit moderner Uhr) auf einer Anhöhe. Der weit sichtbare Galgen war Zeichen der Blutgerichtsbarkeit. Volkacher Salbuch. 1504, f. 394r.*

▲ *Das Gericht – der Richter und die Schöffen – verlassen das Rathaus (f. 388v).*

▶ *Die Schöffen erwarten neben den auf der Bühne angebrachten Bänken stehend den Richter, der mit erhobenem Stab in Begleitung des Gerichtsknechts den Raum des „judicium" betritt (f. 389v).*

Die Stadt hatte 1432 vom Fürstbischof Johann II. von Brunn das Privileg erhalten, „ein Halsgericht oder Zentgalgen und Stock aufzurichten" und damit als eigenes Zentgericht Blutgerichtsverfahren durchzuführen. Wie stolz die Volkacher Bürger auf diese erworbene Blutgerichtsbarkeit waren, zeigen bildliche Darstellungen der Hochgerichtsstätte mit Galgen und Rad vor der Stadt (fol. 456v, 394r). Als Richter agierte ein Schultheiß, der vom Stadtherrn eingesetzt, aber von den Bürgern der Stadt gewählt und vorgeschlagen wurde. Das Salbuch stellt ihn mit dem Namen Thomas Öckell vor, die Bilder nennen ihn „iudex". Der Richter leitete das Verfahren und stellte die Fragen an die Urteiler. Wir kennen dieses Verhältnis heute noch vom angloamerikanischen System der Jury. Die Urteilsfinder waren die zwölf Schöffen – in den Bildern als „scabini" bezeichnet –, die zugleich mit dem Bürgermeister den Rat der Stadt darstellten. Sie waren auf Lebenszeit gewählt, mussten bei Amtseintritt den Eid leisten, dass sie nach bestem Verstand den Reichen und Armen, ungeachtet ihres eigenen Nutzens, der Freundschaft und Feindschaft, ohne Hass, Neid, Gunst und Liebe ihre Pflichten erfüllen und bis zum Tode schweigen würden. Vor der Hochgerichtssitzung wurden sie an diesen ihren Eid erinnert und ermahnt, so zu handeln, wie sie es vor dem Jüngsten Gericht verantworten müssten.

Sie waren, wie wohl auch der Schultheiß selbst, juristische Laien, entstammten der sich seit 1350 langsam herausbildenden grundbesitzenden, ortsständigen, überwiegend vom Ackerbau lebenden Oberschicht. Es handelte sich bei ihnen also um angesehene Männer, denen die Bürger der Stadt ebenso wie ihren Schöffeneiden und ihrer Gottgläubigkeit das für die Ausübung der Ämter erforderliche Vertrauen entgegenbrachten.

Als einziger Rechtsgelehrter trat der Gerichtsschreiber (scriba) auf, wie z.B. im Nebenberuf auch der Stadtschreiber Niclas Brobst, der ein „ehrlicher Kleriker" des Bistums Würzburg war, aber nur die niedrigen Weihen erhalten hatte und deshalb verheiratet sein konnte. Der Gerichtsschreiber war zuständig für das Anlegen der Akten, von denen er die

Judicium
Erst frage des richters
Judicium

vor

Hie nachdem Sol abermals das gericht verneuert steen wie oben
stet, und sol der richter sein ander frage thun und anheben mit
ander frage — der frage am andern Schopffen Also lautende N wernam decker
Ich frage euch auff den eydt meiner gnedigen herschafft und de
gericht gethan, Ob Ich mich heut billich nidersetz als ein
verordenter richter von der Obern hendt uber das menschen
Urteyle — plut zurichten N Urteile N herr der richter nach dem ir
als als Ir mich gefragt habt, So sprich Ich zurecht, das Ir euch
billich nidersetzt und lasst die frage abermals ganntz umbgehen
und sennd der richter und schopffen alle die nachst umb [illegible] d [illegible]

◀ *Der Rechtstag ist eröffnet, oben der zweite von links ist der Richter. Der Gerichtsknecht wartet auf Anträge (f. 390v).*

▶ *Der im Turm einsitzende Verklagte wird vom Verkläger mit Unterstützung des Gerichtsknechts abgeholt (f. 388r).*

wesentlichen Stücke auch öffentlich zur Verlesung brachte.

Die Ordnung im Salbuch betrifft nur den endlichen Rechtstag; nicht geregelt ist das Verfahren bis zu diesem letzten öffentlichen Akt. Ein Blick in die drei Jahre später, 1507 veröffentlichte „Bambergische Halsgerichtsordnung" hilft hier weiter, auch wenn diese „Bambergensis" nur für das Bistum Bamberg galt.

Der Prozess des Salbuchs stand noch zwischen Klageverfahren und Anklageprozess. Diese Mischform wurde deutlich in dem Inhalt des Vorbringens des „(an)clagers" (actor) gegenüber dem armen Verklagten (reus): „das er sein und des lands diep sei." Die Bambergensis sah deshalb nicht nur neben dem Klageverfahren bereits ein Verfahren von Amts wegen vor, also ein Inquisitionsverfahren. Sie gewährte dem Ankläger auch die rechtliche Möglichkeit, einen „tag zu peynlicher frag" (also zur Folterung) zu beantragen, wenn er gute und redliche Indizien für die Täterschaft des von ihm Verklagten vorlegen konnte (wobei er allerdings auch Kaution erlegen musste). Mangels Hinweisen lässt sich nicht klären, ob auch in dem im Salbuch dargestellten Verfahren die Folter angewandt wurde, was allerdings für die damalige Zeit anzunehmen ist.

Hatte der „beclagte" ein Geständnis abgelegt oder war er durch die Zeugenaussagen überführt worden, konnte der Ankläger um die Anberaumung des „endthafften" (also endlichen) Rechtstages bitten, um so das Endurteil zu erhalten. Das gleiche Recht stand auch dem nicht überführten Verklagten zu, um das freisprechende Urteil zu erhalten. Drei Tage vorher sollte dieser Rechtstag dem Verklagten mitgeteilt werden, damit dieser „zu rechter zeit peichten und das heilig Sacrament empfahen möge." Man sollte auch Geistliche zu ihm ins Gefängnis lassen, die ihm Trost spenden und ihn so für den Tod vorbereiten sollten.

Einige Tage vor dem Rechtstag geschieht dann nach Art. 94 der Bambergischen Halsgerichtsordnung etwas Seltsames, das uns anstößig berührt. Es sollen nämlich Richter und Urteiler (also die Schöffen) zusammenkommen, die Akten studieren und dann „beschliessen, was sie zu recht sprechen wollen. Vnd wo sie zweyffelich sein, sollen sie weyter Rats pflegen bey vnseren Reten Vnd alssdann die beslossen vrteyl [...] auch auffschreyben lassen." Es kam also zu einer vorbereitenden Sitzung, zu einem „Vorgericht" oder „Vorzent", in der/dem bereits das Urteil gefunden und niedergeschrieben wurde, eventuell unter vorheriger Ratsuche (in Volkach: beim Brückengericht in Würzburg). Es stand damit bereits vor diesem endlichen Rechtstag fest, dass der Verklagte zum Tode verurteilt und hingerichtet werden würde.

Das Salbuch setzt mit seiner Verfahrensordnung an diesem Tag an, an dem der endliche Rechtstag angeordnet ist. Das Urteil ist bereits gefällt und niedergeschrieben, der Verklagte hat die Begehung des Weindiebstahls gestanden, ob gefoltert oder nicht, ist nicht angegeben. Er hat sich im Gefängnis, das im Faulturm gelegen war, auf diesen Tag vorbereiten können. Wahrscheinlich weiß er, dass dieser Rechtstag sein letzter Tag sein wird. Dies zeigt sich vielleicht auch darin, dass der junge Mann in einem

Folgende Doppelseite, links: Der Verkläger informiert den Fürsprecher, einen vom Richter zu diesem Amt bestimmten Schöffen. Der Fürsprecher trägt danach die (An)Klage vor (f. 391v).

Folgende Doppelseite, rechts: Der Fürsprecher bittet im Namen des Verklägers um das Urteil, wie dieser mit dem Gerichtsknecht den Verklagten vor Gericht bringen darf (f. 393v).

Dar nach so kumpt der anclager mit seinem fursprechen, als er
Jme sein clag gesagt vnnd angeben hat, vndt fur gericht. der
sol sitzen wie vor, aber des fursprechen statt do er gesessen ist sol
lere sein, vnd sol wann dess anclagers wegen sein clag thun
Also wie am andern plat geschriben stet.

pueri

▲ *Der Verklagte wird vorgeführt (f.392v).*

▶ *Der Verklagte wird dreimal um die Gerichtsschranne geführt (f.394v).*

weißen Hemd ohne Kragen, also geeignet für das Anlegen des Strickes, dargestellt ist. Am Marktplatz ist unter freiem Himmel zwischen Rathaus und schönem Brunnen wie eine Bühne die „Schranne" (schran) errichtet worden, in der die Gerichtsbank (Zentstuhl) steht, auf der dann das Gericht – der Richter und die zwölf Schöffen, im Bildteil als „iudicium" bezeichnet – Platz nehmen werden. Diese Bühne, „wol außen vmb verschrenckt vnd verplanckt, das man nicht auff das gericht dringe", wird zum Schutz des Gerichts zusätzlich von mit Hellebarden und Spießen bewaffneten Bürgern, einer davon in voller Rüstung, umstellt (gezeichnet auf fol.391r). Es ist anzunehmen, dass sich auch sonst viel Volk eingefunden hat, das fasziniert und mit Neugierde dem Prozessgeschehen entgegenfiebert. Art. 95 der Bambergensis lässt den Gerichtstag mit Glockenschall eröffnen.

Richter und Schöffen treffen sich morgens im Rathaus und bereiten sich vor, wobei Essen und Trinken nicht zugelassen sind (erst nach dem Verfahren wird gemeinsam Mahl gehalten). Dann verlassen sie das Gebäude und gehen zur Gerichtsschranne. Das Bild auf fol.388v zeigt vornweg den Richter, dahinter die Schöffen, angesichts eines Bewaffneten. Der Text verlangt, dass der Richter seinen Harnisch tragen sowie Schwert und Stab, die Symbole der Zentgrafenwürde, in den Händen halten soll. Die Schöffen betreten die Schranne; der Richter folgt – wie im Bild fol. 389v dargestellt – mit dem Stab in der Hand, hinter ihm der Gerichtsknecht (preco) mit Schwert und Stab. Sie bleiben zu Beginn stehen (fol.390v).

Dann beginnt die feierliche „Hegung" des Gerichts, also die Versicherung, dass es die rechte Zeit und der rechte Ort für eine rechtlich anberaumte Sitzung vor dem zuständigen Richter sei. Der Richter fragt reihum die einzelnen Schöffen. Nach der bejahenden Antwort des Schöffens – also seinem Urteil – ist das Gericht gehegt, in den Worten des Art. 97 der Bambergensis: „Herr richter, das peynlich gericht ist nach laut vnsers gnedigen herren […] ordnung wol besetzt." Das Bild fol.390v zeigt diese letzte Hegungsfrage. Dann soll – wie in Art. 95 der Bambergensis – der Richter die Urteiler „heyssen nidersitzen vnd er auch sitzen, seinen stabe in den henden haben." In der Zwischenzeit haben sich einige Szenen ereignet, mit denen das

Wann der richter sampt dem anclager mit gerichts ordenung zum
rechte zugefaret zuerfaren, ob vnnd er dysen sunder vnnd des lannds
schedlichen man alhie here, fur gericht bracht habe, der mit warheit
vnnd recht erkant worden ist.   Item alhie sol der richter nicht
zustimmenn der vrteyl fragen, sunder die schepffen vor alle auff sein
vnd den armen dannemals den anclager widerstent vmb die
schrannen gebunden vnd gefangen sehen furen, vnnd auch nemen
bescheyden das der arm mit zu das gericht wolle, so das geschee, vnd
die sach auff den selben dach verdacht, vnnd so das beschehe, der
richter vnd scheppfen widder gesessen, so frage man dan der vrteile

▲ *Der Gerichtsknecht beeidet die Rechtmäßigkeit der Vorführung (f.395r).*

▶ *Die Aussagen des Verklagten werden durch den(selben) Fürsprecher dem Gericht mitgeteilt (f.395v).*

Salbuch seine Ordnung beginnt und in denen diese den Art. 98 bis 100 der Bambergischen Halsgerichtsordnung entspricht. Dort heißt es nämlich, dass einer bestehenden Gewohnheit gefolgt werden soll, nämlich den bereits durch das Urteil im Vorgericht Überführten am Markt oder einem sonstigen Platz öffentlich für eine geraume Zeit in den Stock zu setzen und ihn dort vom „anclager“ „beschreyen“ zu lassen. Dies geschieht auch in Volkach. Das Bild 388r zeigt die Abholung des gebundenen jungen Mannes durch den Verkläger aus dem Faulturm, hinter diesem der Gerichtsknecht (lictor), wiederum vor einigen Bewaffneten.

Die Handgeste des Verklägers zeigt den Akt des Beschreiens, nämlich das öffentliche Ausrufen: „Ich schrey hewt vber mein vnnd des lands diep [...] Die begangenn that ist des vbelltheters.“ Dann führt man den Gefangenen zu einem öffentlichen Platz, in Volkach vor das Haus des Claus Heynn, und setzt ihn in den dort aufgestellten Stock. Hier wird er zum zweiten Mal vom Verkläger mit denselben Worten beschrien. Der Gefangene muss so eine geraume Zeit sitzen, er darf die Henkersmahlzeit zu sich nehmen. Der Verkläger eilt indes zur Gerichtsschranne.

Denn dort hat der Richter den Gerichtsknecht (preco) aufgefordert, mit einem Zettel in der Hand laut auszurufen: „Wer zuclagenn hat, der mage das anfahenn.“ Das Bild fol.391r zeigt diese Szene, im Vordergrund links unten steht der Verkläger, der seine Kappe gezogen hat. Er bittet um einen Fürsprecher (prelocutor) und weist auf einen Schöffen. Doch nicht einer der links unten Sitzenden wird ausgewählt, sondern der Richter weist – wie auf fol.391v ersichtlich – auf einen Schöffen, der in rotem Mantel als zweiter rechts oben sitzt und eigentlich recht abweisend wirkt. Er muss der Bitte des Verklägers und der Weisung des Richters folgen, er verlässt seinen Platz – der in den folgenden Bildern bis zum Endurteil daher auch immer freigelassen wird – und tritt zu dem Verkläger zum Gespräch (das fol. 391v zeigt). Seine Aufgabe ist es nun, die Anklage zu formulieren und vorzutragen und darin den Verkläger zu vertreten. Ursprünglich nämlich mussten die Parteien vor Gericht die alt-

Folgende Doppelseite, links: Der Gerichtsschreiber verliest öffentlich die Artikel des (An)Klagevorwurfs (f.396r).

Folgende Doppelseite, rechts: Das Gericht wartet, ob der Verklagte dem Verkläger den Überführungseid erlässt, was nicht geschieht (f.397r).

Aber seiner frag des anclagers

Wenn der Richter so er mit dem gericht sitzt vnnd er fragt het das dieser arem man fur ein offen gericht bracht worden ist, wie der vnnd recht erkannt hat, Auf der anclager seiner zusagen, wie er mit seinem gethanen zuspruch nach ordnunge des gerichts, zu Im bringen sol das er recht thün vnd volbracht lasse:

Dar auff auff sol der richter mit zustundt vnd so balden auff des anclagers bitt der vrteile fragen. Sonderlich sol der arem gebunden vnd gefangen vor gericht steen vnnd einen fursprechen bitt sich zuuerantwurten vnd wider zu sprechen. Sol aber das gericht steen gehandelt wirt vorneen steen, Und so der arem verhört worde, vnd die warheit vnd der ober abermals vor augen zu gericht bitt Sol man das die artickel erkundt, vnd so die erkundigt worden den fragt der richter der vrteil

Scriba legat
articulos

Item wann der clager des eids vmbgeen wollen erlast, so sol ime der fursprech vnnden Jn dem Spacio bey Jm stend, der eids nit geben, vnd allein bey ein ander auffgereckt stenn, der gericht wie vor mer gemelt, mit vmbschrenckt wie dan das gericht sytzen sol; ¶ vnd so der cleger den an anlager des eids vmb furers wollen nit erlassen hat, so fragt dann der fursprech ferner wie hernach geschriben werde, vnd als

Der Verkläger schwört in ritueller Form den Überführungseid und legt dem Verklagten die Schwurfinger auf den Scheitel (f. 397v).

hergebrachten feierlichen Formeln kennen, was freilich von einem Gerichtsunkundigen nicht verlangt werden konnte; trug er etwas Falsches vor, war der Prozess für ihn schon verloren. Deshalb gab man ihm einen gerichts- und formelkundigen Vorsprecher (Fürsprecher). Noch mehr: Da die „Prozessgefahr" weiter bestand, der Prozess nämlich verloren war, wenn der Vorsprecher sich versprach, erhielt die betreffende Partei die Möglichkeit, sich von dessen Vorbringen zu distanzieren und es ein weiteres Mal mit einem anderen Fürsprech zu versuchen. Ob diese Prozessgefahr in Volkach 1504 wirklich noch bestand, steht dahin. Jedenfalls knüpft das Salbuch an diese alten Formeln an und zeigt in fol.391v die Bestätigung der „Andingung" (Einsetzung) durch Frage des Richters und Antwort des rechts oben sitzenden Schöffen.

Der Fürsprecher bringt nun die Anklage (clage) vor. Der Verkläger möchte sich absichern und keinen rechtlichen Fehler begehen, der ihn schadenersatzpflichtig, vielleicht sogar strafbar machen könnte. Er bittet um die gerichtliche Erlaubnis, den im Stock sitzenden Gefangenen vor Gericht zu bringen, diese Szene illustriert fol.393v. Auf Frage des Richters antworten die befragten Schöffen, dass der „anclager" gemeinsam mit dem Gerichtsdiener und dem Züchtiger (beinlein) den Gefangenen an einem Strick herbeiführen solle und dürfe. Dies geschieht denn auch und wird in fol.392v illustriert.

Dann wird der Verklagte – wie in fol. 394v dargestellt – dreimal gegen den Uhrzeigersinn um die Schranne geführt, um auszuschließen, dass er in das Gericht fällt. Der Sinn dieses Handelns ist nicht ganz klar. Vielleicht sollte dadurch die Verhandlungsfähigkeit des Verklagten offenbar werden. Andere Würzburger Zentordnungen, die auf ein dreimaliges „Umkehren" oder „Umwenden" abstellen, scheinen auf die Überprüfung durch die Schöffen abzustellen, dass der Betroffene wirklich der Beschriene und rechtmäßig vorgeführt worden sei. Manchmal wird verlangt, dass der Verklagte nur auf drei Schritte an die Schranne herangeführt werden soll, damit kein „Einfall" in das Gericht geschehe. Der Richter nimmt sodann dem Gerichtsknecht mit seinem Stab den Eid ab, dass die Vorführung rechtlich ordnungsgemäß erfolgt ist (fol.395r). Auf Frage des Richters bestätigen dies die Urteile der Schöffen. Der Verklagte steht somit rechtlich einwandfrei (rechtmäßig) vor Gericht, auch seine Fesselung ist in Ordnung.

Im Namen des Verklägers fragt nun der Fürsprecher, „wie er nu seinen gethanen zuspruch nach ordenunge dits gerichts zu ime bringenn sol, das er recht thun und vnrecht laße." Gemeint ist: wie der Verkläger den Armen überführen, ihm die Begehung der Tat beweisen könne, also öffentlich machen könne, dass das Beschreien zu Recht erfolgt(e). Daraufhin wird zunächst der Arme verhört und ihm die Rede vor Gericht erlaubt, wozu er sich ebenfalls des (und zwar desselben) Fürsprechers bedient, woraus im Übrigen deutlich wird, dass dieser Fürsprecher kein Verteidiger im heutigen Sinne ist. Eine wirkliche Verteidigung kennt das Volkacher Verfahren noch nicht. Diese Szene zeigt fol.395v. Viel hat freilich der Arme durch seinen Fürsprecher nicht mehr zu sagen. Schließlich hat er schon die Tat gestanden.

Dieses Geständnis (urgicht) wird gemeinsam mit den Artikeln der Anklage vom Gerichtsschreiber öffentlich verlesen, was das Bild auf fol.396r zeigt: „Scriba legit articulos" steht über dem Kopf des Gerichtsschreibers – worin sich Niclas Brobst selbst dargestellt hat –, der in der Hand ein Spruchband „nu hört zu" hält, umgeben von einer größtenteils bewaffneten Menge (als „Lantschafft" gekennzeichnet), zu der namentlich „Hans Maule", „Bernecker" (mit Krücken und Beinprothese) und „Heintz Lappe" gehören. Zudem sind, wie ebenfalls in den Bildern dargestellt, die Tatbeweise für den Diebstahl (in fol.391r als „abstracta cum furtu" bezeichnet) für alle sichtbar aufgelegt worden: eine Kanne, ein Zapfhahn, Schuhe und ein Mantel.

Über die Hintergründe dieser Offenbarmachung (Handhaftigkeit) ist im 2. Kapitel berichtet worden. Offensichtlich hat der junge Mann in der Nacht Wein aus einem Fass gestohlen und ist dabei erwischt worden. Seine „vnthadt vnd dewht [vielleicht: Schuld] (leytt) öffennlich vnlaugennbar voraugen in gericht", d.h., zeigen diese Augenscheinobjekte unleugbar die Tatbegehung an, weshalb die Diebstahlstat „handhaft" ist. In einem solchen Fall sah Art. 105 der Bambergensis vor, dass der Verklagte „nichts anderst dann vmb gnadt bitten oder bitten lassen" möge, vielleicht auch Umstände vorbringen lassen könne, von denen er hoffte, dass sie ihn von peinlicher Strafe (Todesstrafe) entschuldigen könnten.

Der Rechtstag kommt zu seinem Höhepunkt. Denn nun fragt der Richter die Schöffen, wie der Verkläger „seinen spruche zu dem armen bringen

[...]dt des
[a]nclagers

Wenn der richter so der armen den anclager des rechten
vmb gottes willen nit erlassen will so erlaub dem armen
anclager vff zu heben. so erlaube ime der richt recht zu thun
vnd verbürt zu vermachen. So spricht der fürsprech zum
anclager vnd heb vnd nit aber ich heisse dich es dan, sunder lass
den zwen finger zu des armen schenckel ligen bis ich dich werde
heissen abheben. vnd sprich mir nach. Nach dem ich dysen
mann vnd des landes diep zugesprochen habe. wan das er mir
vnd des landes diep sy. dem ist also vnd ist war on allerley gevärde
also helff mir got vnd die heiligen. Wenden sy im spricht. So
das also wem recht gemalt vnd verbessert steen. der anclager
anclagen die finger auffrecke vnd schwere

sol, das er recht thun vnd vnrecht laße." Die Antwort (das Urteil) lautet: „Herre der richter, auff den eidt als ir mich gefragt habt sprich ich zu recht, das der anclager dem armen […] zwen finger inn sein scheyttel lege, zu Gott vnnd seinen heiligenn ongeuerdlichenn schwere, das er sein vnd des lands diep sey. So das geschicht, so ist es zurecht genuck." Erforderlich ist also der Überführungseid des Verklägers. Doch verweist der befragte Schöffe auf die Möglichkeit, dass der Arme diesen Eid durch seinen Fürsprecher erlassen könne (was fol.397r darstellt).

In unserem Fall erlässt der Arme dem Verkläger den Eid nicht. Deshalb kommt es zu dieser Szene, die zweimal im Salbuch illustriert wird: herausgehoben auf fol.396v, in Gesamtansicht fol.397v. Zum Verständnis ist an die obigen Ausführungen zum Übersiebungsverfahren bzw. an dessen Abschaffung durch königliches Privileg für die Würzburger Gerichte zu erinnern. Die zwei Bilder zeigen das Gelingen dieses Überführungseides. Der Verklager legt dem Verklagten die Schwurfinger auf den Scheitel und spricht die ihm vorgegebene Formel nach: „Nach dem ich disem meinem vnd des lands diep zugesprochen habe, wie das er meyn vnd des lands diep sey, dem ist also vnnd ist ware ob allerlej geuerde, also helff mir Gott vnnd die heiligen." Er schwört also bei Gott und den Heiligen, dass sein Spruch – wie er es in dem Beschreien schon getan hat – der Wahrheit entspricht.

Interessant ist, dass kein näheres Zeremoniell für den Eid vorgesehen ist, vor allem kein Reliquienschrein, auf den üblicherweise die Schwurfinger zu legen waren. Vielleicht sollte die vorgeschriebene Geste ihren Eigenwert zum Ausdruck bringen: die beiden Finger, mit denen der Verkläger den Armen im augenscheinlichen Sinn des Wortes „überwindet", niederdrückt, ihn zu „seinem" Dieb macht, den er sich auch zuspricht. Dieser sinnlich-leibliche Eigenwert des Rechtsaktes lässt sich auch daran sehen, dass er eigentlich unnötig ist. Denn der Beweis ist bereits durch das Geständnis und die Augenscheinsobjekte gelungen, das Übersiebungsverfahren abgeschafft. Es könnte sogleich das Endurteil gesprochen werden. Und trotzdem zeigt das Salbuch diesen Rechtsakt, sogar in zweifacher Weise.

Der Fürsprecher fragt das Gericht, ob der Eid gelungen, der „anclager seinen zuspruch beweist hat", und ob dieser die Finger vom Scheitel heben dürfe, was erlaubt wird. Damit ist der Arme überführt und verurteilt. Das kommt freilich nicht unerwartet, da doch dieses Urteil bereits im Vorgericht gefunden und niedergeschrieben, wohl auch dem Armen zuvor mitgeteilt worden ist. Auch das weitere Verfahren ist eigentlich schon klargestellt, wird aber ebenfalls der versammelten Öffentlichkeit zur Anschauung gebracht. Der Verkläger wendet sich nun durch seinen Fürsprecher erneut an das Gericht und fragt, „wie man den armen dar vmb straffen sol, das er des nymer thu." Der Richter nimmt die Frage auf und richtet sie an den Schöffen, der urteilend die Antwort gibt, also das bereits niedergeschriebene Urteil wiedergibt (was offensichtlich auf fol.398r dargestellt ist): „Herre der richter, auff den eidt als ir mich gefragt hab sprich ich zurecht: Mann sol inn hencken […] zwischenn himel vnd erden inn die lufft an den liechtenn galgenn, das er das nymer thu." Die Strafe ist demnach das Hängen.

Doch verfügt der Ankläger nicht über dieses „Gezeugk" (Strafwerkzeug), weshalb er durch seinen Fürsprecher um die Gewährung einer möglichen Wandlung der Hinrichtung bittet. Dies ist aber in unserem Fall nicht relevant, da das Hängen durch die Mithilfe der Stadt vorgenommen wird. Zusätzlich bittet der Verkläger noch um Friedensschutz für die Vollstreckung des Todesurteils. Der Schöffenspruch verbietet bei Todesstrafe, in die Hinrichtung einzugreifen. Nun zerbricht der sitzende Richter, der sein Schwert in der Hand hält, seinen Stab, wie es auch in Art. 117 der Bambergischen Halsgerichtsordnung angesprochen ist, und wirft ihn auf den Boden, welche Szene das Bild auf fol.400v zeigt, in dem im Übrigen auch der frühere Fürsprecher seinen Platz als Schöffe wieder eingenommen hat. Dieses Stabbrechen ist in Volkach zum richtigen Zeitpunkt vorgesehen, denn es symbolisiert nicht das Sterben, sondern die Beendigung des Gerichts (iudicium). Deshalb ist einer Anordnung anderer Ordnungen, wie den Richter den Stab erst nach der Hinrichtung zerbrechen zu lassen, nicht angemessen. Während der Züchtiger den Verurteilten zum Galgenplatz abführt, stehen Richter und Schöffen auf und verlassen nacheinander die Gerichtsschranne.

Das letzte Bild im Salbuch zeigt dann die Hinrichtung, das „Nachrichten" dieses endlichen Rechtstages (siehe Titelbild zum 2. Kapitel).

Nach dem Verkünden des Todesurteils ist die Gerichtsverhandlung mit dem Zerbrechen des Richterstabes beendet. Der Gerichtsknecht führt den Verurteilten ab (f. 400v).

Urteil

Wen der richter auff den eide als Ir mich gefragt habt, So
sprich Ich zu recht uber das leben, wan unsern gnedigen
herren verfallen sein Ir straffe und urgend, dein anclag
und gericht, Ir schuldt nicht ist und gering, was dan
auff gelegt worden ist, abzulegen und auszumachen
nach erkantnis des rechten und alsobaldt das gericht
bis ende sol das gericht gantz sitzen und zubricht der richter
den stab und wirfft die stuck hin und stend auff und gehnd
nach einander aussen der schrancken, der züchtiger mit dem dieb zum
galgen zu, und der [illegible] mit der [illegible] nach. Sol aller
gemalt stan auff disen beiden [illegible] pletern auff
das aller fleisslichst mit auffsehens und nachfolgen zu rosse und fusse
[illegible] und also wie es dann nicht an [illegible] sein bedunckt

Züchtiger

Die Missetäter

Die Strafrechtswissenschaft spricht heute von „Straftätern" als von den Menschen, die eine Tat begangen haben, die im Strafgesetz umschrieben und auch rechtswidrig und schuldhaft ist, weshalb die Täter bestraft werden können und sollen. Dieser Begriff ist farblos, fast neutral, wie es einer der Objektivität verpflichteten Sehweise geziemt. Das 19. Jh. sprach von „Verbrechern" als denjenigen, die die Gesetze des Staates missachteten und die durch sie geschützte Ordnung brachen. Doch in den früheren Zeiten gab es eine solche geschützte Ordnung nicht, zumindest nicht in vergleichbarer Weise.

Das Strafrecht orientierte sich an den bösen Menschen, die durch ihre sündhaften Missetaten den das Recht liebenden Gott beleidigten. Deshalb wurden sie durch die von diesem Gott eingesetzte Obrigkeit zur blutigen Verantwortung gezogen, um ihn zu versöhnen. Sie waren mehr und anders als die heutigen Straftäter und die Verbrecher des 19. Jhs. Sie standen mit dem Bösen in einer Verbindung, die sich im Fall der Hexenleute sogar in einem expliziten Teufelsbündnis verwirklichen konnte.

Wie der Teufel waren sie den Menschen feindlich, in einem solchen Maße, dass sie sogar ihre menschliche Gestalt aufgaben. Damit waren diese „Missetäter" zugleich auch für das Gemeinwesen gefährlich. Die Obrigkeit hatte die Aufgabe, gegen diese Subjekte mit allen rechtlichen Mitteln zu kämpfen und für ein sicheres Zusammenleben (gute Polizey) zu sorgen. Strafrecht war immer auch Polizeirecht.

Die Untaten der weiblichen Hexen, des männlichen Zauberers (Dämonenbeschwörers), des männlichen Wahrsagers und Handlesers werden als „neue Ketzerei" (und wegen des Paktes mit dem Teufel) mit dem Feuertod bestraft. Holzschnitt von Hans Schäufelin in: Ulrich Tenggler, Der neü Layenspiegel. Augsburg 1512, f. 159v.

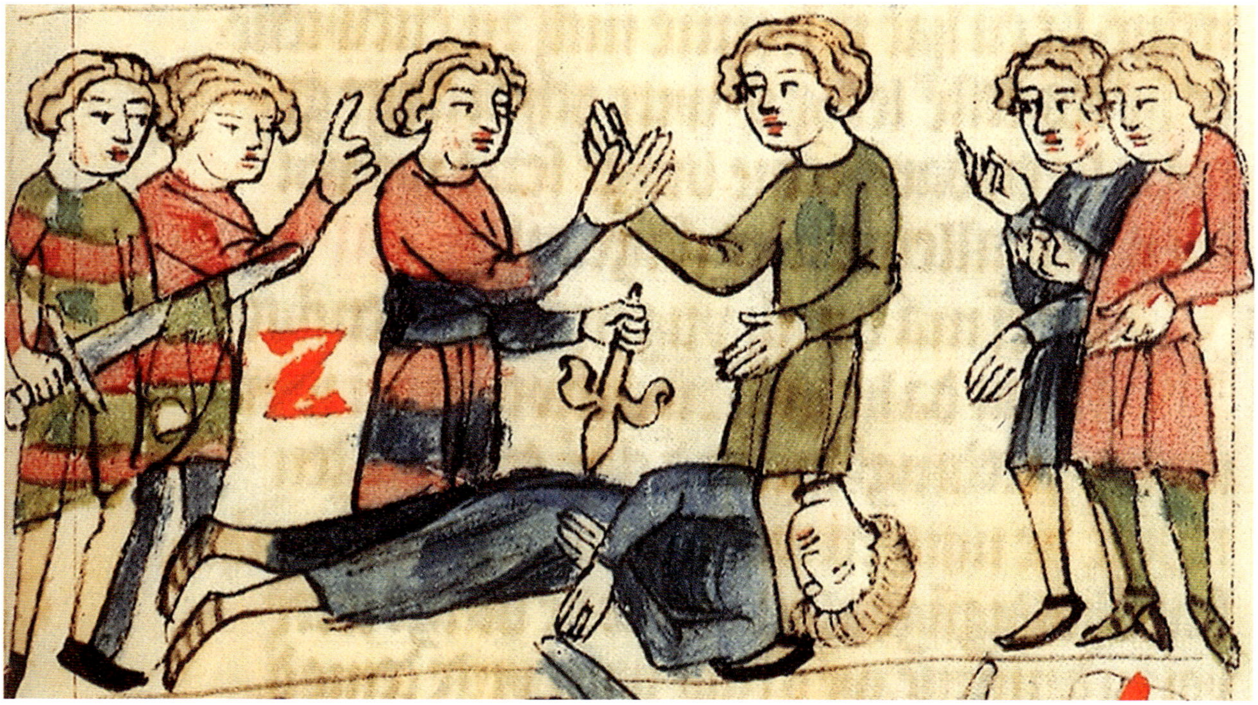

Die Rechtsverletzer

▲ *Zwei Parteien schwören einander Frieden (durch die Lilie symbolisiert). Ein Brecher dieses Friedens wird – wie der Mann zu ihren Füßen – hingerichtet. Wolfenbütteler Bilderhandschrift des „Sachsenspiegels". Drittes Viertel des 14. Jhs, f. 44r.*

▶ *Als „vorsate" werden Missetaten, die nach reiflicher Überlegung begangen werden, dargestellt: vorne ein geplanter Überfall von drei Männern auf einen Passanten; rechts das versuchte und vollendete Herabstürzen von zwei Personen ins Wasser; links ein Angriff eines Gastes auf einen anderen, der dabei den besonderen Frieden des Gasthauses (symbolisiert durch den freundlichen Empfang an der Pforte) verletzt. Die Gerichtszene in der Mitte zeigt eine Zeugenvernehmung. Bilderhandschrift des Hamburgischen Stadtrechts von 1497.*

Für die Anfänge ist es nicht angemessen, von „Missetätern" zu sprechen. Denn eigentlich ging es noch nicht um die Tat, sondern um den Schaden, der von einem Menschen herbeigeführt worden war. Heutige Strafrechtler nennen diesen Schaden „Erfolg" und sprechen von einer damaligen „Erfolgshaftung". Rechtlicher Streit – in Fehde und Gerichtsverfahren – betraf den Ersatz dieses Schadens. Wie im modernen Zivilrecht ging es deshalb anfangs nur um das Verhältnis von Schädiger und Geschädigtem, was nicht ausschließt, dass jede dieser beiden Parteien eine Gruppe (Sippe, Gefolgschaft, „Freundschaft") ausmachte. Denn lange galt das Individuum als solches noch nicht, sondern nur als Mitglied einer Gemeinschaft, die den Einzelnen aufnahm und schützte. Die Öffentlichkeit der sozialen Umwelt war nicht betroffen und daher auch im Regelfall nicht interessiert.

Doch zeigt sich, dass schon in früher Zeit neben dem Schadenersatz auch eine Genugtuung zu leisten war, die man „Buße" (compositio) nannte. Denn der Schaden bedeutete nicht nur einen materiellen Verlust, den man einfach durch Zahlung (meist in „Viehgeld") ausgleichen konnte. Er betraf vielmehr immer auch die soziale Stellung des Betroffenen, die durch den Verlust gemindert war. Aus dem im 2. Kapitel Dargestellten folgt, dass dadurch auch die Ehre – verstanden als Ehrenstellung – des Geschädigten bzw. seiner Gruppe und damit die konkrete Rechtsstellung geschmälert worden war. Die Dimension dessen steigerte sich, wenn über den „Erfolg" hinaus auch auf die Tat des Schädigers abgestellt wurde, die ihn herbeiführte. Diese minderte die Ehrenstellung des Betroffenen, beleidigte ihn dadurch und setzte ihn in der Achtung der sozialen Umwelt herab.

Darin wird deutlich, dass die nun als „Injurie" angesehene Tat über das Verhältnis der unmittelbar Beteiligten hinauszielte und das Zusammenleben mit den Anderen betraf. Auch deshalb verlangte der Geschädigte und dadurch Beleidigte diese Genug-

tuung, und zwar in einer Form, die ihm seine Ehrenstellung und Rechtsposition wieder herstellte. Dies konnte dadurch geschehen, dass der Schädiger und Beleidiger nun selbst in seiner sozialen Stellung herabgesetzt wurde. Er wurde z.B. zu der Ersatzleistung gezwungen, musste öffentlich seine Verantwortung eingestehen und die Haftung übernehmen. In schweren Fällen einer Rechtsverletzung konnte die Rechtsstellung des Täters gegenüber dem Betroffenen überhaupt aufgehoben werden. Er wurde diesem dann übergeben, der mit ihm tun durfte, was er wollte. Er konnte ihn versklaven, zur Arbeit zwingen, ihm Schmerz zufügen und ihn sogar töten.

Einen ähnlichen Hintergrund kann man für das Handhaftverfahren annehmen. Der auf frischer Tat Ertappte durfte getötet, jedenfalls gebunden und so in seiner Rechtsstellung verletzt werden: als Reaktion auf diese offenbare und auch öffentlich zu machende Tat. Man kann auch sagen, dass das konkrete Friedensverhältnis zwischen den Beteiligten durch die Tat aufgehoben war – wie in den Fällen, in denen jemand ausdrücklich einem anderen Frieden gelobt hatte. Brach er diese Zusage eines „Handfriedens", durften andere ihn bußlos töten.

Diese Reaktion auf die schädigende Tat kann in gewissem Maße durchaus als „Strafe" bezeichnet werden, wenn sie als Vergeltung dieser Rechtsverletzung aufzufassen war. Sie hatte ihren Grund in der Vergangenheit und wollte das angetane Unrecht und nicht nur den materiellen Schaden wiedergutmachen. Allerdings ging diese Reaktion nicht von der Rechtsgemeinschaft aus, sondern von dem Opfer, weshalb sie immer die Gestalt einer Rachehandlung hatte. Daher stand sie stets in der Gefahr, das rechte Maß einer Vergeltung zu verfehlen, also selbst zu einer Rechtsverletzung zu werden. Und dies konnte wiederum den nun davon Betroffenen zu Vergeltungsmaßnahmen bringen.

Die Gefahr einer gewaltsamen Auseinandersetzung, die expandiert und an kein Ende kommt – wie wir sie heute noch aus den Gegenden der Blutrache kennen – und die zugleich dazu tendieren kann, über den Kreis der unmittelbar Beteiligten hinauszugehen, musste das Interesse der Öffentlichkeit und der Herrschaft wecken. Über die Bestrebungen, solche Fehden einzudämmen und zu begrenzen und sie in die rechtliche Gestalt eines gerichtlichen Verfahrens umzuleiten, wird im 3. Kapitel berichtet. Daneben beteiligte sich die Öffentlichkeit an einer Konfliktbeilegung durch Sühneverhandlungen, vor allem in den Fällen, in denen der Täter geflüchtet war und für ihn nun die an sich unbeteiligte „Freundschaft" tätig wurde. Selbst bei einem Totschlag, der allerdings damals die affektive, oft rauschbedingte Körperverletzung mit Todesfolge meinte, setzten sich die Angehörigen des Opfers und die Vertreter des Täters an einen Tisch und handelten unter Vermittlung der Obrigkeit oder eines Kirchenmannes die nähere Art und Form der öffentlich zu erbringenden Sühneleistung aus. Ausgemacht wurden neben Übernahme von Unterhalts- und Begräbniskosten gerne Messelesen für das Seelenheil des Getöteten, eine Wallfahrt des Täters, seine Selbstdemütigung durch Abbitte am Grab oder sonst in öffentlicher Form. Verständlich wird diese Praxis wohl nur, wenn man anerkennt, dass die ausgehandelte Sühne durchaus rächenden Strafcharakter sogar unter Mitwirkung der Öffentlichkeit und Herrschaft hatte.

Die Darstellung des Volkacher Rechtstages zeigt diese Zwischenstellung des Verklägers deutlich. Er erhob sein Geschrei über „meinen und des Landes Dieb." Damit war der Verklagte derjenige, der ihn in seiner Rechtsstellung als Eigentümer verletzt hatte und der ihm deshalb „zugesprochen" werden konnte und sollte. Er war zuständig für die im Urteil ausgesprochene Tötung des Verurteilten; so wie in anderen Rechten lange Zeit noch die vergewaltigte Frau ihren Peiniger selbst pfählen musste.

Doch konnte er sich zur Tötung des Galgens der Stadt und des städtischen Scharfrichters bedienen. Es ging also auch um „des Landes Dieb", dessen Hinrichtung genauso im Interesse der Stadt lag. Deutlich wurde dies auch in der Formulierung der Frage nach dem Endurteil, also nach der Strafe, die zu verhängen wäre, „das er des nymer thu." Der Verkläger prozessierte auch im Namen der Stadt und hatte ihr Interesse an der Sicherheit des Eigentums sowie an friedlichen Verhältnissen unter den Bürgern zu gewährleisten.

Die Friedensbrecher

Ein Abstellen auf die Tat als Friedensbruch betraf zunächst das Verhältnis der unmittelbar Beteiligten, wie bereits am Beispiel der handhaften Tat und des ausgelobten Handfriedens angesprochen wurde. Aber selbst dann, als ein allgemeiner, das Zusammenleben aller betreffender Frieden zugrunde gelegt wurde, wird der Friedensbruch lange Zeit noch als „personaler" gedacht und damit bezogen auf eine Person, die ihn garantieren, also herstellen und sichern konnte. Gebrochen wurde dann der

Der Täter, der einen unter Königsfrieden stehenden Juden getötet hat, wird hingerichtet. Wolfenbütteler Bilderhandschrift des „Sachsenspiegels". Drittes Viertel des 14. Jhs, f. 43v.

Königsfrieden. Daher lag im Friedensbruch zugleich die Rechtsverletzung des Königs in seiner Stellung als rechtlicher Herrscher – auch als Rechts- und Gerichtsherr – und damit seine Beleidigung. Der König reagierte deshalb scharf, umso schärfer, je mehr er sich als Garant der Friedensordnung verstand, ja sich von Gott her dazu verpflichtet sah. Hatte er den Kampf gegen die Fehde zur „Chefsache" gemacht, musste er auch reagieren.

Im 3. Kapitel wurde gezeigt, dass bereits die merowingischen Könige sich dabei am Verratsverfahren des römischen Rechts orientierten, in der Rechts- als Gerichtsverweigerung ein „crimen laesae majestatis" sahen und mit Gewalt gegen den Betreffenden vorgingen. Die Quellen sprechen von königlicher „ulcio" (Rache); und gemeint ist diese oben angesprochene Zwischenstellung einer strafenden Rache oder rächenden Strafe. Denn die Sanktion ging vom König als dem individuell Verletzten aus und nicht von einem „Staat". Er stellte den Täter aus „seinem" Frieden, betrachtete ihn also – um in der Sprache des Volkacher Verklägers zu bleiben – als „seinen und des Landes" Friedensbrecher und griff im römisch-rechtlichen Schnellverfahren zu Gewaltsanktionen bis hin zur Tötung.

Konnte er des Täters nicht habhaft werden, verbannte er ihn aus seinem Herrschaftsgebiet und erlaubte jedem, den so Friedlosgelegten zu töten oder festzunehmen, um ihn der königlichen Gerichtsherrschaft zu unterwerfen. Freilich waren diese Reaktionen abhängig von der Machtposition des Königs bzw. seiner Familie und Gefolgschaft. Oft ging es dabei um politische Klugheit. Man kann sich auch heute noch jemanden dadurch verpflichten, dass man ihn vor einer möglichen Sanktion bewahrt. In diesem Sinne finden sich zahlreiche Belege in den Quellen, dass der König den Verrätern verzieh, ihnen sogar wichtige Ämter anvertraute und sie so zu verlässlichen Gefolgsleuten machte – allerdings manchmal erst nach einem feierlichen Unterwerfungsakt des Betreffenden.

Im 1. Kapitel ist die Friedensbewegung dargestellt, die als „Gottesfrieden" bezeichnet wird und die nicht ohne Grund in den französischen, an Spanien grenzenden Gebieten einsetzte, in denen um das Jahr 1000 die königliche Macht keine Herrschaft ausüben konnte. Im deutschen Reichsgebiet dagegen war die Stellung des Königs nicht so schwach. Doch konnte die Idee dieser Gottesfrieden – Exkommunikation als Druckmittel für Rechtsverweigerer (Friedensbrecher) und ihre Bekämpfung durch das gesamte Christenvolk – auch dem deutschen König und den späteren Landes-

◀ *Die Burg eines Friedensbrechers wird vom Richter durch den Schlag mit dem umgedrehten Beil zur Zerstörung freigegeben. Wolfenbütteler Bilderhandschrift des Sachsenspiegels. Drittes Viertel des 14.Jhs, f.53v.*

▶ *Als „ungerichte" werden mit dem Rädern bestraft: Pflug-, Mühlen- und Kirchenraub, Mord und Mordbrand. Wolfenbütteler Bilderhandschrift des „Sachsenspiegels". Drittes Viertel des 14.Jhs, f.29r.*

herrn durchaus gefallen. Im „Sachsenspiegel" (um 1224 und 1230/31) des Eike von Repgow wurden der religiöse Gehalt des Gottesfriedens und seine Begründung übernommen – in den Bilderhandschriften auch illustriert (siehe 1. Kapitel) –, beides wurde aber bereits als Inhalt des Königsfriedens dargestellt. Der Bruch dieses Friedens wurde daher streng bestraft. Die Wolfenbütteler Bilderhandschrift zeigt die Rechtsfolgen eines solchen Friedensbruchs, nämlich die Tötung eines unter Königsfrieden stehenden Juden. Der am rechten Bildrand thronende Richter gebietet mit Befehls- und Aufmerksamkeitsgestus die Vollstreckung des Urteils – vom Scharfrichter bereits durch die Enthauptung durchgeführt.

Der Übergang von Gottes- zu Landfrieden war im deutschen Reich fließend. Schon die ersten Frieden in Lüttich (1082) und Köln (1083), die sich als „Gottesfrieden" verstanden, wurden sicherlich im Einverständnis des Königs Heinrich IV. geschlossen und beschworen. Der Lütticher Frieden enthielt bereits die Aufzählung von Brandstiftung, Raub, Totschlag und Körperverletzung als Friedensbruch und drohte neben der kirchlichen Exkommunikation weltliche Strafen an. Freie sollten mit dem Verlust des Erbguts und der Lehen sowie mit dem Exil büßen, Unfreie mit dem Verlust aller Güter und mit dem Verlust der rechten Hand, wodurch die Arbeitsfähigkeit genommen und der Betroffene auf Bettel und Almosen angewiesen war.

Nach dem Kölner Gottesfrieden sollte der Friedensbrecher – solange er für seine Gewaltaktion nicht Genugtuung im Kompositionsverfahren (Bußverfahren) geleistet hatte – aus der Friedens-

ordnung ausgeschlossen werden. Dabei wurde allerdings differenziert. War er ein Freier, „soll er ohne Aufbietung von Geld und Freunden aus den Grenzen seines Gebietes vertrieben werden, und seine Erben sollen seinen ganzen Besitz an sich nehmen." War er ein Unfreier, dann sollte ihm - falls er einen Menschen getötet hatte - der Kopf abgeschlagen werden; „wenn er ihn verwundet, soll er an der Hand bestraft werden; wenn er einen sonstwie, etwa im Kampf durch einen Keulenhieb oder einen Steinwurf übel behandelt, soll er geschoren und geschunden werden."

Darüber hinaus wurde das Verbot des Waffentragens präzisiert: Auch für Fehdeführende sollte in den durch die „treuga Dei" gefriedeten Zeiten eine vollständige Waffenlosigkeit gelten. Ebenso wurden Verfahrensbestimmungen getroffen: Derjenige, dem man einen Friedensbruch vorwarf, konnte sich mit einem Reinigungseid bzw. - wenn Unfreier - durch das Gottesurteil der Kaltwasserprobe reinigen.

Die Entwicklung ging in diesem Sinne weiter. So sah der Sächsische Gottesfriede - den wahrscheinlich im Jahre 1084 einige dem Gegenkönig Hermann von Salm verbundene Bischöfe in Goslar errichteten – bereits allgemein ohne diese Differenzierung Folgendes vor: Wer den Hausfrieden bricht und die Bewohner dreist zu belangen oder sie gewaltsam zu belästigen sich herausnimmt, soll - ganz gleich, welches Standes er ist – seinen Kopf verlieren. Und: „Wer einen tötet, soll der Todesstrafe unterliegen. Wer einen verwundet, soll die Hand verlieren." Zusätzlich war für den Fall einer Flucht der Friedensbrecher Vorsorge getroffen: Diese sollten durch die Gemeinschaft der Eidgenossen verfolgt werden.

1085 verkündeten dann Anhänger des Königs Heinrich IV. in Mainz einen Gottesfrieden für das gesamte Reich. Herzog Welf von Bayern richtete 1093 (oder 1094) gemeinsam mit dem Herzog Berthold von Zähringen und anderen schwäbischen Großen in Ulm einen zweijährigen Frieden auf, erstmals ausdrücklich als „Landfrieden" bezeichnet. Die Verletzung dieses Friedens, aber auch der große Diebstahl, Frauenraub und Notzucht wurden ohne Rücksicht auf den Stand des Täters mit Blendung, dem Verlust der rechten Hand oder eines Fußes bestraft; auch das Vermögen sollte eingezogen werden. Alle Eidgenossen wurden verpflichtet, bei der Verfolgung des Friedbrechers mitzuwirken. Burgen, die einem Friedbrecher Schutz gewährten, sollten zerstört werden. Dies war der neue Gedanke, den bereits der Kölner Gottesfrieden 1083 festgehalten hatte: „Es steht nicht mehr in der Macht und im Belieben der Grafen oder Beamten oder Mächtigen, sondern in der des ganzen Volkes gemeinsam, dass sie die Strafen gegen die Verletzer des heiligen Friedens anwenden."

Schließlich gelang es Heinrich IV. im Jahre 1103 auf dem Hoftag in Mainz, einen allgemeinen Reichsfrieden aufzurichten. Dies erfolgte übrigens erstmals in Europa in dieser Größenordnung, erst wieder 1155 durch Ludwig VII. für Frankreich. Auch hier wurde ausdrücklich festgehalten, dass die Bestrafung der Friedensbrecher Aufgabe des ganzen Volkes sei. In dieser Idee wurzelten im Übrigen auch die sich als Friedensinstanzen herausbildenden

▲ *Wegen Amtsanmaßung werden zwei Mönche, nachdem man sie zuvor auf der Stirn mit dem Wappen von Genf gebrandmarkt hat, mit Ruten aus der Stadt getrieben. Johann Jacob Wick, Nachrichtensammlung. 1560 bis 1587 (F 12, f.230r).*

▶ *Zwei Missetäter, über deren Schultern ein Teufel sitzt, werden von den Stadtdienern aus der Stadt gewaltsam hinausgewiesen. Nequambuch. 1315-1421. Soest, Stadtarchiv.*

Femegerichte. Verständlich ist von daher auch die eifrige Übernahme der sich allmählich ausbildenden inquisitorischen Verfahren.

Die Friedensbewegung wurde von den Mächtigen als die Chance gesehen und genutzt, die sie war. Zunächst versuchte in Deutschland der König aus dieser Entwicklung Gewinn zu schlagen. Die meisten Friedensordnungen im Reich bis zum großen Mainzer Reichsfrieden Kaiser Friedrichs II. im Jahre 1235 gingen vom Kaiser und König aus. So sind etwa zu nennen unter Friedrich I. Barbarossa 1152 der große Landfriede, darauf 1158 der Landfriede von Roncaglia, 1179 der Rheinfränkische Friede und 1186 die „Constitutio contra incendiarios“ (gegen Brandstifter). 1224 entstand der königliche Landfrieden Heinrichs V. – „treuga Henrici“ genannt - mit einem umfassenden Friedensgebot, das der „Sachsenspiegel“ übernahm (darüber wird im 1. Kapitel in Wort und Bild berichtet), wie auch die Regelung, dass die Burgen der Friedensbrecher zerstört werden sollten.

Auf diese Weise entstand die Möglichkeit, mithilfe zunächst des gesamten Volkes, dann zunehmend des errichteten Herrschaftsapparates den niederen Adel sowie alle anderen zu befrieden, d.h. sie waffenlos zu machen. Es war die Hochzeit der sogenannten „Friedloslegung“, der Ächtung in unterschiedlichen Graden und Reichweiten, die von den Gerichten ausgesprochen wurde und den Betroffenen „exlex“ (outlaw), zum „Waldgänger“, zum „Wolf(shaupt)“ machte, ihm aber stets die Möglichkeit offen ließ, durch Anerkennung der Gerichtshoheit wieder in den Friedensverband aufgenommen zu werden.

Deshalb gab man dem Geächteten manchmal Fristen zur Flucht, verbot seine unmittelbare Tötung, ließ vertrauliche Verhandlungen mit Freunden zu. Zugleich kam es zur Konzentration der Macht in wenigen Händen, die das Gewaltmonopol an sich zogen. Es entstanden so die Landesherrschaften. Friedrich II. erkannte deren Gerichtshoheit an in der „Confoederatio cum principibus ecclesiasticis“ (1220) und dem „Statutum in favorem principum“ (1231/32).

Warhafftige geschicht von den XXXIIII. Seeraubern/ welche zu Hamburg seind Gerichtet worden/
Anno 1573. den 10. Septembris.

▲ *Am 30. September 1573 werden 34 Seeräuber von Hartmann Reuter in Hamburg hingerichtet und ihre Köpfe auf dem Galgen angenagelt. Flugblatt in: Johann Jacob Wick, Nachrichtensammlung. 1560 bis 1587 (PAS 2, 10/32).*

▶ *Der rechte Mann zeigt durch die triumphierende Geste, dass er im Würfelspiel den anderen – der von zwei Zuschauern bemitleidet wird – besiegt hat, nämlich durch Falschspiel. Nequambuch. 1315-1421. Soest, Stadtarchiv.*

Der letzte Landfrieden wurde unter Maximilian I. 1495 auf dem Wormser Reichstag beschlossen – zusammen mit der Einrichtung des Reichskammergerichts. Dies war der wirkliche Schlusspunkt auch aus dem Grunde, weil damit die Herstellung der Friedensordnung Angelegenheit der Territorialgewalten (Landesherrschaften) und nicht mehr des Reiches war. Diese gestalteten ihre Landfrieden allmählich zu umfassenden Landrechten um, die auch nicht mehr zu beschwören waren, sondern von der Herrschaft als Gesetz erlassen wurden. So enthielten etwa die bayerischen Landfrieden 1244 und 1256 zusätzliche Bestimmungen über Kleiderordnung, Luxusverbote und sogar über Preisgestaltung. Die Übergänge zu den Polizeiordnungen waren also fließend. Zunehmend machten die Landesherren aus dem Friedensgebot wirkliche Strafgesetze (Halsgerichtsordnungen), in denen sie nur die Konsequenz verwirklichten, die bereits in den Gottesfrieden angelegt war. Denn die Gottesfrieden waren zunehmend Strafrechtskataloge geworden, die anfangs noch von den Mächtigen beschworen, dann als Satzung von allen eidlich bekräftigt werden mussten, schließlich von den Herrschenden

▲ *Grenztafel gegen Zigeuner. 17. Jh. Graz, Johanneum.*

▶ *Der Attentäter des Herzogs von Guise wird um 1564 zur Strafe von Pferden zerrissen. Johann Jacob Wick, Nachrichtensammlung. 1560 bis 1587 (F 15, f. 351r).*

gesetzte und durchgesetzte Ordnung (Gesetz) waren.

Allen nun geregelten strafbaren Taten war gemeinsam der in ihnen liegende Friedensbruch: Der Täter war Friedensbrecher. Deshalb lag der Grund für die Möglichkeit, ihn zu verbannen (zu ächten) oder blutig zu strafen, in seiner Friedlosigkeit, die aus dem Friedensbruch folgte und durch Urteil auszusprechen war. Doch es zeigte sich bereits auch die Orientierung am Talionsprinzip, wie es aus dem Alten Testament bekannt war: Wer tötet, soll getötet werden; wer verwundet, soll verwundet werden, Hand gegen Hand, Hals gegen Hals. Der Dekalog wurde Vorbild der Strafrechtsordnungen, und desshalb fanden auch Taten Eingang in die Frieden, die keine Friedensbrüche darstellten, wie vor allem der Diebstahl. Damit war der Täter nicht mehr Friedensbrecher, sondern Brecher der normativen Sollensordnung – ein Verbrecher, also ein landschädlicher Mann.

Schon die „Treuga Henrici“ (1224) enthielt nicht nur ein umfassendes Friedensgebot, sondern sah auch Rädern für Mord, Enthauptung für Totschlag, Entführung oder Vergewaltigung von Jungfrauen und Ehefrauen, allgemein Todesstrafe für Raub, auch Handverlust für Verwundung vor. Auch hier folgte der „Sachsenspiegel“ und nannte als „ungerichte“ Diebstahl (Hängen), Mord, Raub an Pflug, in Mühle, Kirche oder Friedhof, Verrat, Mordbrand, Untreue (Rädern), normalen Raub, Brandstiftung, Vergewaltigung, handhaften Ehebruch (Enthauptung), Ketzerei, Zauberei, Vergiftung (Verbrennen).

Die Bezeichnung zeigt den Zusammenhang mit Gericht und Verfahren. Denn erst vor Gericht konnte sich herausstellen, ob eine Gewalthandlung erlaubte Fehde oder unerlaubte Missetat war. Bezeichnenderweise wurde auch der Diebstahl in die

Landfrieden aufgenommen und etwa im Landfrieden Friedrichs I. (1152) in schwerem Falle mit dem Hängen bedroht, im leichten Falle mit Schinden durch Ruten und Zangen und Haarescheren. Allerdings stellte dieses durch Heimlichkeit gekennzeichnete Delikt keinen Friedensbruch im eigentlichen Sinne dar. Doch war der Diebstahl eine Missetat im Sinne des 7. Gebotes des Dekalogs und damit eine Beleidigung Gottes, die deshalb zu bestrafen war.

Neben die Landfrieden traten die modernen Stadtfrieden. Die enge Verbindung der Stadt als Friedensbezirk zur Friedensbewegung liegt auf der Hand. Es war auch kein Zufall, dass die ersten Gottesfrieden in deutschen Städten geschworen wurden. Denn erstes Anliegen der Stadtgründer (Stadtherren) war die Durchsetzung der eidlichen Verpflichtung aller Bürger, Frieden zu halten und auf den Gebrauch, später sogar den Besitz von Waffen zugunsten des Gewaltmonopols der Obrigkeit zu verzichten. Darüber hinaus aber war die gesamte rechtliche und wirtschaftliche Ordnung in einer geschriebenen Urkunde geregelt, deren Geltung und Wirkkraft ebenfalls durch den Bürgereid abgesichert wurde.

Die Stadt war somit ein Friedens- und Rechtsbezirk, errichtet auf einer vertraglichen Übereinkunft aller Bürger und notwendig, weil diese Menschen nicht miteinander verwandt waren, nicht aus denselben Gebieten kamen und auch nicht dieselbe Volkszugehörigkeit haben mussten. Selbst ehemalige Unfreie konnten Bürger werden, wenn ihr früherer Herr es unterließ, sie mit der Eigentumsklage zurückzufordern (daher der Ausspruch „Stadtluft macht frei!"). Mangels gemeinsamer Rechtsgrundlagen mussten die rechtlichen Regeln für das nunmehrige Zusammenleben neu „erfunden" oder vertraglich beschlossen und abgesichert werden, unter Berufung auf natürliches Recht, begründet entweder im christlichen Verständnis oder in der Tradition des römischen Rechts. Freilich konnte dies nur gelingen, wenn weiterhin Gemeinsames zugrunde lag, nämlich der christliche Glaube - Juden mussten daher ausgeschlossen bleiben - und konkret der Glaube an die Verpflichtungskraft des religiösen Eides. Die Schaffung rechtlicher Regeln begründete zugleich ein Verhältnis von Obrigkeit und Untertanen. Die Bürger hatten zu schwören, sich der städtischen Obrigkeit, ihren Satzungen (Willküren) und ihrer Rechtsprechung zu unterwerfen, während die Herrschenden in der Stadt sich eidlich verpflichteten, gerecht zu sein und ihr Amt so zu führen, dass es gottgefällig war.

Diese Rationalisierung des Rechtsverständnisses in den Städten muss wenigstens erwähnt werden. Zwar gab es noch lange das alte Stadtgerichtsverfahren in den überkommenen Feierlichkeiten bis hin zum „endlichen Rechtstag", wie er in Volkach 1504 geschildert ist. Daneben entwickelte sich aber ein zweites Rechtssystem, das zunehmend an Bedeutung gewann, in der Neuzeit sogar maßgebend wurde und das mit der stadtrechtlichen Stellung des Rates als der Obrigkeit zusammenhängt. Bereits im 12. Jh. erlangte der Rat die Kompetenz, das alte Recht, so wie es als Gewohnheiten des Landes niedergeschrieben, oft „gespiegelt" war, zu verbessern, also Zusätze zu erlassen und Randtatbestände neu einzuführen.

Überhaupt konnte er „Willküren" (Regelungen), auch „Küren" oder „Koren" genannt, erlassen, mit denen zunächst die überkommenen Verhältnisse funktionstüchtig erhalten werden sollten. Ab dem 15. Jh. erließ der Rat zunehmend Statute (Satzungen), die zur „Zweckverwaltung" gehörten, indem er Feuerschutz, Bettlerwesen, Marktverkehr, Handwerk zum „gemeinen Besten" zu regeln und zu reglementieren begann. Diese als „policey" bezeichnete, dem allgemeinen Nutzen und der friedlichen Ordnung verpflichtete Tätigkeit führte zu zahlreichen Ratsverordnungen, die jährlich in der Bürgerversammlung als „Burspraken" vorgelesen wurden und sodann durch den Bürgereid verpflichtende

Kraft erhielten. Zusätzlich beanspruchte und erhielt der Rat die Kompetenz, über die Verletzung dieser Vorschriften selbst zu richten und die dafür angedrohten Geldbußen einzuziehen. So entstand eine eigene Ratsgerichtsbarkeit, die die Zeitgenossen deutlich vom weiterhin bestehenden Stadtgericht unterschieden und auch als „sitzender Rat" bezeichneten. Dabei betraf der Unterschied auch das Verfahren als solches. Denn der Rat gab eigentlich kein Urteil ab und setzte auch keine Buße (Strafe) fest, sondern er traf nur die Feststellung, dass die durch den Bürgereid versprochene Sanktion „wedde" verfallen sei. Eigentlich hatte jeder in diesem Eid dem Rat Treue und Gehorsam versprochen und zur Absicherung seine gesamte Existenz (Leib und Gut) eingebracht, was eine totale Auslieferung an die Macht des Rates bedeutete.

Deshalb konnte das Verfahren schnell gehen. Es bedurfte keines Klägers, keiner förmlichen Beweisaufnahme, keiner Unterscheidung von Richter und Urteilern. Der Rat verfuhr von Amts wegen ohne Feierlichkeiten in nicht öffentlicher Sitzung, der Betreffende wurde formlos vernommen, er wurde vorgeladen und musste erscheinen, sonst drohte ihm die Stadtverweisung. Es lag auf der Hand, dass der Rat dieses neue, schnelle Verfahren auch auf Taten ausdehnte, die eigentlich vor das Stadtgericht gehörten, nämlich in den Fällen, in denen die Missetat zugleich den Bruch des Stadtfriedens bedeutete. Denn oberste Bürgerpflicht – zentral im Bürgereid versprochen – war die Einhaltung des Friedensgebotes.

Zudem bot sich der Rat als geeignete Schlichtungsinstanz für Fehdefälle an. Er führte das Sühneverfahren durch und sorgte für die Einhaltung der ausgehandelten Sühneleistungen, wie Wallfahrt, Messelesen, Steinkreuzstiftung, Wehrgeldzahlung.

In den Städten, wo es gelang, vom Stadtherrn die Blut- oder Hochgerichtsbarkeit käuflich zu er-

◀ *Der Mörder des Kammerherrn vom Kurfürsten August von Sachsen, Christoffel Bräm aus Thüringen, wird im Juli 1587 in Wien gefangen, gefoltert und hingerichtet. Johann Jacob Wick, Nachrichtensammlung. 1560 bis 1587 (F 35, f.217r).*

▲ *Der reformierte Prediger Augustin Marlorat wird 1562 vom Herzog von Guise vor dem Münster in Rouen gehängt. Dann wurden ihm und anderen Predigern die Köpfe abgeschlagen, diese auf einer Brücke aufgespießt und ausgestellt. Johann Jacob Wick, Nachrichtensammlung. 1560 bis 1587 (F 15, f.228r).*

werben oder zumindest das Recht auf Besetzung des Stadtrichters zu erhalten – der dadurch zu einem städtischen Beamten wurde –, konnte die Verschmelzung der beiden Verfahren zum allgemeinen Inquisitionsprozess noch leichter durchgeführt werden. Denn dem Rat kam hier die dominierende Rolle im Vorverfahren (mit Folterungsmöglichkeit) zu. War jemand nicht mehr tragbar für die Stadtgemeinschaft, dann sprach man gegen ihn die dauernde oder zeitweilige Stadtverweisung aus. Die Namen der Betroffenen wie auch die der Rechtsverweigerer und daher Friedlosgelegten und der Adeligen, mit denen man in Fehde lag – und gegen die man sich in Städtevereinigungen wie der Hanse verbündete –, trug man in Verfestungs-, Acht- und Verzählbücher oder „Nequambücher" (nequam bedeutet Nichtsnutz) ein. Man führte ordentlich Buch über die Rechtspflegeaktionen und deren Kosten.

In schweren Fällen machte man die Stadtverweisung auch dadurch sichtbar, dass der Verwiesene in das Gesicht gebrannt (gebrandmarkt) wurde, und prügelte ihn dann aus der Stadt. Dass dieses Verfahren nicht sinnvoll war, liegt auf der Hand, weil der so Gebrandmarkte zu einer „kriminellen Karriere" gezwungen war und häufig zu neuen Missetaten zurückkehrte – wie hätte er denn seinen Lebensunterhalt ehrlich verdienen sollen? In solchen Fällen griff der Rat dann zu einem Schnellverfahren, oft ohne Einschaltung des Stadtrichters, wofür die Stadt sich in der Regel ein Privileg vom Stadtherrn gekauft hatte: Man hing den Ertappten einfach am Galgen vor den Stadttoren auf – auch zur Abschreckung anderer potenzieller Missetäter.

Die Umgebung der Stadt wurde in einer solchen „Polizeijustiz"-Aktion ebenfalls gerne gesäubert. Seit 1325 durchstreifte z.B. der „utridervoght" (Ausreitervogt) Lübecks mit angeheuerten Polizeitruppen die Wälder um die Stadt, fing die „Landwehrbrecher" (das Gesindel), das in das umwehrte Landgebiet der Stadt eingedrungen war, und machte mit den Gefangenen kurzen Prozess, indem er sie an den Bäumen aufhängen oder erschlagen ließ. In Hamburg führte man gefangene Seeräuber im Triumph in die Stadt und tötete sie in einer Massenhinrichtung. Die Köpfe der Enthaupteten wurden dann an den Hafenmauern zur Abschreckung aufgesteckt. Die sich auf ihre traditionelle Fehdegewalt berufenden kleinen Ritter kriminalisierte man als Raubritter und vernichtete sie mit gemeinsamer Gewalt, indem man z.B. Städtebündnisse (wie die Hanse) schloss.

Die landschädlichen Leute

Die Entwicklung vom Friedensbrecher zum landschädlichen Mann wurde schon angesprochen. Entscheidend war nicht mehr nur der Kampf gegen die Fehde und die damit verbundenen Gewaltaktionen gegen Leib, Leben, Freiheit und Vermögen. Nun orientierten sich die Landes-, Polizei- und Halsgerichtsordnungen an den normativen Grundlagen des Zusammenlebens, also auch an den Eigentumsverhältnissen und an anderen Interessen der Bevölkerung. Heutige Juristen sprechen von „Rechtsgütern", die durch die Landesherrschaften als Staat geschützt wurden und auch werden sollten, weil darin nun die von Gott gegebene Pflicht der Obrigkeit gesehen wurde. Der Dekalog wurde bestimmendes Ordnungsprinzip. Die Obrigkeit hatte nicht nur für gottgefälliges Leben zu sorgen, sondern einen Zustand allgemeinen Friedens sowie von Sicherheit, Ordnung und Wohlstand herzustellen und zu sichern, „gute policey" (wahrscheinlich von „polis" als Bezeichnug für das Gemeinwesen). Die diese Ordnung brachen, waren nun „des Landes" Missetäter, die landschädlichen Leute.

Das Recht der Landesherren begann sich um anständige und angemessene Kleidung zu kümmern, griff gegen gotteslästerliches Reden ein wie auch gegen Fluchen, ermahnte die Menschen zu einem arbeitsamen Leben und bekämpfte den Müßiggang. Deshalb wurden die Bettler, die lange Zeit als Gelegenheit für wohltätige und das Himmelreich erwerbende Fürsorge durchaus positiv angesehen worden waren, nun zunehmend kriminalisiert und zur Arbeit gezwungen. Das Reisen zu Bildungszwecken oder als Wallfahrt oder das Reisen der Kaufleute wurde unterschieden vom Vagabundieren der fahrenden Leute, die man als arbeitsscheu betrachtete und denen man alles Schlechte zutraute. Es waren Randgruppen (Freifahrer), weil sie keinem Herrn als Gesinde zugehörten und daher „Gesindel" und schutzlos jedem Unrecht ausgeliefert waren. Zur Mobilität gezwungen, weil sie anders nicht überleben konnten, flohen sie aus unerträglichen Verhältnissen in eine Welt aus Hunger, Krankheit und Unsicherheit, in der oft keine andere Wahl blieb, als kriminell zu werden. Sie traten als Diebe, Fälscher, Betrüger und Falschspieler auf.

Doch wurden sie lange Zeit auch vom christlichen Mitleid der Menschen aufgefangen, die ihnen Nahrung und wenigstens zeitweilige Unterkunft und manche Arbeitsmöglichkeit anboten. Deshalb waren diese fahrenden Leute in vielen Tätigkeiten geschickt. Vor allem traten sie auf Jahrmärkten als Unterhaltungskünstler, wie z.B. Spielleute, Sprecher (Reimer), Schauspieler, Tänzer, Bärenführer, Zirkusleute, und befriedigten so manche Bedürfnisse der anständigen Leute, bis hin zu den Adeligen, die sie für ihre Feste engagierten. Sie versuchten sich als Mediziner, Heiler, Rattenfänger, Lotterieveranstalter, Zauberer, Wahrsager, Segenssprecher und Teufelsbanner. Sie boten ihre Dienste als Schatzgräber, Finder von Diebesgut und Dieben und Kristallseher an. Sie verkauften Losbücher. Vagierende Kleriker (Lotterpfaffen) oder fahrende Scholaren vermittelten ihren Zuhörern religiöses und sonstiges Halbwissen (wie „Hokuspokus" als Verballhornung von „hoc est corpus meum" – dies ist mein Leib), lasen aus Zauberbüchern vor und priesen sich als Schwarzkünstler an. Daneben gab es Wettermacher, die von verzweifelten Bauern engagiert wurden, um den ersehnten Regen herbeizuzaubern, und vieles Ähnliche mehr.

Auf diese Weise entstand eine Sphäre magischer Handlungen, die man heute als „Volksmagie" bezeichnet und die lange Zeit zwar verdächtig war, selbstverständlich von der Kirche verboten, aber doch nicht auf einen Teufelspakt zurückgeführt wurde. Deshalb schritt man gegen diese Leute ein, erließ gegen sie Polizeiordnungen, verwies sie aus der Stadt oder dem Land, bestrafte sie manchmal dabei mit Peitschenhieben. Doch sah man in ihnen meist keine todesstrafwürdige Teufelsbündner wie die noch zu besprechenden Hexenleute – außer sie trieben es zu arg, nutzten die Leicht- und Abergläubigkeit ihrer Umwelt zu sehr aus oder hatten einen zu mächtigen Herrn geschädigt und bloßgestellt. In Zeiten eines ausufernden Hexenglaubens war die Grenze der bloßen Volksmagie zur Hexerei durchaus fließend.

Neben diesen vielfältigen Formen einer Kleinkriminalität, wie wir es heute nennen würden, gehörten zu den fahrenden Leuten auch vagierende Söldner, die – aus dem Dienst entlassen – nun ihren Unterhalt durch die Tätigkeit bestritten, die sie gelernt hatten. In großen Banden traten sie als „böse Gesellschaften" oder „gartende Knechte" auf und lebten von Raub und Erpressung. Diese landschädlichen Leute waren nun auch die gemeingefährlichen Subjekte, gegen die die Obrigkeit mit scharfen Aktionen eingriff. Das gegen sie angewendete Strafrecht nahm die Züge eines Kampfes gegen

Männliche) Ketzer, (weibliche) Zauberer und (weibliche) Giftmischer sollen auf dem Scheiterhaufen verbrannt werden. Wolfenbütteler Bilderhandschrift des „Sachsenspiegels". Drittes Viertel des 14. Jhs, f. 29v.

Gefahren an, wie es schon in den Aktionen der merowingischen Könige gegen Diebes- und Räuberbanden verwirklicht worden war. Nun wurde das Verfahren rationalisiert und effektiver. Es ging nicht nur um Bestrafung der Taten dieser Leute, sondern um die Verhinderung solcher Taten.

Die Hinrichtung wurde als Maßnahme der Abschreckung inszeniert, daher in einer fast unglaublichen Brutalität durchgeführt. Die oft in einem Schnellverfahren Verurteilten wurden auf dem Weg zum Galgenplatz mit glühenden Zangen gezwickt, mit Feuer gequält, oder es wurden ihnen Fleischstücke herausgerissen. Die Leichen der Gehängten und Geräderten blieben öffentlich sichtbar auf den Strafgeräten, um deutlich zum Ausdruck zu bringen, dass hier der Staat effektiv gemacht wurde. Die Obrigkeit wollte eigentlich nicht mehr strafen, sondern gefährliche Subjekte wie Räuber in die Schranken weisen. In manchem erinnern diese Gewaltaktionen an die unmenschliche Behandlung der Sklaven in den Foltermaschinen des antiken römischen Staates. Daher ist ein gelegentlich behaupteter Zusammenhang dieses neuen „Strafrechts" gegen die gemeingefährlichen Leute mit dem früheren Unfreienstrafrecht nicht von der Hand zu weisen.

Die Stellung der fahrenden Leute, für die eher Kleinkriminalität in Betracht kam, blieb lange Zeit durchaus ambivalent. Einerseits waren die Menschen von deren Lebensweise und ihren handwerklichen wie künstlerischen Fähigkeiten fasziniert, und deshalb gehörten die fahrenden Leute als Randgruppe dazu, waren nicht wirklich ausgegrenzt. Manchen gelang sogar ein Aufstieg, etwa wenn Musiker als Stadtpfeifer oder Trompeter bei der Stadt angestellt oder als Musikanten in Dörfern eingesetzt wurden.

Selbst Bischöfe bedienten sich der Wahrsager oder anderer Schwarzkünstler (nigromantici), wie z.B. der Bamberger Bischof des Dr. Faustus. Andererseits wurden sie ab dem Beginn des 16. Jhs. zum unerwünschten Gast. In dem 1510 gegen den Betrugsbettel verfassten „Liber Vagatorum" wurden die Menschen nach den städtischen Mandaten und Ordnungen als „unnütze Leute" und „herrenloses Gesindel" typisiert und kriminalisiert. Es erfolgte damit nun wirklich eine Ausgrenzung, auch wenn die obrigkeitlichen scharfen Maßnahmen in den meisten Fällen weder von der Bevölkerung und auch nicht von den Organen der Niedergerichte umgesetzt wurden.

Die neue Haltung der Obrigkeit lässt sich am Schicksal der Menschen verdeutlichen, die seit dem 19. Jh. als Inbegriff des fahrenden Volkes aufgefasst werden: die Zigeuner (wahrscheinlich vom ungarischen „cigány"). Es handelt sich dabei um Gruppen ethnisch miteinander verwandter Völker, die ursprünglich aus Indien stammten und sich in ihrer Sprache als „Roma" (von „rom" – Mensch) bezeichneten. Ein früherer Gruppenname leitete sich aus dem Ortsnamen Gyp(p)e ab, einem Berg auf dem Peloponnes, an dessen Fuß eine Siedlung namens „Klein Ägypten" lag. Offensichtlich bezog sich die Gruppe der Roma bei ihrem ersten Auftreten im Reich (1417 erstmals erwähnt) auf diese Ursprungslegende und bezeichnete sich als ägyptische Pilger, deren Vorfahren einstmals der Heiligen Familie auf der Flucht Unterkunft gewährt hätten und deshalb zur Strafe aus ihrer Heimat vertrieben worden seien.

Die Christen glaubten dies und gaben ihnen anfangs bereitwillig Almosen sogar aus städtischen Kassen. Doch mit dem ausgehenden 15. Jh. war es mit dieser Anerkennung vorbei. Seit dem Reichstagsbeschluss von Freiburg 1498 wurden sie als vogelfreie Leute entrechtet. In den Reichspolizeiordnungen wiederholte man die harten Ausweisungsbestimmungen, die landesherrlichen Ordnungen schlossen sich an. Mandate bedrohten die Zigeuner, dass sie beim wiederholten Betreten des Landes „allein ihres verbotenen Lebens halber" hingerichtet werden sollten. Ursprünglich standen Ängste vor den Türken hinter diesen Dekreten, da man die Zigeuner als Spione des Erbfeindes betrachtete. In einem Ansbacher Mandat von 1590 wurden sie als „Verräter der Christen" bezeichnet. Seit der Mitte des 16. Jhs. wurden sie des Hangs zum Stehlen verdächtigt, ja zum Inbegriff des verbotenen Müßiggangs stilisiert.

Noch die Erlasse des 18. Jhs. verwendeten eine verdammende Sprache, wenn sie von „landverderblich volk" und „Abscheu menschlicher Societät" redeten. Mit unrealistischen Angaben zu gewaltigen Banden (bis zu 600 Personen) wurden Ängste vor dem Diebs- und Raubgesindel geschürt. Dieses „sehr schädliche Volk" sollte gänzlich „ausgerottet" werden, wie es noch in einer Bayerischen Ordnung von 1789 hieß.

Doch ist anzumerken, dass diese ungewöhnlich scharfen Maßnahmen von der Bevölkerung meist nicht mitgetragen wurden. Viele Menschen waren und blieben von der geheimnisvollen Lebensweise fasziniert und vertrauten auch ihren verborgenen Kräften – bis hin zu den romantischen Vorstellungen eines „lustigen Zigeunerlebens". Allerdings bestand für ergriffene Zigeuner immer die Gefahr, dass übereifrige oder brutale Beamte unter Berufung auf die Vorschriften sich an ihnen vergriffen oder geradezu eine Menschenhatz auf sie veranstalteten.

Die Verräter

Es gab auch Missetäter, die gefährlich, aber vor allem böse waren, weshalb sie auch moralisierend beurteilt und mit Empörung, Abscheu, Entsetzen, aber auch mit Verzweiflung und Rachebedürfnis betrachtet wurden. Dementsprechend brutal waren die Sanktionen, denen sie unterworfen wurden, und zwar nicht zur Abschreckung, sondern aufgrund des angenommenen Charakters ihrer Missetat. Gemeint sind die Menschen, die Vertrauensbeziehungen brachen. Sie zerstörten damit eine Verbindung, die von Treue, Nähe, Empathie lebte, nutzten die damit gegebene Wehrlosigkeit des Opfers aus und führten darüber hinaus Schäden herbei. Sie hoben nicht nur ein Friedensverhältnis auf, sondern zerrissen die Bindung von innen her.

◀ *Der Papst verurteilt hartnäckige oder rückfällige Ketzer zum Feuertod oder zu ewigem Gefängnis; nach dem Vorbild des strengen göttlichen Richters. Miniatur in einer Dekretalienhandschrift von Nicolò di Giacomo da Bologna (1349-1399). Berlin, Kupferstichkabinett.*

▲ *Die Anhänger des Amalrich von Bène (gest. um 1205) werden 1210 als Ketzer verurteilt und von König Philipp August in Champeaux bei Paris verbrannt. Jean Fouquet, Grandes Chroniques de France. Paris, Bibliothèque nationale (ms. francais 6465, f.236r).*

Diese Taten schmerzten deshalb so sehr, weil sie von jemand begangen wurden, der in einer konkreten Verbindung zum Opfer stand. Er war einer der Gemeinschaft, die er nun verriet. Das Christentum zeigte mit Judas Ischariot den Prototyp eines solchen bösen Menschen, der zum inneren Apostelkreis gehörte und den Herrn und Meister Jesus gegen schnöden Mammon verriet. Seine Selbsttötung zeigte aber auch, dass er sich durch seinen Verrat selbst zerstörte. Darüber hinaus waren die teuflischen Dämonen als gefallene Engel Verräter an dem Gott, der sie als Teilhaber am göttlichen Wissen und als reine Geister geschaffen hatte.

Bezogen auf den König sprechen die Quellen häufig von einem solchen Verräter als von einem Gefolgsmann, der die Rechtsstellung des Herrschers missachtete und verletzte, indem er gegen dessen Befehl handelte oder als untreuer Verwalter in die eigene Tasche wirtschaftete oder einen Aufstand oder Anschlag plante.

Über denjenigen, der sich dem königlichen Gericht entzog und daher aus dem königlichen Frieden gestellt wurde, ist bereits berichtet worden. Der Verletzte reagierte auf ein solches „crimen laesae majestatis“ mit harter Gewalt, indem er sich des römischen Verratsverfahrens bediente, das auch die Folter von Freien zuließ und das meist mit einem Todesurteil endete.

Die Strafart entsprach dem Charakter des Verräters. Wie er das Band zwischen sich und dem Opfer zerrissen hatte, so wurde nun auch er zerrissen

▲ *Am 20. September 1587 werden unter dem Pontifikat Sixtus V. zwölf protestantische Niederländer verbrannt. Johann Jacob Wick, Nachrichtensammlung. 1560 bis 1587 (F 35, f. 466v).*

▶ *Der Teufel lädt 1583 in Nürnberg mehrere Landstreicher zum Zechen ein. Dann verführt er einen von ihnen durch Geld zu verbrecherischen Untaten. Johann Jacob Wick, Nachrichtensammlung. 1560 bis 1587 (F 31, f. 126r).*

oder in Stücke geschlagen. Bei politischen Aktionen spießte man Teile des Hingerichteten auf und stellte sie zum Zeichen für etwaige Mitverschwörer vor der Stadt aus. Die Qualen, die der Hinzurichtende auf seinem letzten Weg zu erleiden hatte, waren Inszenierungen unglaublicher Brutalität. Einem Verräter des englischen Königs schnitt man bei lebendigem Leibe die Brust auf, riss das Herz heraus und schlug ihm dieses ins Gesicht. Allerdings konnte der König aus seiner Herrschaftsstellung und diesem konkreten Verhältnis zum Betreffenden heraus einen solchen Verräter auch begnadigen, ihm die Strafe erlassen und ihn dadurch wieder an sich binden.

Eine große Bedeutung erhielt der Verrätergedanke in der Verfolgung der Ketzer. Denn diese vom christlichen Glauben Abgefallenen hatten in der Taufe das Versprechen abgegeben, nur diesen Gott, in dessen Namen sie getauft wurden, zu lieben und zu verehren. Nun brachen sie diesen Taufbund und verrieten dadurch den getreuen Gott. Die Ketzer waren aber noch mehr als Verräter, und daraus ergab sich ihre Sonderstellung in der Geschichte der Missetaten. Sie waren im tiefen Sinne Feinde.

Die Feinde

Derjenige, der einen anderen schädigte und gar töten wollte, war immer schon ein Feind. Die gewaltsame Auseinandersetzung mit dem Schädiger und Rechtsverletzer trug sogar den Namen der Feindschaft (Fehde). Doch ging es dabei um das konkrete Verhältnis der in die Fehde Verstrickten, sozusagen um einen „privaten" Feind (inimicus). Die landschädlichen Leute und noch mehr die Räuberbanden stellten ebenfalls Feinde dar, die aber wegen ihrer Gefährlichkeit bekämpft wurden und gegen die die Herrschaften (der Staat) mit dem Straf- und Polizeirecht vorgingen. Es handelte sich bei ihnen

einfach um Verbrecher in diesem äußeren Sinne als Brecher der Ordnung, darin vergleichbar den Friedensbrechern. In einem tieferen Sinn war der Verräter ein Feind, aber auch hier bezogen auf das konkrete Verhältnis zu dem Verratenen.

Galt der Verrat dem Gemeinwesen selbst, wurde der Landesverräter als Hochverräter auch in seiner Gefährlichkeit bekämpft. In dieser Wirkung auf die politischen Verhältnisse ähnelte er dem äußeren Feind (hostis) im Krieg, der in die Ordnung einbrach und darin ebenfalls dem Friedensbrecher vergleichbar war. Im Krieg wurden beide Parteien Feinde. Auch im Kampf gegen die Missetäter agierten die Gerichte und Ämter als Feinde derer, gegen die sie mit ihren Gewaltaktionen vorgingen.

Das antike Rom entwickelte den Begriff eines Feindes, der über diese genannten Dimensionen hinausging. Im Jahre 358 bestimmte der christliche Kaiser Constantius II., dass Magier, Auguren, Astrologen, Traumdeuter und Haruspices (Deuter aus den Eingeweiden der Opfertiere) nicht nur „nahezu die Majestät selbst verletzen", wenn sie sich im Hofstaat in der Nähe des Herrschers aufhielten und ein Majestätsverbrechen begingen, sondern dass sie „Feinde des Menschengeschlechts" (humani generis inimici) seien. Sie müssten, selbst wenn sie Honoratioren seien, der Foltermaschine (eculeius) mit ihren Krallen, die ihre Körper zerfleischen, übergeben werden und die gebotene Todesstrafe erleiden. Damit steigerte Constantius II. seine Qualifikation der Magier ein Jahr zuvor, als er sie noch als „Fremde der menschlichen Ordnung" (perigrini naturae) bezeichnet hatte, wobei „peregrinus" einen dem römischen Staatsverband nicht Angehörigen meinte. Kaiser Valentinian II. knüpfte 389 an diese Formulierungen an und sprach von den Magiern als den „Feinden des Gemeinwohls" (hostes communis salutis).

391 wurden die Apostaten, die das Christentum überhaupt ablehnten, und Häretiker, die nur einzelne christliche Dogmen leugneten, diesem Kreis zugesellt. Sie alle hätten mit der Menschheit nichts gemein, da sie „in abscheulicher und bestialischer Gesinnung die Wohltat der Gemeinschaft abgründig hassen." Auch die Häretiker hätten mit allen anderen Menschen nichts an Sitten, nichts an Ge-

◀▶ *Der den gerichtlichen Eid Leistende muss sich zwischen Engel und Teufel und damit zwischen Wahr- oder Falscheid entscheiden. Ulrich Tenggler, Der neü Layenspiegel. Augsburg 1512, f. 82r; Bilderhandschrift des Hamburgischen Stadtrechts von 1497; Gerichtsbild. Gemälde von Derick Baegert. 1494. Wesel, Städtisches Museum.*

setzen gemein. 389 bestimmte Kaiser Theodosius I., dass die Manichäer nicht nur wie bei jedem „crimen laesae majestatis“ das Vermögen und das Recht, darüber zu testieren, verlieren sollten; „ihnen sei nichts gemeinsam mit der Welt.“ Was diese Welt ausmachte, erfahren wir aus späteren Gesetzen von 408 und 409, die von „inimici catholicae sectae“ (Feinden der katholischen Glaubensgemeinschaft) und „inimici sanctae legis“ (Feinden der heiligen Schrift) sprachen. Die Welt des Menschengeschlechts war also die Christengemeinschaft geworden.

Deutlich ist, dass diese neuen Feinde nicht mehr nur Gegner oder gefährliche Subjekte waren. Es ging um mehr: Mit diesen Formulierungen sollte an die Menschen, Christen wie auch Heiden, appelliert werden, sich gegen diese zu solidarisieren, sich zum Menschengeschlecht zusammenzuschließen, um den gemeinsamen Feind zu besiegen. Diese Feinde gehörten eigentlich der Menschheit nicht mehr an. Sie waren dem Menschenfeind schlechthin zugeordnet, dem Satan mit seinen Dämonen, wie die Theologie seit Ende des 2. Jhs. (erstmals Minucius Felix) erkannt hatte. Die Magier, Apostaten und Häretiker waren die Komplizen, die irdischen Abgesandten, die Werkzeuge der teuflischen Dämonen. Sie waren selbst dämonisierte Subjekte, deshalb in wahrem Sinne der Menschheit fremd. Sie sollten daher nach den römischen Gesetzen den Tieren vorgeworfen oder zu Asche verbrannt werden.

Von daher ist es verständlich, dass diese Ketzer nach römischem Recht auch das Majestätsverbrechen begingen, griffen sie doch mit der Menschheit auch den Herrscher und seine Stellung an. Die Rezeption knüpfte an diese Qualifizierung an, als sich ab 1140 die Katharer und ab 1170 die Waldenser zu einer den bestehenden Verhältnissen gefährlichen Massenbewegung mit eigener hierarchisch strukturierter Organisation entwickelten. Erstere, die den Häretikern den neuen Namen „Ketzer“ gaben, nannten sich selbst die „guten Christen“ oder „guten Leute“, wurden aber von den Verfolgern entweder nach dem lateinischen „catta“ (Katze) oder dem griechischen „kataroi“ (Die Reinen) so bezeichnet. In Frankreich kannte man sie

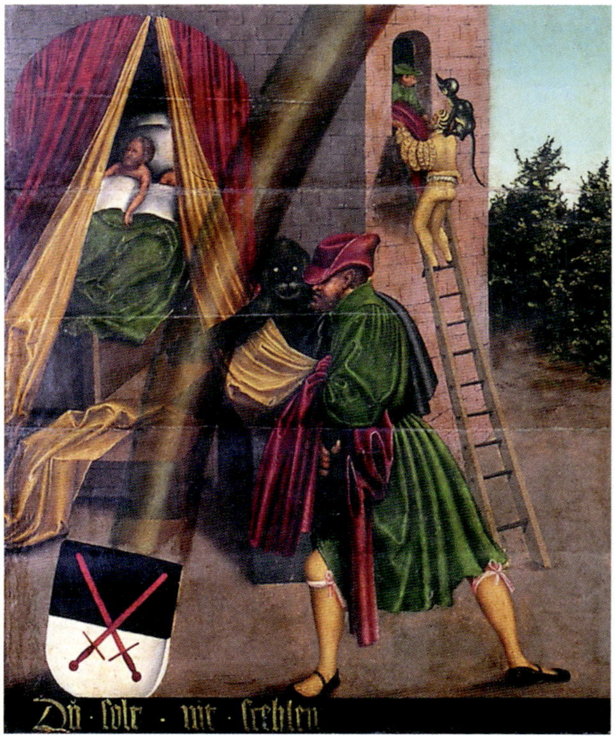

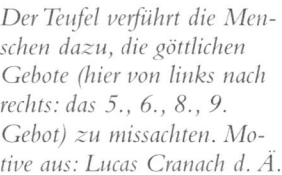

Der Teufel verführt die Menschen dazu, die göttlichen Gebote (hier von links nach rechts: das 5., 6., 8., 9. Gebot) zu missachten. Motive aus: Lucas Cranach d. Ä. (Werkstatt), Zehn-Gebote-Tafel. Gemälde 1516. Wittenberg, Stiftung Luthergedenkstätten in Sachsen-Anhalt.

als Albingenser, in Italien als Patarini. Die Waldenser wurden nach ihrem Begründer, dem Kaufmann Valdes(ius), genannt. Sie selbst bezeichneten sich als die „Armen von Lyon" oder die „Armen Christi" und traten als nicht autorisierte Laienprediger auf.

Diese Häresien lehnten nicht nur bestimmte religiöse Dogmen ab, sondern auch die kirchlichen Autoritäten und die weltliche Herrschaft. Doch schon zuvor waren 1022 in Orléans auf Befehl des französischen Königs Robert des Frommen Geistliche, die auf der bischöflichen Synode häretischer Ansichten und Kulthandlungen überführt worden waren, als Häretiker verbrannt worden. Warum der Feuertod gewählt wurde, ist ungeklärt. Vielleicht sollte damit das Höllenfeuer veranschaulicht werden; manche sehen darin ein Gottesurteil (flammarum iudicium), weil durch den Tod die Ketzerei der Betroffenen offensichtlich werden sollte. Andere Fälle solcher Hinrichtungen folgten, auch in Deutschland (1135 Lüttich, Utrecht, Trier; 1143, 1163 Köln). Oft geschah die Verbrennung in einer Art Lynchjustiz durch erzürnte Volksmengen. Doch war zu dieser Zeit noch nicht geklärt, wie man mit diesen Häretikern (Ketzern) umgehen sollte.

Der Zisterzienserabt Bernhard von Clairvaux (1090-1153) schlug in Anlehnung an eine Zeile aus dem Hohen Lied (2, 15), nach dem die kleinen Füchse, die die Weinberge verwüsten, gefangen werden sollten, vor, die Häretiker (die Füchse) zu fangen und für die Kirche zurückzugewinnen. Wer sich nicht bekehren wolle, den sollte man nach dem Rat des Apostels (Tit. 3, 10) meiden. Unter den gegenwärtigen Umständen sei es jedoch angemessen, sie zu verjagen und zu verbannen.

Die Kennzeichnung der neuen Häretiker als Täter des Majestätsverbrechens hatte zunächst nur den Sinn, für die Verurteilten neben der Exkommunikation und Verbannung (Acht) Güterkonfiskation (die auch die Nachkommen traf), Verlust des Testierrechts und Ehrlosigkeit (Infamie) festsetzen zu können. Die Todesstrafe für Ketzer lehnte die Kirche unter Berufung auf Mt 13, 24-30 ab. Denn danach sollten Weizen und Unkraut miteinander wachsen; erst am Jüngsten Gericht Gottes würde das Unkraut abgetrennt und in das Feuer geworfen. Zudem verpflichtete das Liebesgebot auch zur Annahme der „falsi fratres" (falschen Brüder).

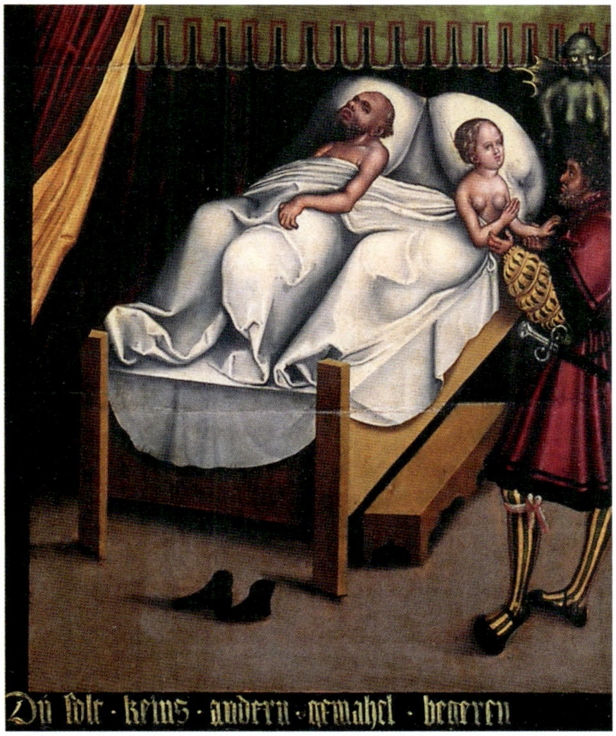

Offensichtlich hielten sich – von wenigen Ausnahmen abgesehen – die weltlichen Herrschaften an diese Regelung.

Die Kaiser waren am Kampf gegen die Ketzer nicht nur aus ihrer Stellung als Beschützer der Religion, sondern auch aus politischen Gründen interessiert, bedrohten diese doch die sozialen Grundlagen des Lebens und damit die Herrschaft der Kaiser. Es war daher konsequent, wenn in manchen Landfrieden – vor allem in Aragon 1165, 1173, 1214, aber auch in der deutschen „Treuga Henrici" Heinrichs VII. 1224 – die Ketzer als Friedensbrecher angeführt wurden. Nach der „Treuga Henrici" sollten Häretiker, Beschwörer (incatatores) und Schadenszauberer (malefici) nach ihrer Überführung die angemessene Strafe erhalten, worunter sicherlich der Feuertod zu verstehen war. Denn auch der „Sachsenspiegel" (um 1220 und 1230/31), der sich an der „Treuga Henrici" orientierte, sah für Ketzerei (ungelauben) und Zauberei (wie auch Vergiftung) das Brennen auf der „hurt" (Scheiterhaufen) vor und dies erstmals ausdrücklich.

Die weltliche Herrschaft interessierte sich für die herrschaftskritischen Ketzer auch deshalb, weil die Gefahr bestand, dass die politischen Gegner sich mit ihnen verbündeten. Vor allem in den italienischen Städten bedeutete die Ketzerbewegung möglichen politischen Aufstand, weshalb die Kaiser und der Papst als weltlicher Herr nicht nur im Kirchenstaat die Zusammenarbeit beschlossen. Friedrich I. Barbarossa und Lucius III. kamen 1184 in Verona überein, dass die Überführung der Täter Angelegenheit der Kirche sei, dass dabei aber die weltlichen Behörden sich zur Mithilfe eidlich verpflichten müssten. Die Überführten sollten der weltlichen Macht zur Vollstreckung der angemessenen Strafe (also Verbannung und Güterkonfiskation) übergeben werden. Ketzeredikte Heinrichs VI. für Rimini (1195) und Otto IV. für Ferrara und Turin (1210) folgten. In zwei Dekreten (1199, 1207) für die seiner Herrschaft unterstehenden Städte Viterbo und Orvieto knüpfte Papst Innozenz III. als weltlicher Herr an das römische Recht an und sah nicht nur für die Ketzer, sondern vor allem für deren Unterstützer in diesen beiden Städten Vermögenskonfiskation vor, da die Ketzerei Verbrechen an der göttlichen Majestät (crimen laesae maiestatis divinae) sei.

Das IV. Laterankonzil (1215) und ein Konzil von Toulouse (1229) bestätigten diese Zusammenarbeit, dann auch das Ketzergesetz der Krönungsedikte Friedrichs II. (1220), das sicherlich auf Anregung des Papstes Honorius III. die Ketzerei ausdrücklich als Majestätsverbrechen und einen Ketzer als „reus maiestatis" definierte. Vier Jahre später (1224) erließ der Kaiser die „Constitutio contra haereticos Lombardiae", in der die zuvor immer angesprochene

◀ *Der Teufel gibt einem Mann in Lenzburg den Entschluss ein, sein eigenes und das Kind des Bruders zu töten. Dafür wird er am 4. August 1567 gerädert. Johann Jacob Wick, Nachrichtensammlung. 1560 bis 1587 (F 17, f.268v).*

▶ *Der Teufel verführt die beiden Zeugen zu das 8. Gebot missachtenden gerichtlichen Falschaussagen. Nequambuch. 1315-1421. Soest, Stadtarchiv.*

„angemessene Strafe" für dieses Majestätsverbrechen nun als Todesstrafe durch Verbrennen und – wenn man aus Abschreckungsgründen den Ketzer leben lassen wollte – Herausreißen der Zunge (wie bei Blasphemie) bestimmt wurde. Damit steigerte Friedrich II. die Macht des Kaisers gewaltig, war dadurch doch die Ketzerei faktisch zu einem politischen Verbrechen geworden. Es dauerte daher lange, bis Papst Gregor IX. 1231 diese Konstitution in das kirchenrechtliche Register eintragen ließ.

Für Rom erließ der Papst in demselben Jahr Ketzerstatuten, in denen erstmals ausdrücklich die Todesstrafe für Ketzerei kirchenrechtlich anerkannt und in einigen Verfahren auch wirklich verhängt wurde. Doch galt dies nur für hartnäckige oder rückfällige Ketzer, für Reumütige war ewige Kerkerhaft vorgesehen. Den Boden für diese Abkehr von der Ablehnung der Todesstrafe, die das christliche Denken seit Beginn prägte (gemäß dem Gleichnis von dem Weizen und dem Unkraut in Mt 13, 24-30), hatten die Theologen Henricus de Segusio (Hostiensis) und Thomas von Aquin im 13. Jh. bereitet. Denn aus der Todesstrafe für Münzfälscher leitete Thomas ab, dass sie doch umso mehr gegen die Verfälscher des Glaubens angewendet werden dürfe.

Den Höhepunkt weltlicher Macht setzte Friedrich II. 1231 in den Konstitutionen von Melfi für Sizilien, in denen die Ketzer als „hostes publici" (öffentliche Feinde), die Ketzerei als „crimen publicum" und „crimen laesae maiestatis divinae" definiert und mit der römisch-rechtlichen „perduellio" (einem staatsfeindlichen Akt) verglichen wurden. Als Strafe waren Verbrennen, Güterkonfiskation und „damnatio memoriae" (Auslöschen des Gedenkens) vorgesehen. Für die Verfolgung und das Verfahren wurden nur mehr die weltlichen Behörden für zuständig erklärt. Der Kirche blieb bloß die Überprüfung der ihr übergebenen Personen auf Häresie. Ketzer behandelte man nun also wie Aufständische und umgekehrt, was das politische Verständnis der Ketzerei zeigt. Für Deutschland erließ Friedrich II. 1232 das „Mandatum de haereticis Teutonicis persequendi", durch das reumütige Ketzer mit ewiger Kerkerhaft, Rückfällige mit der Todesstrafe, Hartnäckige mit der angemessenen Strafe bedroht wurden. Viel praktische Bedeutung kam dieser Vorschrift nicht zu. In Deutschland wurden Prozesse nicht vom Kaiser oder König, sondern nur auf der mittleren Herrschaftsebene der Reichsfürsten geführt. Die Stadtrechte übernahmen meist die Regelung des „Sachsenspiegels".

Zu erwähnen ist noch, dass Innozenz IV. 1252 zwei Dekretalien veröffentlichte, die die Grundlagen der Ketzerverfolgung im Kirchenrecht endgültig im Sinne der Zusammenarbeit von kirchlichen und weltlichen Behörden festlegte: Überführen der Täter und Exkommunikation, sodann Übergabe an die weltliche Macht und Strafvollstreckung. Zudem wurde in der Dekretalie „Ad extirpanda" die Folterpraxis der weltlichen Behörden gebilligt, allerdings nur in der Form, dass der Gefolterte nicht verstümmelt werden oder gar sterben dürfe. Da es Klerikern untersagt war, an Aktionen teilzunehmen, bei denen Blut floss, blieb die Durchführung der Folter dem weltlichen Arm überlassen.

Par lenuie du dyable
la mort print entree
ou monde. Et ce le
ensuiuent ceulx qui tiennent sō

◀▶ *Waldenser verehren den Teufel (in Bockgestalt) und feiern Sabbat. Johannes Tinctor, Du crisme de vauderye (Übersetzung von: Tractatus contra sectam Valdensium). Um 1460, Paris, Bibliothèque nationale (Cabinet des manuscrits, fonds francais 961, f. 1); Brüssel, Bibliothèque royale Albert I (Cabinet des manuscrits N. 11.209, f. 3r).*

Die Massenbewegung der Katharer hatte Ende des 13. Jhs. ihre Bedeutung verloren, in Deutschland bereits um 1230. Auch gegen Waldenser wurden ab 1300 nur mehr vereinzelte Prozesse geführt. Die Verfahren gegen John Wiclif (um 1330-1384) und Jan Hus (um 1370-1415) sind zu nennen. 1518 wurde der Ketzerprozess gegen Luther eröffnet, 1521 am Reichstag zu Worms die Reichsacht über ihn verhängt, die allerdings mangels Anwesenheit der Mehrheit der Reichsstände nicht in Wirksamkeit trat. 1526 wurde dieses Wormser Edikt am Reichstag zu Speyer ausgesetzt und die Religionsspaltung faktisch anerkannt. Deshalb enthielt die Peinliche Halsgerichtsordnung Karls V. von 1532 (Carolina) keine Strafbestimmung gegen Ketzerei mehr – im Gegensatz etwa zu der Bambergischen Halsgerichtsordnung von 1507 (Bambergensis), die Ketzerei noch mit dem Feuertod bedroht hatte. Allerdings ist darauf hinzuweisen, dass auf dem Speyerer Reichstag von 1529 im Wiedertäufermandat die Todesstrafe für die Personen angedroht wurde, die sich der Wiedertaufe unterzogen oder ihrem Kind die Taufe verweigerten. Ausdrückliches Vorbild war das römische Recht. Zu verhängen war die Strafe in einem Verfahren vor nur mehr den weltlichen Behörden. Das Verständnis der Häretiker (Ketzer), hier der Täufer, als Feinde war geblieben.

Die Teufelsbündner

Missetäter, wie Häretiker oder die zuvor genannten Magier, Traumdeuter usw., wurden nicht nur als Feinde aufgefasst, sondern es wurde diese Feindschaft mit dem Menschenfeind schlechthin, dem Satan mit seinen teuflischen Dämonen, in Verbindung gebracht. Hierin fand die christliche Vorstellung von der Missetat als einer bösen Handlung ihren Höhepunkt.

Für das Christentum war und ist das Böse weder ein unpersönliches Prinzip eines Negativen oder eines Nichts noch ein göttliches Subjekt, wie es die dualistischen Konzepte der Manichäer oder der Katharer meinten. Das Böse wurde auch nicht als ein negatives Moment im Gottesbegriff selbst gedacht. Der christliche Gott war nur gut und das Rechte, weshalb das Böse nicht zu ihm gehören konnte. Das Böse hatte daher keine eigentliche Wirklichkeit, konnte nicht aus sich heraus bestehen. Es konnte nur Realität als realer Schein sein, wenn bzw. weil es von Gott zugelassen war. Diese Zulassung wurde damit begründet, dass der nur das Gute wollende Gott auch das Böse nur als Weg zum Guten will. Damit könne der Mensch, indem er dem Bösen gegenüber den Glauben an Gott und die Liebe zu ihm zeigen und bestärken. Dies setzte die freie Entscheidung des Menschen als Ebenbild Gottes voraus. So wie die Entscheidung für das Gute nicht bedeutete, dass deshalb der Grund des Guten im Menschen und seiner Freiheit lag, so musste dies auch im gegenteiligen Fall der Entscheidung für das Böse angenommen werden.

Folgende Doppelseite, links: 1683 verbündet Daniel (wegen seines Berufes so genannt:) Sauschneider sich mit einem Teufel (namens Marcolphus). Ketzertafel 1660-62. Kloster Schlierbach (Österreich).

Folgende Doppelseite, rechts: Der Teufelsbündner Sigmund Ridler erzeugt durch Zauber einen Hagelsturm. Ketzertafel 1660-62. Kloster Schlierbach (Österreich).

Daniel Saüschneider Ergibt sich Ao: 16
am Sonnabendtag Zü braünaü in baÿrn in eine
garten Vor Der Sonne aüfgang:/ Dem Teü
genant Marcolphus mit Leib vnd
Seel!

Ridler Weber Machet Dürch anlehrung
seines geists ein Beütchel, Worein er
einen PARTICUL von Der Hlgen: Hostj,
gethan und Machet damit Vierzig
Schaur wetter.

◀ *Eine Hexe lähmt durch einen vergifteten Pfeil einen Mann. – Zwei Hexen erzeugen durch Zauber ein Unwetter. Ulrich Molitor, Tractatus de laniis et phitonicis mulieribus. Ulm 1489.*

▶ *Eine Hexe schlägt eine Axt in einen Türpfosten, aus dessen Stiehl dann die Milch einer dadurch geschädigten Kuh (links im Hintergrund) fließt. Johann Geiler von Kaysersberg, Die Emeis, Straßburg 1516. – Ein Mann beobachtet zwei Hexen vor und bei dem Flug durch die Luft. Thomas Erastus, Deux Dialogues touchant le pouvoir des sorciers: et de la punition qu'elles meritent. Genf 1579.*

Der Grund des Bösen musste außerhalb des Menschen liegen. Von daher bedurfte es eines Bösen, das ihn zu dieser Entscheidung verführte, seine Schwäche ausnutzte, was deshalb möglich war, weil der Mensch immer auch als Leib und damit als endlicher Geist geschaffen war. Diese Verführung geschah durch Sprache, durch Rhetorik, weshalb es erforderlich war, eine böse Person, also „einen" Bösen zu denken.

Man dachte ihn als einen von Gott geschaffenen reinen Geist (Engel), der die allumfassende Kenntnis Gottes und der Wirklichkeit als göttliche Schöpfung hatte. Dieser Engel konnte in seiner absoluten, nicht durch Leiblichkeit geschmälerten Freiheit sich für Gott und dessen Lobpreisung oder gegen Gott entscheiden. Letzteres musste zugleich die Entscheidung für die Ablehnung der Schöpfung sein und betraf deshalb in tiefstem Grunde auch ihn als Geschöpf. Von daher war dieser Engel – man sah ihn als Lucifer (Lichtträger) mit seinen englischen Kumpanen, die sich gegen Gott stellten und schließlich aus dem Himmel gestürzt worden waren – ein Selbstwiderspruch, eine Un-Person, ein Un-Wirkliches, ein Geschöpf, das sich gegen die Geschöpflichkeit entschieden hatte und so Gott selbst sein wollte, ohne es sein zu können. Deshalb strebten die gefallenen Engel, die man im 13. Jh. hierarchisch unter einem Herrn (Satan oder einfach: Teufel) anordnete, nicht nur nach Zerstörung der Schöpfung, sondern auch nach einem Verhältnis mit dem Menschen, das in Anbetung bestand. Sie gaukelten dem Menschen eine göttliche Macht vor, verführten ihn zum Abfall von seinem Glauben und damit zu bösen und die Schöpfung schädigenden Handlungen. Sie waren Versucher und Führer zum Verderben – freilich nicht aus eigener Macht, sondern aus der bereits genannten Zulassung Gottes. Eigentlich hatte ein Teufel gegenüber dem wirklich Gottgläubigen keine Chance. Er war nicht der Widersacher Gottes, sondern der Feind des Menschen.

Doch je weniger die Menschen ihrem Gott vertrauten, je mehr sie sündigten und von ihm abfielen, aber auch je mehr sie ihre Schwäche und Verführbarkeit (Sündhaftigkeit) erkannten, desto größer wurden der Einfluss und die Macht des Teufels und desto größer die Angst vor seinen Machenschaften. Man kann auch sagen: Je mehr sich die Menschen ihrer Freiheit und Subjektivität bewusst wurden – eine Entwicklung, die im ausgehenden 10. Jh. einsetzte –, desto mächtiger wurde der Teufel. Es ist daher kein Zufall, dass die Katharer sogar zu einem dualistischen Konzept fanden, das dann durch ihre Erfolge auf sie selbst zurückfiel. Denn diese Aufwertung des Teufels führte dazu, dass die Ketzerverfolger diese Feinde zunehmend

als Kinder, Beauftragte, Werkzeuge, Diener, Verbündete dieses Teufels ansahen. Die Christengemeinschaft nahm nun die Gefahr einer entstehenden Teufelskirche an, in der der Teufel als Gott verehrt wurde und die sich als Gegenkirche etablieren wollte. So wurde in der Praxis der Dualismus übernommen und die Welt als Ort des Kampfes gegen den Teufel für den einzigen Gott angenommen. Oft mussten die Theologen die Zulassung des Teufels durch Gott in Erinnerung bringen, weil die Angst oder die Wut sie zu schnell in Vergessenheit geraten ließ.

Die Sammlung des protestantischen Zürcher Geistlichen Johann Jakob Wick (1522-1588), die dieser von 1560 an anlegte (berühmt als „Wickiana"), zeigt dieses Teufelsverständnis seiner Zeit überdeutlich. Der Teufel war überall und verführte die Menschen zu bösen und schädlichen, verderblichen Handlungen. Er gab in durchaus handfester Weise den verbrecherischen Willen ein, so als wäre der Mensch von sich aus willenlos, daher auch zu keiner freien Entscheidung fähig. Der Streit um die Willensfreiheit erregte damals in hohem Maße die gelehrte Welt. Die Auseinandersetzung zwischen Erasmus von Rotterdam (1465-1536) und Martin Luther (1483-1546) ist nur eines der vielen Beispiele. Freilich ging es nicht um Hirnforschung oder Genetik, sondern um die theologischen Fragen, wie etwa die menschliche Freiheit mit der göttlichen Allwissenheit zu vereinbaren sei oder in welcher Weise eine Erlösung des Menschen gedacht werden könne.

Erasmus trat für die Wahlfreiheit ein, wonach der Mensch die Fähigkeit habe, sich zwischen Gut und Böse zu entscheiden, und daher durch seine Werke gerettet werden könne. Auch in juristischen Quellen findet sich diese Theorie bildlich veranschaulicht. Meistens wurde dabei auf die Situation der Eidesleistung abgestellt. Der Mensch steht zwischen dem Engel und dem Teufel. Ersterer ermahnt ihn zur Wahrheit, letzterer rät ihm zur falschen, ihn aber besserstellenden Aussage.

Luther setzte dem seine Lehre vom unfreien Willen entgegen. Der Mensch sei in der Sünde so verstrickt, dass er „dem Reiche Satans dienstbar" sei. Nur durch die Gnade Gottes könne er das Gute wollen und erlöst werden, doch müsse er sich dann eben Gott ausliefern und von ihm beherrscht werden: „So ist der menschliche Wille in eine Mitte gesetzt wie ein Lasttier; wenn Gott daraufsitzt, will er und geht, wohin Gott will [...]. Wenn der Satan daraufsitzt, will er und geht, wohin der Satan will. Und es liegt nicht in seinem freien Ermessen, zu einem der beiden Reiter zu laufen oder ihn zu suchen, sondern die Reiter selbst kämpfen darum, ihn festzuhalten und zu besitzen."

Lucas Cranach stellte in seiner 10-Gebote-Tafel, gedacht für den Gerichtssaal im Wittenberger Rathaus, die Szene der Eidesleistung als Illustration des 8. Gebots in diesem Sinne dar. Hinter dem einen Aussagenden steht der Engel, hinter dem anderen der Teufel. Eine Entscheidung ist nicht denkbar. In den anderen Tafeln beherrscht der Teufel den Sünder. In anderen Darstellungen führt der Teufel sogar die tödliche Waffe des Mörders. Im Ergebnis ähnelten sich die unterschiedenen Positionen in diesem Streit durchaus. Denn auch wenn der Mensch sich für Gut oder Böse, Engel oder Teufel entscheiden konnte – in letzterem Fall beherrschte der Böse den Sünder in vergleichbarer Weise. Er sitzt deshalb

▲ *Drei Hexen tanzen mit ihren teuflischen Buhlen am Sabbat und werden am 13. September 1574 in Bremgarten verbrannt. – Hexen und Hexenmeister feiern Sabbat. Sie werden 1507 in Genf verbrannt.*

◀ *Am 1. Oktober 1561 lässt der Markgraf von Niederbaden in Röteln eine Frau als Hexe verbrennen, die ihre Tochter mit dem Teufel verheiraten wollte. Abbildungen aus: Johann Jacob Wick, Nachrichtensammlung. 1560 bis 1587 (F 12, f. 251v; 23, f. 399; F. 19, f. 147v).*

ebenfalls auf dem Betreffenden und lenkt ihn. Die Entscheidung bedeutet somit das Sich-Öffnen dem Einfluss des Bösen bzw. des Guten, im Ergebnis: Auch Gott als der Heilige Geist beherrscht und lenkt den sich ihm öffnenden Menschen.

Die faszinierendste Vorstellung ist das Bündnis des Menschen mit dem Teufel. In ihr ist der Mensch als freies Subjekt gedacht wie auch der Teufel, der deshalb bald seine tierische Gestalt verliert und schließlich als Mann mit Pferdefuß, Hörnern und Schwanz auftritt. Als rechtliche Vertragspartner treten sie einander auf der gleichen Ebene gegenüber. Dies schließt nicht aus, dass nach Vertragsabschluss der menschliche Teil beherrscht, ja sogar gequält wird: in Art einer unmittelbaren Sanktion für das Eingehen dieses Bündnisses, die der Teufel letztlich als Werkzeug Gottes durchführt, oder: als Kraft, die stets das Böse will, aber das Gute schafft. Nach der inneren Logik dieser Vorstellung allerdings bedeutet eine solche Gleichordnung von Mensch und Teufel, dass das Böse nicht vom Teufel und von außen kommt, sondern bereits in dem Menschen als der Wille zum Bösen liegt, weshalb er sich auch an den Teufel wendet.

Die bekannte Gestalt des Dr. Faustus ist der Typ dieses aktiven, auch nach verbotenem Wissen und daher nach dem Bösen trachtenden Menschen, der sogar die Macht gelernt hat, den Teufel zu beschwören. Im Ergebnis erweist sich ein solcher Mensch selbst als teuflisch, was zur Verinnerlichung des Bösen führt, die unser Denken heute bestimmt und es schwer macht, einen solchen Teufel zu denken.

Schon der Kirchenvater Augustinus (354-430) dachte sich das Verhältnis der Dämonen zu dem sie verehrenden abergläubischen Menschen in Form eines „quasi-pactum“. Die aus dem Paradies vertriebenen, daher unwissend gewordenen, unglücklichen, in Not befindlichen Menschen würden sich an diese gefallenen Engel um Rat und Hilfe wenden, indem sie bestimmte Mittel und Verrichtungen als „Zeichen" einsetzten. Diese würden von den Dämonen verstanden, die trotz Leiblosigkeit nach einer solchen Anbetung streben, da sie ihnen eine gottähnliche Stellung verschafft. Sie könnten dann aufgrund ihres überlegenen Wissens tatsächlich Hilfe gewähren oder zumindest betrügerisch vorgaukeln. Augustinus ging in diesem Sinne von „Kommunikationsverträgen" (Dieter Harmening) aus, die den abergläubischen Menschen die Erfüllung ihrer Wünsche oder Hoffnungen vortäuschen würden.

Der berühmte „Canon episcopi" (906) im Sendhandbuch Reginos von Prüm für das Bistum Trier nannte in diesem Sinne die Vorstellungen mancher Frauen, in der Nacht mit der heidnischen Göttin Diana auf wilden Tieren durch die Welt zu reiten und dieser Herrin zu dienen, für eine vom Teufel herbeigeführte Wahnfantasie, die aber nur solche Frauen haben könnten, die sich dieses Geschehen eigentlich wünschen. Deshalb seien sie aus der christlichen Gemeinde zu weisen. Thomas von Aquin (1225-1274) verrechtlichte diese Vorstellung und unterschied einen ausdrücklichen von einem stillschweigenden, durch die Vornahme bestimmter Handlungen geschlossenen Pakt, die er als Realität ansah. Der Mensch versprach Leib und Seele dem Teufel, der dafür Vorteile im Leben zusagte. In jedem Fall lag ein Verstoß gegen das 1. Gebot des Dekalogs – „Du sollst neben mir keine anderen Götter haben!" – und damit eine Todsünde vor.

Diese Vorstellung passte zu den Ketzern, Magiern, Wahrsagern und Beschwörern, die man ohnehin den Dämonen zuordnete. Diese mussten einen solchen Pakt mit dem Teufel geschlossen und sich darin zur Schädigung der Schöpfung Gottes und zur Etablierung einer teuflischen Gegenkirche verpflichtet haben. Als Gegenleistung erwarteten sie sich materielle Vorteile (Geld oder Macht), aber auch sonst alles, was sündhaft begehrenswert war, wie üppiges Essen, wildes Tanzvergnügen, sexuelle Befriedigung in einer nicht gottgewollten Form, also als Ehebruch, Inzest, homosexueller Verkehr oder Sodomie.

Die Ketzerversammlungen dachte man sich als „Sabbat" oder „Synagoge" – darin kam die in Bezug auf Aberglauben angenommene Vergleichbarkeit mit dem jüdischen Gottesdienst zum Ausdruck – und malte sich ein verwerfliches, abstoßendes, aber zugleich faszinierendes Fest aus, in dem verglichen mit der christlichen Messfeier alles in verkehrter Weise zu geschehen hatte: Küssten die Christen dem Bischof den Ring, so die Ketzer den After des Teufels, der obendrein als Bock oder Kater auftrat und mit dem sie auch widernatürlichen Geschlechtsverkehr ausübten. Während sich die Christen in ihren Gebeten geistig zu Gott erhoben, bestiegen die Ketzer dämonische Tiere und flogen leibhaftig durch die Luft. Bis in Einzelheiten galt die verkehrte Welt. So tanzten die Ketzer in verkehrter Haltung (mit Linksdrehung); es gab kein Salz zu den Speisen, die zum Teil schrecklich schmeckten; der Geschlechtsverkehr mit dem Teufel schmerzte, da sein Glied eiskalt und spitz war, konnte es doch kein Leben erzeugen, usw. Freilich finden sich solche Schilderungen in den Geständnissen der Hexenleute, die nämlich im 15. Jh. die Nachfolge der Ketzer antraten. Denn vor allem nach dem Konzil von Basel (1431-1449) bildete sich eine neue Missetat heraus, in der die traditionelle Vorstellung der Schadenszauberei mit dem Ketzerbild verschmolz.

Immer schon war die Schädigung durch Zauberei ein Gegenstand der weltlichen Gerichtsbarkeit gewesen, ging es doch um einen eindeutigen „Erfolg" im Sinne eines Schadens, der zu ersetzen und für den auch Genugtuung zu leisten war. Insofern stellte die zauberische Schädigung keinen Unterschied zu anderen Schadenshandlungen dar. Freilich wirkten die Vorstellungen, die man sich bezüglich dieser Zauberei machte, auf die soziale und rechtliche Praxis ein. Glaubte man bei dieser Magie an besondere Fähigkeiten oder an das spezielle Wissen eines Menschen, wurde der Betreffende gefährlicher und unberechenbarer, jedenfalls faszinierend, und auf der anderen Seite auch für die eigenen Zwecke einsetzbar, selbst in der umgekehrten Richtung eines Heilzaubers. Die Stellung eines solchen Zauberers war also durchaus ambivalent. Glaubten Geschädigte an seine Mitwirkung, konnte sich ihre Wut leicht in Gewaltaktionen (Lynchjustiz) gegen ihn entladen. Er konnte aber auch ein begehrter Helfer in den Alltagssorgen – bis hin zum Liebeszauber – sein oder auch gegen schädigenden Zauber anderer herbeigerufen werden, zumindest aber bei der Aufdeckung fremden Schadenszaubers helfen.

Legte man allerdings seiner Magie die Theorie vom Teufelspakt zugrunde, dann war die Situation stark zu seinem Nachteil verändert. Denn nun war selbst der helfende Zauber sündhaft und böse. Die Tätigkeit des Zauberers wurde nicht mehr am Er-

folg, sondern an ihrem inneren Unwert gemessen als der sich im Teufelsbündnis realisierende böse Wille. Dies zeigte sich bereits in den genannten harten Strafbestimmungen des römischen Rechts, das den Schadenszauberern (malefici) die Häretiker, Wahrsager, Traumdeuter usw. an die Seite stellte, ebenso wie in der „Treuga Henrici" (Heinrichs VII.) von 1224, die malefici, heretici und incantatores (Beschwörer) einheitlich mit der angemessenen Strafe – wohl dem Feuertod – bedrohte.

Auch der „Sachsenspiegel" (zwischen 1224 und 1230/31) sah das Verbrennen als Strafe für Ketzerei, Zauberei und Vergiftung vor, wobei sicherlich einerseits nur der Schadenszauber erfasst werden sollte, andererseits aber bereits die zauberische Herbeiführung dieses Schadens mit der Ketzerei zusammengestellt war. Vergleichbares galt für die „Bambergische Halsgerichtsordnung" von 1507, die zwar ebenfalls nur den Schadenszauber mit dem Tod bedrohte, aber „gleych der ketzerey" mit der Verbrennung. Die Peinliche Halsgerichtsordnung Karls V. von 1532 musste auf diesen Hinweis mangels Strafbarkeit der Ketzerei verzichten, blieb aber für Schadenszauber bei der Strafe des Feuertodes –, der traditionellen Ketzerstrafe. Daneben verbot die „Carolina" (wie auch die Bambergensis) überhaupt jeden Gebrauch von Zauberei: Selbst wenn niemand geschädigt würde, sollte der Betreffende „nach gelegenheit der sache" aufgrund eines Gutachtens im Aktenversendungsverfahren (Ratssuchen) bestraft werden. Was unter einer solchen „Zauberei" zu verstehen war, sagten diese beiden Gesetzbücher nicht. Doch zeigt die Verbindung zur Ketzerei deutlich, dass damit bereits das Umgehen mit dem Teufel gemeint war. In diesem Sinne hatte bereits das 1275 von einem oder mehreren Franziskanermönchen in Augsburg verfasste, im 17. Jh. „Schwabenspiegel" genannte Rechtsbuch für das Umgehen mit dem Teufel die Todesstrafe gesetzt. Dies war in der Sache durchaus konsequent, weil doch auch Ketzerei mit dem Tod zu bestrafen war. Aber stellte man auf Ketzerei ab, dann war für das Verfahren die Kirche zuständig und nur für die Vollstreckung die weltliche Macht.

Die Teufel spielen auf zum üppigen Mahl. – Der Teufelsbündner Sigmund Ridler nimmt die Hostie in den Mund, um sie auszuspucken und mit Füßen zu treten. Ketzertafel 1660-62. Kloster Schlierbach (Österreich).

Dadurch entstand eine Zweigleisigkeit. Zauberei als Ketzerei wurde von der Kirche im Rahmen der Inquisition verfolgt; wurde ein dadurch herbeigeführter Schaden behauptet, verfolgte das weltliche Gericht. Diese Teilung war von der Sache her mehr als künstlich, wenn man den Charakter des Teufels als des schädigenden Menschenfeindes schlechthin einbezog. Auch die Ketzer als Teufelsverbündete ließen sich doch auf dieses Verhältnis nur ein, weil auch sie schädigen wollten.

Der Unterschied bestand darin, dass sich die Ketzer als solche sozusagen im Vorfeld der Schädigung bewegten, sie noch planten und mit dem teuflischen Partner am Sabbat besprachen. Dagegen realisierten die Schadenszauberer (malefici) ihren bösen Willen bereits in äußeren Taten, die einen Erfolg hatten. Je mehr sich aber die Moralisierung des Strafrechts und die damit verbundene Vertiefung der Tat zu einer willensgetragenen und schuldhaften Handlung durchsetzte, musste der Gegensatz fließend werden. Denn nun war auch bereits der Versuch einer zauberischen Schädigung wie die vollendete Tat strafbar. Betrachtete man die Ketzerei überhaupt als Majestätsverbrechen an Gott, musste man ohnehin auf die Vorbereitungsphase abstellen. Bis heute ist der Hochverrat eine Vorfeldstraftat.

Deshalb drängte die Ketzerei notwendig zur Schädigung, die durch den Teufelspakt vorbereitet wurde. Die kirchlichen Inquisitoren wurden beauftragt, auch nach Zauberei zu suchen, die nach Ketzerei „rieche". Sie wurden auch fündig, weil viele Verhörte nicht nur von teuflischen Versammlungen und üppigen Festen erzählten, sondern auch auf Anfrage solche schädigende Taten gestanden. Die Berichte der Inquisitoren – vor allem Mitglieder des Dominikanerordens, die seit 1231 von Gregor IV. mit dieser spezifischen Ketzerverfolgung betraut worden waren – wurden umfassender und von den am Konzil von Basel versammelten Theo-

Die Missetaten und Hinrichtung des Werwolfs Peter Stump am 31. Oktober 1589 in Bedburg bei Köln. Flugblatt von Lucas Maier.

logen diskutiert. Im Mittelpunkt stand die Frage, ob diese gestandenen Ereignisse und Taten nur vom Teufel vorgegaukelte Wahnfantasien waren, wie es der „Canon episcopi" – der Bestandteil des Kirchenrechts geworden war – verkündet hatte, oder reale Phänomene seien. Der Streit blieb die gesamte Zeit bis in die Neuzeit bestehen. Beide Auffassungen wurden vertreten; dabei befürworteten manche Gelehrte, die für die erste Variante eintraten, dennoch die Bestrafung, weil schließlich die Betreffenden an die Realität geglaubt hätten – war doch der böse Wille Grund der Strafbarkeit.

Viel Erfolg hatte das Buch, das der an sich gescheiterte Dominikanerinquisitor Heinrich Kramer (latinisiert: Institoris) 1487 unter dem Titel „Malleus Maleficarum" (Hexenhammer) veröffentlichte. Darin versuchte der Autor die Realität auch des Schadenszaubers zu begründen. Deshalb sei, für dieses neue Verbrechen der Hexerei, für das er vor allem die sexgierigen alten Frauen verantwortlich machte, die weltliche Macht zumindest auch zuständig. Diese Theorie übernahm der pfalz-neuburgische Landvogt Ulrich Tenggler in der 2. Auflage seines „[Neü] Layenspiegels" von 1511. In diesem sehr populären und wirkungsmächtigen Buch wurde das neue Verbrechen der Hexerei (begangen von den „unholden") in Wort und in Bild in einem Holzschnitt des Hans Schäufelin vorgestellt. Man spricht vom „elaborierten Hexereibegriff" der Theologie, der hier seinen Niederschlag auch in einem juristischen Buch fand.

Die eindrucksvolle Illustration zu Beginn dieses Kapitels, zeigt auf den ersten Blick diese Verschmelzung der traditionellen, aus dem römischen Recht stammenden Ketzerei, Wahrsagerei, Beschwörung mit den Untaten dieser Hexen unter dem Titel „Von kätzerey, wa[h]rsagen, schwartzer kunst, zauberej, unholden etc." Im Mittelpunkt stehen zwei Männer, unten ein Dämonenbeschwörer im zauberischen Kreis mit Schwert und Zauberbuch, darüber ein Schwarzkünstler (nicromanticus), der – wie der Teufel auf seinem Kopf zeigt – Teufelsbündner ist und offensichtlich einem Kunden aus der Hand liest (Chiromantie). Diese Tätigkeiten sollten nur mit dem Feuertod erfasst werden, wenn sie mit dem Teufelspakt verbunden waren. Die übrigen Formen der Magie – vor allem der bei den landschädlichen Leuten besprochenen Volksmagie – sollten nur nach „Gelegenheit der Sache" bestraft werden. Die beiden Männer werden von sechs Frauen eingerahmt, die die Untaten der neuen Hexensekte zeigen. Darunter fallen drei Formen des traditionellen Schadenszaubers. Unten links die – wie das Opfer rechts unten zeigt – erfolgreiche Lähmung eines Menschen durch einen umgedrehten Pfeil aus dem Zauberbogen (Hexenschuss), die fliegenden Haare der jüngeren Frau zeigen die Wildheit und Zügellosigkeit der Täterin; darüber der Wetterzauber, den die alte Frau mit Reitgabel und Knochenstücken im Kessel mit Tieren (Schlangen, auch Hähnen) durchführt; rechts unten der Milchzauber mithilfe des darüberfliegenden Dämons, bei dem eine Axt in einen Stamm oder in den Stallbalken geschlagen wurde, aus dem dann die Milch floss, wodurch die Kühe zugleich körperlichen Schaden erlitten. Zusätzlich zeigt das Bild die zwei neuen Inhalte des Hexereiverbrechens: ganz oben eine alte und eine junge verheiratete Frau auf einem Zaubertier beim Flug durch die Luft und rechts darunter eine verheiratete Frau beim geschlechtlichen Verkehr mit dem Teufel, eine Aktion, die den Teufelspakt bekräftigte. Dieser Beischlaf erfolgt in einer sündhaften Stellung – nämlich die Frau auf dem Mann liegend, die man Lilith, der ersten Frau Adams, zusprach. Nach der Theorie wurde bei diesem Akt der Teufel bei Frauen als Incubus (Einliegender) und bei Männern als Succuba (Unterliegende) tätig. Es fehlt nur die Darstellung des Sabbats. Doch zeigt die im unteren Teil erfolgende Verbrennung der Frauen – links daneben Ulrich Tenggler mit Richterstab und neben ihm sein Sohn Christof, Theologieprofessor aus Ingolstadt, der vielleicht für diese Neuauflage und die Einbeziehung des „Hexenhammers" verantwortlich war – ihre Zusammengehörigkeit als neue Hexensekte, zu der dann ein solcher Sabbat gehört.

Es war nur eine Frage der Zeit, bis diese Verbindung mit dem Teufel nicht nur in theologischen Traktaten und in privaten Rechtsbüchern, sondern auch in offiziellen rechtlichen Vorschriften in den Vordergrund trat. Die Ausgabe des „Sachsenspiegels" von 1528 enthielt schon bei der Strafbestimmung gegen Ketzerei, Zauberei und Vergiftung den wahrscheinlich von 1510/20 stammenden Zusatz „dy mit wa[h]rsagern und mit segene und mit bösen umbgehen". Damit erscheint hier der erste – auch in der Rechtspraxis angewendete – Straftatbestand, der diesen elaborierten theologischen Hexereibegriff des Teufelspaktes in das Recht umsetzte. Der neue elaborierte Begriff kam der Willenslehre des lutherischen Protestantismus sehr entgegen, die die Werkgerechtigkeit ablehnte. Dies zeigt sich in der sechsten Landesordnung für Württemberg von 1567, die neben der Schadenszauberei jeden, der

„sich mit dem Teuffel, zu Nachtheil und Beschädigung der Menschen, in Bündnuß einlassen" hat, nach Gelegenheit der Sache bestrafen wollte.

Sicherlich war für diese Verschärfung der Strafbestimmung auch die von der Reformation betonte Geltung des Alten Testamentes als der maßgebenden Rechtsquelle von Bedeutung. Im 2. Buch Mose (Kap.22) konnte man lesen: „Die Zauberer sollst du nicht leben lassen"; im 5. Buch Mose (Kap.10 - 12) wurden Beschwörer, Wahrsager, Zeichen- und Traumdeuter, Totenbefrager, wie die „Hexe von Endor" genannt, die „dem Herrn ein Greuel" seien. Den letzten Schritt dieser Entwicklung setzte dann 1572 die Kursächsische Kriminalordnung in den „Konstitutionen", in denen die Feuerstrafe für dieses bloße, noch nicht tatsächlich schädigende „Umgehen oder Sich-zu-Schaffenmachen mit dem Teufel" und „Aufrichten eines Teufelsbündnisses" vorgesehen war.

Daneben sollte der – offensichtlich ohne Teufelspakt handelnde – Schadenszauberer enthauptet werden, wie auch Wahrsager, Kristallseher, Deuter, sofern sie mit dem Teufel Gemeinschaft hielten. Die vielen Formen der Volksmagie bestrafte man nach Polizeiordnungen mit Gefängnis, Staupenschlag (Auspeitschung), Prangerstehen oder Landesverweisung. Dieser neue Straftatbestand wurde auch in katholischen Ländern übernommen. In der Praxis ergänzte er auch die auf Schadenszauber abstellende Vorschrift der Peinlichen Halsgerichtsordnung Karls V. von 1532. Auf die Konsequenzen für das Verfahren und die Folter ist im 3. Kapitel hingewiesen.

Ein letzter Inhalt des elaborierten Hexereibegriffs fand sich in dem Holzschnitt des Hans Schäufelin im „Layenspiegel" nicht. Er wurde auch ausdrücklich in keine gesetzliche Bestimmung aufgenommen. Eigentlich war er die letzte Konsequenz der Vorstellung des Verräters und Feindes des Menschengeschlechts: nämlich die Verwandlung in ein schädliches Raubtier, vor allem in den Wolf. Dass ein Mensch durch göttlichen Fluch oder zauberische Tat in einen Wolf verwandelt wurde, war und ist Inhalt vieler Erzählungen seit altersher. Man denke nur an den griechischen Lykurg, an den Werwolf bei Marie de France, an den „Steppenwolf" von Hermann Hesse oder an den Werwolf in Joanne K. Rowlings Harry-Potter-Romanen. Rowling kennt aber auch den „Animagus", also einen Zauberer, der sich durch seine Kunst in einen Wolf verwandeln kann – wie auch die Wälsungen in der Saga und bei Richard Wagner.

Regula Meyer und Verena Trost kochen 1574 mit dem Teufel zusammen ein Wundermittel. Johann Jacob Wick, Nachrichtensammlung. 1560 bis 1587 (F 23, f. 408). – Am 15. Oktober 1580 wird in Genf ein Mann mit glühenden Zangen gezwickt und dann gerädert für Untaten, die er als Wolf begangen hat. Johann Jacob Wick, Nachrichtensammlung. 1560 bis 1587 (F 29, f. 167v).

Ob dies überhaupt möglich sei, wurde historisch von den Theologen strittig diskutiert. Denn immerhin übersprang man damit einen in der Schöpfung Gottes vorgesehenen Artenunterschied. Meistens ging man davon aus, dass der Mensch nur die tierische Gestalt annahm, aber seinem Wesen nach Mensch blieb, daher auch z.B. auf beiden Beinen aufrecht ging und vor allem weiterhin seinen bösen Willen hatte und realisieren konnte.

Andere Theoretiker gingen von teuflischen Wahnfantasien aus, wie im „Canon episcopi" geschildert. Jedenfalls nahm man die Mitwirkung des Teufels an und legte deshalb einen Teufelspakt zugrunde. Im 16. und 17. Jh. wurden zahlreiche Menschen, vor allem Männer, dafür hingerichtet, dass sie als Wölfe oder in Wolfsgestalt vor allem Kinder, aber auch Erwachsene angefallen, getötet und deren Fleisch gegessen, auch mit Wölfinnen geschlechtlichen Verkehr gehabt hätten.

Weiblichen Hexen schrieb man manchmal die Verwandlung in Katzen zu. Allerdings muss gesehen werden, dass diese Vorstellung der Tierverwandlung auch so sehr die Fantasie erregte, dass gerne Berichte in Wort und Bild (als Flugblatt) erfunden und als Realität ausgegeben wurden. Dies trifft wahrscheinlich auf die Geschichte des Peter Stumpp (Stubbe, Stupe) zu, die in zahlreichen Flugblättern in Deutschland und England verbreitet wurde.

Danach soll am 31.10.1589 in Bedburg bei Köln ein Mann mit seinen beiden Töchtern auf grausamste Weise hingerichtet worden sein, der unter Folterdrohung Folgendes gestanden habe: Seit seinem zwölften Lebensjahr habe er Schwarzmagie betrieben, außerdem habe er vom Teufel einen Gürtel erhalten, mit dessen Hilfe er sich in einen Wolf verwandelte und in dieser Gestalt habe er mehr als 14 Menschen, darunter auch ein eigenes Kind, getötet und gegessen, zudem habe er mit den beiden Töchtern Inzest, daneben Ehebruch und geschlechtlichen Verkehr mit einer teuflischen Succuba gehabt. Eine Geschichte, so faszinierend, dass sie immerhin die beiden Metal-Bands Macabre und Pandemonic zu Songs inspirierten.

Die Strafen

Die Darstellung der Strafen kann in vielem an bereits Gesagtes anknüpfen. Im Mittelpunkt standen die Todesstrafen, deren blutiger und grausamer Vollzug in der Frühen Neuzeit in Hinrichtungsfesten als „Theater des Rechts" zelebriert wurde. Doch bereits das frühe Mittelalter kannte Todes- und Körperstrafen. Allerdings veränderte sich mit der Rezeption des römischen Rechts ab dem 11. Jh. und vor allem durch die Ausbildung eines neuen moralischen Verständnisses der menschlichen Handlung der Charakter der Strafen. Sie waren zunehmend Reaktionen auf die Schuld des Missetäters, nahmen auch manche Folgen in einem Jenseits nach dem Tode vorweg. Es wird auch deutlich, dass im Kampf gegen die gefährliche Kriminalität der sich ausbildende Staat harte Maßnahmen zur Herstellung der „guten Policey" anordnete.

Die christliche Obrigkeitenlehre führte darüber hinaus zu Versuchen, durch rechtliche Vorschriften und Sanktionen ein gottgefälliges Leben der Untertanen herbeizuführen. Dadurch entstanden eine Reihe von Strafen, die nicht mehr auf Tötung von Verbrechern durch abschreckende Gewaltaktionen, sondern auf Erziehung ausgerichtet waren. Diese sollten durch Schmerzzufügung oder Freiheitsentzug zur Besinnung und Verhaltensänderung führen, sofern sie nicht bereits durch ihren Drohcharakter warnen und mahnen wollten. Die im 2. Kapitel dargestellte lebenspraktische Dimension des frühen Rechts führte zu den Schand- und Ehrenstrafen, die die Vielfalt der damaligen Strafen vervollständigten.

Lambertus Sanikelenhovet muss die Treppe des Strafgeräts der Wippe hochsteigen, das am Teich in der Stadt Soest errichtet ist. Erreicht er die Stufen jenseits der Mitte, kippt die Wippe und wirft ihn schmerzhaft ins Wasser.

Die schadenfrohe Miene der Zuschauer zeigt den Charakter einer Schandstrafe, die für kleinere Vergehen bis in das 19. Jh. verhängt wurde. Nequambuch. 1315-1421. Soest, Stadtarchiv.

Die Grausamkeit

Lässt man die Ausführungen und die Abbildungen dieses Buchs Revue passieren, dann wird mancher wohl von Grauen und Abscheu gepackt wegen der Grausamkeit und Brutalität, die hier Menschen gegen andere Menschen ausgeübt haben. Zwar sehen wir darin nicht mehr nur eine Eigenart des „finsteren" Mittelalters, wie es noch die Aufklärung in ihrem Bemühen um Abgrenzung zu ihrer eigenen „lichtvollen" Zeit versuchte. Denn wir haben im 20. Jh. ein noch größeres Ausmaß an Gewalt, Zerstörung und Menschenvernichtung erfahren müssen. Freilich kann trotzdem das Urteil über das frühere Straf- und Polizeirecht nur verurteilend ausfallen: als Unmenschlichkeit und Barbarei, noch dazu im Namen des Rechts, selbst im Namen des Gottes, der das Rechte liebt.

Schon ein erster Blick auf die Zusammenstellung der einzelnen blutigen Strafen, wie sie ein Holzschnitt im „Layenspiegel" des Ulrich Tenggler (1512) bietet oder wie sie der Zwickauer „Codex statutorum" aus dem Jahre 1348 enthält, führt zu diesem Urteil, das sich noch verstärkt, wenn man sich den einzelnen Strafen im Besonderen zuwendet. Da wurden Menschen in der Art des Metzgerhandwerks abgeschlachtet und zerstückelt, ihre Reste auf Galgen gehängt oder angenagelt oder verbrannt. Sie wurden bei lebendem Leibe mit glühenden Zangen gezwickt. Beim Rädern wurden ihre Knochen in brutaler Weise zerschlagen. Der Geistliche oder die Marter daneben scheinen uns wie Hohn. Die Chronik des Christoph Silberisen (1576) schildert in Wort und Bild, wie der Ritter von Wart tagelang mit geschundenen Gliedern ins Rad geflochten litt und seine Frau weinend und betend neben dem Sterbenden saß. Wie konnte man nur in der lustvollen Erregung eines Volksfestes zusehen, wie Menschen verbrannt wurden und halb verkohlt an den Pfählen hingen?

Die Geschäftigkeit des Scharfrichters oder Henkerknechtes kann den Eindruck der Brutalität dieser Todesstrafe, durch die vor allem Tausende von Frauen als Hexen hingerichtet wurden, keineswegs mildern; im Gegenteil steigert sie die Brutalität durch die darin zum Ausdruck kommende moderne Rationalität und Sachlichkeit. Auch die heute so kindlich anmutende Darstellungsweise der vielen Bilder, vor allem in der Sammlung des protestantischen Zürcher Geistlichen Johann Jakob Wick (1522-1588), von ihm ab 1560 angelegt und als „Wickiana" bekannt, oder im Soester Nequambuch (1315 bis 1421), oder die „sanfte" Zurückhaltung, mit der die Bilderhandschriften des „Sachsenspiegels" aus dem 14. Jh. die Todesstrafen darstellten, können zumindest auf den zweiten Blick die Grausamkeit nicht verdecken, was sie sicherlich auch nicht beabsichtigten.

Manche Quellen scheinen dieser Einschätzung nahezukommen, wenn sie – wie etwa die Zwickauer Zeichnungen – den Scharfrichter und seine Knechte abstoßend hässlich darstellen, so als ob sie deren Tätigkeit abqualifizieren wollten. Doch ist am selben Ort häufig auch der hinzurichtende Missetäter in gleicher Weise zu sehen. Jedenfalls erscheint uns heute die frühere wirkliche Strafpraxis durchaus vergleichbar den Schreckensbildern der Fantasie etwa des älteren Pieter Breughel (um 1525/30-1569), der im Jahre 1562 den „Triumph des Todes" gemalt hat.

Dieses Urteil der Unmenschlichkeit ist das einzig mögliche. Und trotzdem geht es in eine falsche Richtung, wenn man es nur in einer negativen, verurteilenden Bedeutung nimmt. Denn zum Verständnis dieser Handlungen ist es erforderlich, nach dem Grund solcher Unmenschlichkeit zu fragen.

In gewisser Weise schließt sich dann der Bogen zum 1. Kapitel. Denn der Grund für diese Unmenschlichkeit liegt darin, dass es damals letztlich bei allen Veränderungen im Einzelnen wesentlich nicht um den Menschen ging. Man konnte, ja man musste unmenschlich sein, weil es zutiefst um Gott und um die Beziehung zu ihm als dem vergeltenden Gott des Alten Testaments ging. Dies darf nicht nur psychologisch von einem subjektiv-innerlichen Glauben aus gesehen werden. Freilich lässt uns dieser religiöse Hintergrund z.B. die Einstellung der damaligen Menschen zum Tod oder zu den Schmerzen besser verstehen.

Viele gingen davon aus, dass Gott ihnen die Schmerzen – wie einst dem Hiob – zur Prüfung ihres Glaubens auferlegt habe. Sie stimmten auch einem Quälen ihres Leibes zu, um damit ihre Seele zu stärken und zu reinigen. Es wird in diesem Sinne berichtet, dass manche Missetäter den Scharfrichter um besonders qualvolle Behandlung baten, um so das ewige Seelenheil zu erlangen. Allgemein spricht auch vieles dafür, dass die damals Lebenden die Grausamkeit der Hinrichtung nicht in einer für uns vergleichbaren Weise empfunden haben, weil sie von tiefem Sündenbewusstsein erfüllt und daher offen für Qualen waren. Man dachte stets auch an das alle treffende göttliche Gericht, das mit der Verdammung ewige Qualen bereiten könne, die

Dieser Holzschnitt zeigt das System der zeitgenössischen Sanktionen: Todesstrafen, Verstümmelungsstrafen, Strafen zu Haut und Haar (Stäupung). Ulrich Tenggler, Der neü Layenspiegel. Augsburg 1512, f. 173v und 174r.

jene der Hinrichtung bei Weitem übersteigen würden.

Aber man muss über das Psychologische hinausgehen. Das gesamte frühere Leben war – mit unseren Augen gesehen – vergleichbar einem Spiel. Es war dramatisch, eine zeremonielle Handlung. Denn alles stand im Zeichen des letztendlichen Triumphes des Guten, des guten Gottes, der das Rechte liebte. Deshalb wurde eigentlich kein Missetäter hingerichtet, sondern es wurde feierlich der Sieg über das Böse zelebriert, was zugleich Anlass eines freudigen Festes war. Und auch weil die Menschen auf diese Weise den durch die sündhafte Missetat als beleidigt betrachteten Gott wieder besänftigen und seine Vergeltungsmaßnahmen, wie Seuchen, Missernten, Hungersnöte, Geldentwertung, abwenden konnten. Der Sieg des Guten war noch herrlicher, wenn es gelungen war, den Missetäter selbst den Klauen des Satans zu entreißen: wenn er nämlich ein Geständnis abgelegt hatte. Denn damit hatte er zugleich dem Bösen abgeschworen und zurück in die Gemeinschaft der Gläubigen gefunden. Es ging im Strafrecht auch um sein Seelenheil. Die Anwesenheit so vieler Menschen bei der Hinrichtung war nicht nur auf Sensationslust und Freude an der ein Rachebedürfnis stillenden Grausamkeit zurückzuführen. So wie man es für eine religiöse Pflicht hielt, an das Bett eines Sterbenden zu eilen, um für die Errettung seiner Seele zu beten, so eilte man zu den Richtplätzen.

Jedenfalls vermag die Berücksichtigung dieses religiösen Hintergrundes verständlich zu machen, warum das Strafrecht damals die Menschen zur Gänze ergriff und erregte, warum vor allem die

Folgende Doppelseite: Das Zwickauer Stadtrechtsbuch illustrierte die Strafbestimmungen: Lebendigbegraben und Zerstören des Tatortes (Haus) bei Vergewaltigung; Lebendigbegraben (zwischen Dornen) und Pfählen der Ehebrecher; Hängen bei schwerem, Stäupen bei leichtem Diebstahl; Rädern der Mörder und Räuber; Enthaupten der Totschläger und Friedensbrecher. Codex Statutorum Zwiccaviensium. 1348. Zwickau, Stadtarchiv (IIIx1.Nr.141, b, f.72r; 72v).

daz man dar abe brichit · daz ist
des gerichtes · di hoffestat der gemei
ne · also ab not wirt zu ienem bra
acht · selbe sibende · mit hanthafter
tat · oder ab er vluhtic wirt · vm
di not · so echte man in uffe sinen
hals · Entwichet er ab nicht · vn
kumet selber vur ungebunden vnd
ungevangen · er kumit da von mit
sin eins hant ·

D wer den andern beraubit sin
eren an siner hausvrouwen
begrift man si beide · mit der ware
tat · vnd begert man gerichtes dar
vber · so ist recht · daz man si beide
lebendic begrab · vnd sol zwu burde
dorne haben · ein legen vnder si · vn
ein vber si · vnd einen phale dur
che si · slahen · vnd denne daz grap
zu werfen · Begrift ouch ein ma
einen andern bi sinem wibe · vnd
slet si beide zu tode · des sol er kegen
dem richter vnd kegen den vreunde
ane not bliben · vnd ane schaden
ist daz er dar vmme nicht entwich
het · Wenne er den schaden getan
hat · so sol er zu hant zu dem richter
gen · vnd gerichtes muten volnert er
mit dem gerichte · so sol man vber di
toten richten in aller wize als si leben
dic weren ·

D wer den andern beraubit sines
kindes wider sinen willen ku
mit daz zu clage · man sol dar vme
richten · als vmme einen snazerenb

D wer dem andern tut weglage
begrift in dinne · vnd wirt mit
hanthafter tat · vnd mit geschrei vor
gerichte bracht · vnd wirt mit recht
vor wunden · man sal im sin houb
abe slahen ·

D aver dem andern drot · an sine
lip · oder daz er in bengstet hab
sines libis · also daz er in gedrungen
hat · mit gewapteter hant · es si mit
swerten · mit messern · mit kolben ·
ader was vboten wer ist · kumit daz

zu clage leukent es ienir · daz stet
zu sines eines hant · haben es aber
zwene schephen gehort und gesehen
so mac er da vor nicht gerichten ·
und so mus er dem ge cleger buzen
mit · xxx · sol · und burgen setzen di
sache nimmer mer zu anden · und ist
vorvallen dem gerichte · xxx · sol ·
Geschit es aber vor den vir benken
daz es der richter und di schephen
horen · so mus er imme y di clage
dem cleger buzen xxx · sol · dem richt
als vil · den vir schephen mit ein an
der also vil ·

Sprichit ein man vor gerichte
vrevliche daz einer meineide
si · daz sol er cleger richter und schep
fen vorbuzen als imme di drowe
di vor gescriben ist ·

Den diep sol man hahen mit
dem strange ader mit der wide
der da ubir sechs phenninge gestoln
hat · hat er abir minner wen sechs
phenninge gestolen · so richtet man
ubir in · zu hut und zu har · Stilt
abir ein man nachtes uf sechs phen
nic wert · man richtit mit dem strange
ditz selbe gerichte get ub unrechte mas
und ub valschen kouf · und ubir un
rechte gewichte · Jus. Prov. L. II Art. 13.

Alle mordere di den phluge ·
oder di mulen rauben · oder
kirchen oder kirchofe oder verretere
oder mortbrenner oder di ir botschaft
werben nach irem willen · di sol mā
alle radbrechen · Jus prov. L. II Art. 13.

Der einen zu tode slet · oder vech
wider rech/oder raubit oder bre
nit sunder mortbrant · ader di den
vride brechen · di sol man alle ent
helsen · eod. loco.

Aber ouch deube · oder raup ·
heldet · oder mit sterkit · oder mit
oder tat · dar zu tut · und wirt des
vor wunden · man richtet ubir in ·
als ubir den selpscholn · Ibid.

Swelich cristen man ungeloubit

◀ *Anton Löw wird 1584 wegen Beleidigung eines katholischen Priesters enthauptet. Johann Jacob Wick, Nachrichtensammlung. 1560 bis 1587 (F 32, f. 240v).*

▶ *Die Zürcher Besatzung wird 1444 durch den Scharfrichter von Bern enthauptet. Berner Chronik des Diebold Schilling d. Ä. 1474-1483 (Mss.h.h.I.2, f. 211).*

Hinrichtung ein echtes Fest darstellte, zu dem von nah und fern das Volk heranströmte. Dieser Hintergrund trat selbstverständlich bei den echten Religionsdelikten, wie Ketzerei, Hexerei, Blutschande und Sodomie, offen zutage. Es muss aber auch bedacht werden, dass im letzten Sinne alle Missetaten Verstöße gegen Gottes Ordnung darstellten – entweder unmittelbar oder mittelbar –, da sie gegen die von ihm eingesetzte und beauftragte Obrigkeit gerichtet waren. Auch die im Spätmittelalter entstehende Massen- und Elendskriminalität der Räuber-, Diebs- und Mörderbanden und der landschädlichen Leute machte davon nur bei oberflächlicher Betrachtung eine Ausnahme. Diese Missetäter waren eine Bedrohung nicht alleine von Leib, Leben, Hab und Gut der Menschen, sondern wesentlich eine Bedrohung der gottgewollten Ordnung, die auch den Schutz dieser „Rechtsgüter" umfasste.

Freilich ist auch anzuerkennen, dass der Vollzug blutiger und schmerzhafter Strafen bzw. das Mitfeiern dieses Strafvollzugs auch eine Abreaktion war, getragen von Hass und Verbitterung über das Gesindel, das einen selbst bei der Schwäche der Obrigkeit fortwährend in Furcht und Schrecken versetzte. Die Obrigkeit versuchte diese Schwäche durch besondere Härte und Brutalität auszugleichen, um zu zeigen, dass sie doch hart durchgreifen konnte und wollte. Sie sah in den gefährlichen Missetätern nur die Gefahrenquelle, die sie so schnell und effektiv als möglich absichern und ausschalten musste. Die Menschlichkeit der so behandelten Täter stand von vornherein bei diesen für Gesindel Erklärten nicht zur Diskussion, das Individuum zählte überhaupt nicht. Zwar wurde jedem Menschen wegen seiner Ebenbildlichkeit zum göttlichen Schöpfer eine Würde zuerkannt. Doch betraf diese eher die Stellung zu Gott selbst als zu den Mitmenschen. Die gefährlichen Subjekte waren bloß Gefahrenobjekte, die man „auszurotten" versuchte. Für Effektivität in dieser Hinsicht verzichtete die Obrigkeit sogar auf die feierliche Hinrichtung, die für solche schädlichen Leute auch zu teuer war. Man hing sie auf, so schnell man konnte.

Daneben darf man nicht vergessen, dass die Hinrichtung auch als „Theater des Rechts" eine Tötung war und blieb. Daher erhielt jedes Wort, jede Geste und jede Tat besonderes Gewicht an der „Schwelle vom Sein in dieser Welt in das Sein in einer jenseitigen Welt, das – je nach religiösem Verständnis – zwar schattenhaft, aber durch den Kontakt mit dem Göttlichen allgegenwärtig ist und deshalb den Überlebenden ebenso bedrohlich wie hilfreich erscheinen kann" (Walter Eder). Bei jeder Hinrichtung griffen Recht, Religion und Gewalt eng ineinander. Denn selbst der Vollzug einer rechtlichen Todesstrafe beseitigte niemals völlig das Tabu, das mit der verunreinigenden Wirkung der Tötung eines Menschen verbunden ist und auch damals war. In der Hinrichtung verbanden sich Gewalt und Recht ebenso wie Recht und Religion zu einer kompromisshaften Einheit, in der jede der drei Komponenten im partiellen Widerspruch zu den Inhalten der anderen geraten konnte.

So konnte leicht die Tötung eines Menschen zur Besänftigung des beleidigten Gottes in die Nähe eines Opfers, ja selbst zur Passion Jesu rücken. Das Bild von der Enthauptung im Soester Nequambuch, das diesem Buch nach dem Inhaltsverzeichnis vorangestellt ist, erinnert in den beiden Jungen im Baum stark an den im Neuen Testament geschilderten Einzug Jesu in Jerusalem. Auch die fromme, demütige Haltung des anmutig dargestellten Jünglings, des hinzurichtenden Missetäters, macht betroffen und erweckt Mitleid. Selbstverständlich wiesen die christlichen Theologen solche Vorstellungen zurück. Doch änderte dies nichts daran, dass sie sich – nun aber als distanzierter und belächelter „Aberglaube" – weiter entfalteten und auswucherten.

Alle Gegenstände der Hinrichtung, wie der Galgenstrick, das Schwert des Scharfrichters, vor allem das Blut des Enthaupteten, dem man heilende Kraft zuerkennen wollte, der Scharfrichter selbst, der Galgenplatz mit den seltsamen Pflanzen – etwa den Alraunen –, waren Gegenstand dieses Aberglaubens in der damit verbundenen Ambivalenz. Man konnte sie zu Heilzwecken gebrauchen; aber auch die Hexen bedienten sich ihrer, um mit ihrer Hilfe die schädigenden Zaubersalben zu brauen. Deshalb war die Ausbesserung oder der Neubau des Galgens meist ein ziemliches Theater. Die Handwerker zogen gesammelt, da jeder mitmachen musste, zum vorgesehenen Platz, die Ratsherren mussten in feierlicher Form die ersten Handgriffe setzen. Dann wurde der Galgen gemeinsam errichtet. In unserem Zusammenhang bedeutet dieser Aberglaube durchaus die Steigerung der Unmenschlichkeit in der Behandlung des Missetäters, vor allem seines Leichnams.

Der Scharfrichter

Im Mittelpunkt der Hinrichtung stand der Scharfrichter, dem eine bedeutende Rolle in dem „Theater des Rechts" zukam. Im Barockzeitalter wurden dafür eigene „Drehbücher" geschrieben, die auch den Hinzurichtenden einbezogen, der dann für das Mitmachen im Gnadenweg bestimmte Vergünstigungen erhielt. Vorgeschrieben wurde dem Scharfrichter manchmal ein auffälliges, gerne dunkelrotes oder schwarzes Kostüm; auch vom Tragen einer Maske wird berichtet. Vor allem bei der Enthauptung musste er die nicht nur menschlich, sondern auch technisch schwierige Handlung in ästhetisch gelungener Form durchführen, wollte er nicht in Gefahr geraten, bei Misslingen („Putzen" genannt) von der erzürnten Menge gewaltsam misshandelt oder gar getötet zu werden. Schutz vor diesen Lynchaktionen bot dann keineswegs das Friedensgebot, das der Richter ausdrücklich für die Hinrichtung aussprach, sondern allein der „Rabenstein", also die erhöhte Bühne, auf der die Enthauptung stattfand, mit einer Treppe, auf die der „Versager" sich zurückziehen konnte.

Die bildlichen Darstellungen machen diese Schwierigkeit des Schlages deutlich. Wer einmal ein Richtschwert heben konnte, kann ermessen, wie viel Kraft allein dazu gehörte, es mit großer Geschwindigkeit zum tödlichen Schlag, mit dem geköpft wurde, zu führen: „aus ihm in einem Schlag zwei Stücke machen, dass zwischen Haupt und Leib mag passieren frei ein Wagenrad." Der Scharfrichter von Bern tötete an einem Tag 72 Männer. Das macht klar, dass diese Tätigkeit nur ein berufsmäßig Ausgebildeter und Geübter ausführen konnte. Die Scharfrichter trainierten diesen Schlag an Kälbern und Hunden oder an aufgesteckten Kohlköpfen.

Bis zum 13. Jh. gab es einen solchen Stand der Scharfrichter nicht. Denn auch diese ausgefeilte Enthauptung war eine späte Erfindung. Die Bilderhandschriften des „Sachsenspiegels" aus dem 14. Jh. lassen eine einfache Form erkennen. Der Fronknecht hieb dem Betroffenen den Kopf ab, den dieser auf den Boden oder auf einen Block legen musste. Auch konnte ein Knecht des siegreichen Klägers den ihm übergebenen Verklagten mit Beil (Barte) oder Schlegel töten. Für das Hängen bedurfte es keines Spezialisten. Man legte dem Betroffenen einen Strick um den Hals und hing ihn an einen Baum oder Ast. Manchmal zogen alle Männer der Gerichtsherrschaft an einem solchen Strick.

Auch für die anderen Formen der Todesstrafe genügten Kaltblütigkeit, Brutalität und Kraft. Deshalb bediente man sich dafür ehemaliger Söldner, ja selbst begnadigte Gewalttäter konnten für diese Akte eingesetzt werden. Es wird in vielen Fällen von eher primitiven Gestalten berichtet, die mit viel Alkohol im Blut ihre grausige Tätigkeit vornahmen, meist mehr schlecht als recht. Erst im 13. Jh. finden sich Hinweise auf einen angestellten Scharfrichter, den man auch „Henker", „Freimann", „Meister Hans", „Kleemeister", „Züchtiger" nannte. Am ehrenvollsten war die Bezeichnung als „Nachrichter", also als der Amtsträger, der nach dem Richter den notwendigen Schlussakt des Rechtsverfahrens setzte. Vor allem die Reformation betonte diese wichtige und nicht entehrende Funktion.

Es ist daher schwer, allgemeine Aussagen über die Stellung dieser Menschen, die im Namen des Rechts töteten, aber auch auf Anweisung des Richters die Folterung durchführten, zu treffen. Zu unterschiedlich waren die Verhältnisse und die Personen, die diese Tätigkeit durchführten. Dass primitive, brutale Schlächter nicht angesehen waren, sondern als unehrliche Leute betrachtet wurden, liegt auf der Hand. Auch die sonstigen Tätigkeiten, mit denen sie betraut waren, nämlich das Abdecken der tot aufgefundenen Tiere oder das Hundefangen oder als „cloacarius", konnten sie nicht aufwerten. Daneben gab es aber – nicht nur, aber vorwiegend in den protestantischen Gebieten – Scharfrichter, die durchaus angesehen waren und auch in städtischen Diensten andere Aufgaben wahrnahmen. Sie konnten Bordellwirte sein oder die öffentlichen Spielveranstaltungen beaufsichtigen. Manche brachten es sogar zum Stadtmedicus, hatten sie doch durch ihre Arbeit an den Körpern der ihnen Ausgelieferten diesbezügliche Erfahrung. Auch im gerichtlichen Verfahren konnten sie eingesetzt werden. An manchen Orten hatten sie das Zetergeschrei über die gebundenen Missetäter zu erheben und sogar die Anklage am endlichen Rechtstag feierlich zu bestimmen. In einigen Städten durften sie die Art der Hinrichtung festlegen.

Diese Scharfrichter waren durchaus gebildet, konnten lesen, schreiben und rechnen. Sie hatten zahlreiches Personal, die für sie die niederen Tätigkeit – wie Hängen oder Rädern – ausführten. In manchen Fällen waren sie durchaus einem Handwerkermeister vergleichbar, der an der Spitze eines ansehnlichen Gewerbebetriebes stand. In ihrem Haus gingen die Eilboten der Obrigkeit ein und aus, und ihre Zeit sowie die der Hilfskräfte mussten sie meist für Wochen im Voraus einteilen. Sie hinterließen Tagebücher, aus denen wir viel Interessantes über ihre Tätigkeit erfahren – auch über ihr Selbstverständnis, das einen tiefen Ernst und das Gefühl einer Verantwortung zeigte. So weigerte sich der Nürnberger Scharfrichter erfolgreich, bei einer Verurteilten die Strafe des Lebendigbegrabens durchzuführen, da diese unmenschlich sei und zu Verzweiflung bei der Betroffenen führe.

Der Zürcher Bürgermeister, Ritter Hans Waldmann, wird in einem politischen Schnellverfahren nach erfoltertem Geständnis am 6. April 1489 auf der Hegnauermatte enthauptet. Luzerner Chronik des Diebold Schilling d. J. 1513, f. 148r.

Diese Scharfrichter hielten deshalb viel von ihrem Amt, auch dann, wenn sie von ihrer Umwelt schief angesehen wurden. Sicherlich war darin die Ausbildung einer Berufsideologie zu sehen, die als Gegenkompensation funktionieren sollte. Sie verstanden sich wie die Richter ebenfalls unmittelbar von Gott zu ihrem Amt berufen. Sie behaupteten eine eigene Zunft zu sein, hielten Zunfttage ab und verlangten eine strenge Ausbildung des Nachwuchses, der in der Regel aus der eigenen Familie kam. Gefordert war die Ablegung eines Meisterstücks, das meist in der Enthauptung bestand. Sie waren angesehene Bürger, die bei Prozessionen sogar die Fahne tragen durften. Einige – wie der Frankfurter Scharfrichter 1647 – erhielten einen Wappenbrief und die Lehnsfähigkeit.

Aus der unmittelbaren Nähe zum Todesgeschehen folgte allerdings ein Gemeinsames, das man als „Tabuisierung" dieses Mannes bezeichnet. Darunter wird die häufig anzutreffende Vorstellung seiner Zeitgenossen verstanden, dass jede Berührung mit ihm magische Kräfte frei werden lasse: böse und schädliche, aber auch gute und heilende. Diese Doppeldeutigkeit, die vielen Tabus innewohnt, hatte einerseits negativ zur Folge, dass man den Scharfrichter sozial mied. Er durfte nicht innerhalb der Stadt wohnen oder höchstens am Rande, durfte nicht mit den anderen im Wirtshaus trinken oder höchstens an einem besonders gekennzeichneten Tisch, nicht die Badestuben benutzen oder die Messe besuchen, außer wiederum an einem ausgezeichneten Platz. Ihm war das Jagen untersagt (außer auf Wölfe). Sein Vieh durfte nicht mit der Ge-

meindeherde zusammen grasen. Gegenstände, die er berührt hatte, wurden aus dem Verkehr gezogen.

Einschränkungen galten auch für seine Familie. Niemand spielte mit seinen Kindern oder wollte seine Tochter zur Frau, außer wiederum ein fremder Scharfrichter. Selbst wenn er das Recht ausübte, eine zum Tod verurteilte Frau durch das Angebot, sie zu ehelichen, freizubieten, kam es vor, dass diese den Tod vorzog. Für ein bürgerliches Leben wäre sie durch die Hochzeit ohnehin gestorben. So versteht sich auch die Strafe, die das Ofener Stadtrecht für Unzucht vorschrieb: einen Tanz mit dem Scharfrichter. Diese Berührungsangst führte manchmal zu besonderen Kleidungsvorschriften für den Alltag. Und selbstverständlich war alles, was den Scharfrichter betraf und umgab, Gegenstand des Aberglaubens, über den oben berichtet wurde. Andererseits vermittelte diese Tabuisierung dem Scharfrichter eine besondere Stellung als Heiler, den man heimlich aufsuchte, um Mittel gegen Krankheiten und Wunden oder für den Liebeszauber zu kaufen. Er verdiente am Verkauf von Stücken des Galgenstricks oder des abgefüllten Blutes des Hingerichteten.

Einige Zahlen sollen die Hinrichtungstätigkeit des Scharfrichters umfangmäßig kennzeichnen. In

▲▶ *Ein Schlosser wird am 10. Januar 1586 in München über sechs Komplizen, die er zuvor dem Gericht ausgeliefert hat, auf einem überhöhten Galgen gehängt. – Am 10. Dezember 1579 wird der Finanzminister von Augsburg wegen Veruntreuung hingerichtet. Johann Jacob Wick, Nachrichtensammlung. 1560 bis 1587 (F 34. f.22v; 28, f.205r).*

Augsburg z.B. wurden im Jahre 1369 zehn Personen hingerichtet, 1371 waren es 13, 1397 fünf. Von 1407 bis 1500 fanden in Nördlingen 137, von 1501 bis 1600 insgesamt 120 Hinrichtungen statt. Von 1551 bis 1573 wurden in Memmingen 38 Todesurteile vollstreckt, von 1574 bis 1661 waren es 45, von 1615 bis 1683 dann 39. Für den Zeitraum von 1366 bis 1400 wies Frankfurt am Main 135, für die Jahre 1401 bis 1560 dann 317 Hinrichtungen aus. In Lübeck zählte man 411 Hinrichtungen von 1371 bis 1460. In Breslau wurden in 69 Jahren (von 1456 bis 1525) sogar 454 Missetäter getötet, davon 251 gehenkt, 103 enthauptet, 25 gerädert, 39 verbrannt, 31 ertränkt, 3 lebendig begraben und 2 gevierteilt. Berlin brachte es in den Jahren 1402 bis 1448 auf 101 Hinrichtungen, davon 51 durch Erhängen, 14 durch Verbrennen, 13 durch Enthauptung, 11 durch Rädern und 10 durch Lebendigbegraben.

Doch die Vollständigkeit dieser Angaben bleibt fraglich. In Ansbach, das damals ca. 100 000 Einwohner hatte, erfolgte von 1575 bis 1603 die Hinrichtung von 474 Menschen. Schließlich sei noch Hamburg mit einem traurigen „Rekord“ erwähnt. Viermal wurden an einem Tag mehr als 70, siebenmal mehr als 25 Seeräuber hingerichtet. Wie viele Menschen ein einzelner Scharfrichter getötet hat, geht aus diesen Angaben nicht hervor. Es wird aber berichtet, dass von 1501 bis 1525 ein Nürnberger Scharfrichter in seinen Amtsjahren 1159 Todesurteile vollstreckte. Peter Aichelin, der Scharfrichter des schwäbischen Bundes, richtete im Bauernkrieg in einem Monat 350 Mann mit dem Schwert. Den „Rekord“ hielt wohl der bereits erwähnte Berner

Scharfrichter, der 72 Männer an einem Tag hinrichtete.

Die Todesstrafen

Es ist nicht möglich, alle Formen der Todesstrafe aufzuzählen. Denn der Fantasie der Menschen waren keine Grenzen gesetzt, weshalb man nur sagen kann, dass jede tötungsgeeignete Handlung als Vollstreckung eingesetzt werden konnte. Manche Quellen sehen sogar Todesstrafen vor, die offensichtlich in Deutschland nicht angewendet wurden. Von dem Abpflügen des Kopfes des Grenzfrevlers oder dem Ausdärmen des Baumfrevlers wird berichtet. Das um 1436 von dem Schwäbisch Haller Stadtschreiber Conrad Heyden verfasst, später als „Klagspiegel" veröffentliche Rechtsbuch zählte die Strafen des römischen Rechts auf, so als sollten sie in Deutschland angewendet werden. Genannt wurden z.B. die Verurteilung zur Arbeit in einer Erzgrube oder das Vorwerfen den wilden Tieren zum Fraß. Außerdem wird für Eltern- und Kindsmord (parricidium) vorgesehen, dass der Täter mit Ruten blutig geschlagen, danach in einen Sack zusammen mit einem Hund, einem Kapaun, einer Schlange oder einem Affen genäht und so ins Meer oder in einen Bach geworfen werden solle. Diese Strafe des „Säckens" wurde offensichtlich tatsächlich im 15. und 16. Jh. in der Schweiz angewendet. Einige Quellen berichten von Steinigung und Kreuzigung, wobei die historische Realität fraglich bleibt.

Das Enthaupten, auch „Richten mit blutiger Hand" genannt, wurde bereits ausführlich vorgestellt. Es traf vor allem Totschläger und Räuber. Es war eine „ehrliche" Todesstrafe, die daher auch ein Begräbnis in geweihter Erde zuließ und die Nachkommen nicht betraf. Deshalb wurde sie oft im Gnadenweg für die unehrlichen Strafen, wie Hängen oder Verbrennen, in Hexereisachen angeordnet. Wie die Bilder zeigen, kniete offensichtlich der Verurteilte mit gefalteten Händen und manchmal auch mit verbundenen Augen vor dem Scharfrichter, der hinter ihm stand – auch um dem bösen Blick zu entgehen, wohl aber auch, um nicht abgelenkt zu werden – und von da aus den tödlichen Schlag führte. Diese Haltung war wohl bereits damals nicht von jedem zu erwarten, vor allem, wenn der Betroffene durch die Folter geschwächt war. Deshalb benötigte man einen eigenen „Vorführer", meist den Knecht des Scharfrichters, der den Kopf des Verurteilten festhielt. Auch konnte man ihn auf einen eigenen Richtstuhl binden, der meist wie ein Bauernsessel aussah, nur eine auffallend niedrige Lehne mit herzförmigem Ausschnitt aufwies.

Hinrichtungsort war manchmal der Galgenplatz, im Regelfall ein Ort innerhalb der Stadt, sehr oft der Marktplatz. Häufig wurde dort eine eigene Enthauptungsstätte, ein Schafott oder ein „Rabenstein", errichtet. Man enthauptete auch am Tatort. Die Hinrichtung fand fast immer im Freien statt. Manche behaupten, dass aus rituellen Gründen auf Stroh oder Sandhaufen enthauptet wurde. Nur ausnahmsweise wurde aus Gnade oder um einem befürchteten Aufruhr zu entgehen, in einem geschlossenen Raum enthauptet.

Die am häufigsten angewendete Todesart war das Erhängen, auch „Richten mit trockener Hand" genannt. Es traf vor allem Diebe in schweren Fällen, aber auch Mordbrenner, Münzfälscher und Räuber in erschwerten Fällen. Oft hingen mehrere Missetäter nebeneinander an dem Galgen, der wie ein Bauwerk mehrere Etagen aufweisen konnte, wobei man z.B. die Anführer einer Diebesbande an erhöhtem Platz henkte. Die Betroffenen hingen dort, bis sie herabfielen, d.h., bis die Stricke oder sie selbst verfaulten. Das Verbot, Gehängte abzunehmen und zu begraben, war Folge der Schimpflichkeit dieser Strafe. Sie galt als „unehrlich", betraf daher auch die Nachkommen und verhinderte ein Begräbnis in geweihter Erde. Vielleicht war das Einsparen der Kosten für ein christliches Begräbnis mit ein Grund für dieses Hängenlassen des Leichnams. Seit dem 16. Jh. sah man darin manchmal eine Strafverschärfung, was bedeutete, dass im Normalfall der Gehenkte abgenommen, begraben oder verbrannt wurde.

Das Hängen war vorwiegend Männerstrafe, wobei als Grund gerne angegeben wird, dass man Frauen dem entehrenden Blick unter den Rock nicht aussetzen wollte. Aber solche allgemeinen Aussagen sind für diese frühere Zeit immer gefährlich. Im Kampf gegen landschädliche Leute war man nicht so genau. Es sind durchaus Hinrichtungen durch den Strick auch von Frauen überliefert. In der „Wickiana" findet sich sogar das Bild mit dem Erhängen eines Ehepaares in den Niederlanden (1567). Die Frau sei hochschwanger gewesen, und vier Stunden später seien sogar noch zwei Söhne lebend geboren worden.

Auch die Behauptung, dass der Hinzurichtende aus rituellen Gründen nackt gewesen sei, lässt sich nicht verifizieren. Hierbei ist zu berücksichtigen, dass im damaligen Sprachgebrauch bereits das Tragen von Unterkleidern als Nacktheit galt. In eini-

An Weihnachten 1583 wird ein Jude bei Biberach wegen Diebstahls an den Füßen am Galgen aufgehängt, zusammen mit zwei Hunden. Johann Jacob Wick, Nachrichtensammlung. 1560 bis 1587 (F 31, f. 178v).

gen Fällen wurde der Betroffene aus Gnade in seinem Ehrenkleid gerichtet.

Die Bilderhandschriften des „Sachsenspiegels“ aus dem 14. Jh. zeigen eine Binde über den Augen des Hingerichteten, die aber später offensichtlich nicht mehr verwendet wurde. Zur Mehrung der Schimpflichkeit dieser Strafe gab man jüdischen Missetätern, die manchmal auch an den Füßen aufgehängt wurden, zwei lebende Hunde – seltener Affen – an die Seite, die zudem nach dem Körper des Hingerichteten schnappten.

Der Galgen selbst befand sich im Regelfall außerhalb der Stadt, da alleine schon der Anblick, aber auch der Gestank der verfaulenden Leichen dort nicht zu ertragen war. Er stand auf einem Hügel, ein weit sichtbares Zeichen nicht nur im Sinne der Abschreckung, sondern auch des Stolzes der Stadt auf die ihr verliehene Blutgerichtsbarkeit, wie etwa im Fall Volkach. Für aufsehenerregende Missetäter errichtete man besondere Galgen, wie etwa in dem Fall eines betrügerischen Alchemisten, für den der Galgen mit Goldblättchen überzogen wurde. Der berühmte „Jud Süß“ Oppenheimer, Hoffaktor des Herzogs Wilhelm Albrecht von Württemberg, wurde 1738 nach dem Tod seines Gönners und Beschützers gehängt und mehrere Jahre hindurch in einem eisernen Käfig wie ein Vogel auf einem hohen Galgenbau ausgestellt.

Der Galgenformen gab es viele. Man muss wohl den Baumast dazuzählen, der sicherlich zuerst verwendet wurde. Eine ältere Form war der Gabelgalgen, wie er in den Bilderhandschriften des „Sachsenspiegels“ dargestellt wurde. Daneben gab es den T-förmigen Galgen, den Kniegalgen, auch Schnabel-, Schnapp-, Schnellgalgen oder Galgen „mit einem halben Arm“ genannt, und den am meisten gebrauchten „zweistempeligen“, „zweibeinigen“, „zweischläfrigen“ Galgen, anfangs aus Eichenholz bestehend, dann aus gemauerten Säulen, auf die man Holzbalken oder Metallstangen legte. Daneben gab es auch den „dreistempeligen“, „dreibeinigen“, „dreischläfrigen“ Galgen, oft mit einem Steinfundament umgeben. Große Städte wie z.B. Lübeck leisteten sich ein echtes „Galgenhaus“ mit mehreren Etagen. Der Nürnberger Galgen trug einen äußeren verlängerten Balken, der daher wie ein Kniegalgen aussah, an dem vorwiegend Juden aufgehängt wurden.

Gehängt wurde lange mit einem Strick oder einem Seil, später mit einer Kette, um das frühzeitige Verfaulen, aber auch das Reißen des Stricks zu verhindern. Denn riss der Strick, sah man mancherorts ein Gottesurteil und ließ den so Geretteten am Leben, um ihn freilich auszupeitschen und dann aus dem Land zu treiben. Doch dauerte es bei Verwendung der Kette sehr lange, bis der Betroffene starb. Am schnellsten tödlich, weil sich sofort zusammenziehend, wirkte die Weidenrute, die manchmal für Felddiebe verwendet wurde. Normalerweise sollte der Tod durch Ersticken eintreten. Daneben zog man den Verurteilten auf einer Leiter hoch und ließ ihn dann mit dem Strick um den Hals fallen, wodurch sich dieser zusammenzog. Der Galgen, der Strick wurden ebenso wie der hängende Leichnam vom Aberglauben als zauberische Gegenstände verwendet. Manche Theoretiker wollten darin Überreste eines Glaubens an ein religiöses Ritual sehen, nämlich ein Opfer an den Wind- und Totengott Odin, der sich dem Mythos nach selbst an einen Baum hängte, um ekstatisches Wissen zu erlangen. Dafür sollten auch die um den Galgen streichenden Wölfe und fliegenden Raben, die Tiere dieses Gottes, sprechen.

Eine sehr qualvolle Todesart war das Rädern, das „Radebrechen“, das in zwei Schritten an Mördern und Räubern, meistens Männern, in schweren Fällen vollstreckt wurde. Zunächst wurden dem manchmal nackten, d.h. nur notdürftig bekleideten Missetäter die Knochen zerschlagen. Dazu legte man ihn auf den Rücken und befestigte ihn mit ausgestreckten Gliedmaßen am Boden. Dann brachen ihm der Scharfrichter oder sein Knecht mit wuchtigen Schlägen die Knochen. Es war üblich, als Gegenpol unter die Gelenke Hölzer mit scharfen Kanten, die sogenannten Krammen, Krippen oder Brechteln, zu legen. Sinn der Schläge war nur das qualvolle Zerschlagen der Knochen, nicht die Herbeiführung des Todes. Daher begann man von unten her zu stoßen. Es wurde bereits als Gnade betrachtet, wenn der Vollstrecker als letzten Akt auf den Hals oder die Herzgegend des Verurteilten zielte und ihn so tötete. Als besonderer Gnadenakt konnte angeordnet werden, dass der erste Stoß mit tödlicher Wirkung gesetzt werden sollte. Im Regelfall war davon auszugehen, dass der am Boden Festgespannte die Schläge überlebte.

Dann folgte der zweite Akt. Der geschundene Körper wurde auf das Rad gelegt und mit den gebrochenen Gliedern in die Speichen eingeflochten, zumindest daran festgebunden. Anschließend wurde das Rad auf einen Stock oder Pfahl gesteckt und aufgerichtet. Der Verurteilte war dann – ähnlich dem Gehenkten – dem Wind und den Tieren ausgesetzt. Es dauerte oft Tage, bis er endlich starb. Wiederum konnte gnadenhalber der Tod beschleunigt werden. Hinrichtungsort war meist der Galgenplatz. Dort wurde das Rad aufgerichtet und ergänzte so das schaurige Bild der Hochgerichtsstätte. Das Rädern galt wie auch das Hängen als schimpfliche Strafe, weshalb auch hier der Leichnam nicht abgenommen werden durfte, sondern verfaulen musste. Es ist unvorstellbar, aber es wird glaubwürdig berichtet, dass manche sogar diese Qualen überlebten. Sie fielen vom Rad und durften dann gepflegt werden, da dies als Eingreifen Gottes oder seiner Heiligen – vor allem der Gottesmutter Maria – interpretiert wurde. Es gab sogar Bücher über die beste Behandlung solcher Schwerverletzten. Freilich ist in der Realität anzunehmen, dass oft die „Freundschaft“ die Verurteilten heimlich abnahm. Wie das Hängen war auch das Rädern von abergläubischen Vorstellungen umgeben. Manche Theoretiker sahen darin ein Opfer an den Sonnengott, ohne allerdings diesen in der germanischen Mythologie festmachen zu können.

Im Zusammenhang mit der Hexerei ist das Verbrennen bekannt. In der Tat war dieses „Setzen auf den Rost“ (Scheiterhaufen) die hauptsächliche Todesstrafe für Zauberei, Wahrsagen, Ketzerei, Unzucht, Sodomie und – als spiegelnde Strafe – für Brandstiftung und Mordbrand, und zwar für Männer und Frauen. Das Verbrennen war eine Strafe, deren Sinn nicht nur in der Herbeiführung des Todes lag. Es sollte der Leichnam zu Asche verbrannt, diese in den Wind oder in einen Fluss geworfen und damit jede Erinnerung an Tat und Täter (damnatio memoriae) ausgemerzt werden. Wahrscheinlich spielten dabei auch abergläubische Vorstellungen vom reinigenden Wesen des Feuers eine bedeutende Rolle. Der Vergleich zu einem Gottesurteil drängt sich auf, wenn man bedenkt, dass noch in den Konstitutionen von Melfi 1231 die Todesstrafe für Ketzer als „flammarum iudicium“ (Urteil der Flammen) bezeichnet wurde, so als würde das Sterben in den Flammen die ketzerische Unwahrheit offenbaren.

Darüber hinaus stand das Feuer selbstverständlich für das Feuer der Hölle, in die die Täter dieser Religionsdelikte geschickt werden sollten. Das Verbrennen wurde aus diesen Gründen auch als Bestrafung eines bereits Toten, aber nun erst Überführten angewendet. Mit dieser Zielsetzung war es durchaus vereinbar, den Tod schon vorher auf andere Weise als durch das Verbrennen herbeizuführen. Dazu wurde der Verurteilte vom Scharfrichter oder seinem Knecht am Pfahl stehend von hinten erdrosselt, wobei aus Abschreckungsgründen oft heimlich vorgegangen wurde, damit das Publikum nichts davon merken sollte. Man zündete deshalb das aufgeschichtete, aber nass gemachte Holz vor dem Hinzurichtenden an, damit der aufsteigende Rauch das Geschehen verhüllte. Manchmal hing man dem Betroffenen auch ein Säckchen mit Pulver um den Hals oder in der Herzgegend um den Leib, um durch die Explosion den Tod, zumindest

Der kahl geschorene Missetäter ist, nachdem der rechts stehende Scharfrichter ihm Arme und Beine gebrochen hat, auf das sechsspeichige Rad geflochten und ausgestellt. Nequambuch. 1315-1421. Soest, Stadtarchiv.

▲ *Der Scharfrichter richtet vor den Toren von Zürich das Rad mit dem zerschlagenen und aufgeflochtenen Körper des noch lebenden Mörders Dückeli auf. Luzerner Chronik des Diebold Schilling d.J. 1513. f.218v.*

▶ *Am 18. März 1575 werden Rupert Ramsauer, Pfarrer in Bamberg, und seine Köchin wegen Hexerei verbrannt. Der Teufel versucht, das Anbrennen des Holzes zu verhindern, vergeblich, da der Mann ihm nochmals widersagt. (F 24, f.56).*

durch Ersticken, herbeizuführen. Man konnte den Verurteilten auch in eine Holzhütte stecken, dort töten und die Hütte dann anzünden. Überhaupt gab es zahlreiche Formen, in denen diese Hinrichtungsart vollstreckt wurde. Man konnte den Verurteilten an einen Pfahl, um den der Scheiterhaufen errichtet war, binden oder ihn gebunden auf den brennenden Scheiterhaufen legen oder ihn daraufwerfen oder ihn auf eine Leiter gebunden hineinstoßen.

Manchmal verwendete man für mehrere Verurteilte auch eine Grube, in die man sie hineinsteckte, um darin dann Feuer anzuzünden. Der Tod trat in vielen Fällen durch Ersticken aufgrund des Rauchs ein. Mancherorts entstand daraus die besondere Hinrichtungsform des Schmäuchens, bei der der Verurteilte meist an einen Pfahl gebunden und über seinen Kopf eine Tonne gestülpt und befestigt wurde. Dann zündete man zu seinen Füßen nasses Stroh an. Der aufsteigende Rauch sammelte sich in der Tonne und führte nach drei bis vier Stunden zum Erstickungstod.

Hinrichtungsort war sowohl der Galgenplatz oder ein anderer Ort außerhalb der Stadt als auch der Marktplatz oder sonst ein belebter Platz in der Stadt. Verwendung fanden in der Regel Scheiterhaufen aus Holz, das man zurechtschnitt und sachgemäß trocknete, manchmal auch aus Weidenruten und Strohballen, die sogar zu den erwähnten Hütten zusammengestellt werden konnten. Es war eine technisch schwierige, durch genaue Zeichnungen vorbereitete Aufgabe, diesen Scheiterhaufen so zu konstruieren und aufzubauen, dass er lange brannte und den Körper des Verurteilten wirklich zu Asche werden ließ. Zudem war eine solche Hinrichtung sehr teuer, was manche kleinere Städte im Eifer ihrer Hexenverfolgung an den Rand des finanziellen Ruins führen konnte – in der Praxis bedeutete das dann meist das Einstellen der Verfolgung. Angezündet wurde im Allgemeinen mit einer Fackel. Um das Feuer lebendig zu halten, bediente man sich eines Blasebalgs oder goss und spritzte brennbare Flüssigkeit in die Flammen.

Ähnlich dem Feuer wurde und wird dem Wasser eine besondere reinigende Kraft zugesprochen. Jedenfalls wird darin von manchen heute ein tieferer Grund dafür gesehen, dass das Ertränken vorwiegend Frauenstrafe für Kindsmörderinnen, Abtreibe-

rinnen und Diebinnen war, es wurden aber auch männliche Gotteslästerer, Notzüchter, Diebe und Bigamisten auf diese Art hingerichtet. Für diese Strafe war der Hinrichtungsort vorgegeben, man benötigte ein Gewässer. So warf man den Verurteilten mit zusammengebundenen Armen und Beinen von der Brücke oder von einem Boot in den Fluss, in einen See oder Teich. Wurde er lebend ans Ufer gespült, nahm man manchmal von einer Wiederholung Abstand, weil man darin ein Eingreifen Gottes sah (was die Nähe wiederum zu einem Gottesurteil zeigt), und begnügte sich mit der Ausweisung (in Verbindung mit einem Auspeitschen). Man konnte freilich den Verurteilten auch so lange unter Wasser tauchen oder mit dem Boot nachziehen, bis er ertrank. War das Wasser nicht tief genug, drückte der Scharfrichter oder sein Knecht mit einer Stange oder Gabel den Verurteilten vom Ufer aus unter die Wasseroberfläche.

Auch der „Mutter Erde“ kam – wie schon die Bezeichnung zeigt – im Aberglauben reinigende Kraft zu. Das Lebendigbegraben war vorwiegend Frauenstrafe für Mord, Kindsmord, schweren Diebstahl. Daneben wurden männliche Notzüchter, Blutschänder und Sodomiten auf gleiche Weise hingerichtet. Man hob dazu eine Grube aus, legte den Verurteilten hinein und schüttete die Erde über ihn. Manchmal steckte man ihm ein Röhrchen in den Mund, dessen Sinn noch nicht geklärt ist. Manche sehen darin eine Strafverschärfung, manche wieder ein Zeichen für Barmherzigkeit. Wiederum andere wollen darin eine „Zufallsstrafe“ sehen, was ein späteres Wiederausgraben bedeuten würde, wenn der Betroffene nach gewisser Zeit noch am Leben war. Einige nehmen ein „Seelenloch“ an, das der Seele des Sterbenden den Weg aus der Erdgrube ermöglicht.

Eindeutig geklärt dagegen ist der Sinn der Dornen, in die der Missetäter oft gehüllt wurde. Damit sollte das Wiedergängertum – als lebender Leichnam – verhindert werden. Dem gleichen Zweck diente auch das Einschlagen eines Pfahls durch das Herz, wie wir es aus dem Vampirglauben kennen. Eine Spätform des Lebendigbegrabens stellte das Einmauern dar, eine Strafe, die vor allem für Angehörige der höheren Kreise oder für Geistliche als Gnadenstrafe üblich war. Sie wurde nicht vom Scharfrichter vollzogen und ersparte damit die schimpfliche Erniedrigung.

Der Verurteilte wurde im eigenen Haus, im „Spital“ oder im Haus eines Verwandten in einem kleinen Raum eingemauert und anfangs wohl dem Hungertod preisgegeben. Freilich wird berichtet, dass man bald eine kleine Öffnung freiließ und täglich Brot und Wasser hineinreichte, was diese Strafe eher zur Freiheitsstrafe machte. Sie konnte sogar nur für einen bestimmten Zeitraum verhängt werden. Auch sonst ließ man gnadenhalber den Eingemauerten wieder heraus und verwies ihn der Stadt oder schickte ihn auf die Galeeren.

Das Pfählen kam auch als selbstständige Todesstrafe vor. Man legte den männlichen oder weiblichen, meist wegen Hochverrats, Totschlags, Inzests, Vergewaltigung, Kindsmordes Verurteilten gebunden auf den Rücken und schlug mit einem Schlegel oder Hammer einen Pfahl durch den Leib, im Gnadenweg durch das Herz. Ausführende waren wiederum der Scharfrichter oder sein Knecht. Doch wird berichtet, dass nach manchen Ordnungen die genotzüchtigte Frau bei der Hinrichtung des Täters die ersten drei Schläge tun durfte, wahrscheinlich auch tun musste, um sie dem letzten Test der Wahrheit ihrer Aussage auszusetzen. Manche Quellen sprechen missverständlicherweise auch von einem „Spießen" und meinen damit vielfach die eben geschilderte Todesstrafe.

Daneben muss aber die völlig andere Hinrichtungsform eines eigentlichen Spießens erwähnt werden, die offensichtlich von den Türken übernommen und zunächst einige Male in Wien nach der Türkenbelagerung, dann aber auch in anderen Fällen, wie etwa in dem bekannten Prozess gegen die „Pappenheimer", vollzogen wurde. Ein zugespitzter Pfahl wurde von unten her so durch den Leib geschlagen, dass keine lebenswichtigen Organe verletzt wurden. Dann konnte man den so Gespießten an dem Pfahl aufrichten und aufstellen. Der Tod trat dann erst Stunden später ein. Die Zwischenzeit konnte man nicht nur für Schmähungen, sondern auch für Bekehrungsversuche, etwa an Juden, oder für die Vornahme der Beichte nutzen.

Die Strafe für Falschmünzer, aber auch für Mörder in schweren Fällen war in seltenen Fällen das Sieden, das „Richten mit dem Kessel an dem Leibe." Dabei stellte man den an einen Pfahl gebundenen Verurteilten in einen Kessel mit heißem Öl, das dann zum Sieden gebracht wurde. Oder man setzte ihn in diesen Kessel. Als Strafverschärfung hob man ihn hoch und kühlte ihn ab, um ihn dann wieder in die siedende Flüssigkeit – die mancherorts auch Wasser oder Wein sein konnte – einzutauchen. Auf diese Weise sollte das Fleisch bei lebendigem Leib von den Knochen gelöst werden. Der auf diese Weise Getötete wurde in der Regel unter dem Galgen begraben. Diese Strafe steht in ihrer Brutalität und Grausamkeit auf gleicher Stufe mit den Gewaltaktionen, die im Zusammenhang mit dem Verräter im 4. Kapitel genannt sind: das Vierteilen, Zerreißen durch Tiere, Ausdärmen. Es fällt schwer, in diesen Fällen überhaupt noch von „Strafe" zu sprechen.

◀ Eine Gattenmörderin wird 1574 in Fribourg lebendig begraben und gepfählt. Der Mittäter, ein fahrender Silberhändler, wird gerädert. Johann Jacob Wick, Nachrichtensammlung. 1560 bis 1587 (F 24, f. 312v).

▼ Ein Chorherr wird wegen Herstellung falscher Urkunden ertränkt. Ein Mittäter wird im Hintergrund enthauptet. Spiezer Chronik des Diebold Schilling d. Ä. 1485 (Mss.h.h.I.16, f. 557).

▶ Ueli Wagner wird wegen versuchter Beraubung des Stadtschreibers gerädert. Zwei Mithelfer werden wegen falscher Zeugenaussage gesotten. Spiezer Chronik des Diebold Schilling d. Ä. 1485 (Mss.h.h.I.16, f. 506).

Die Verstümmelungsstrafen

Einen weiten Anwendungsbereich hatten die Verstümmelungsstrafen, die ursprünglich vielfach durch Geld ablösbar waren und erst im Zusammenhang mit den Landfrieden unablösbar peinliche Strafen – auch für Freie – wurden. Als härteste Form galt die Blendung beider Augen. Sie war anfangs auch Diebsstrafe, wurde in den Landfrieden häufig für Brandstifter, Falschmünzer und Körperverletzer angedroht. Manchmal, vor allem bei politischen Delikten, wurde sie im Gnadenweg an Stelle der Todesstrafe angeordnet.

Die am häufigsten angewandte Form stellte das Abschlagen der Hand dar. Betroffen war vor allem der Meineidige, dessen Schwurhand man auf einem Block, der mitten auf dem Marktplatz oder an sonst einem öffentlichen Ort aufgestellt wurde, mit einem Beil oder einem Messer abhackte. Bei Körperverletzern verwendete man gerne das Tatwerkzeug. Eine abgeschwächte Form war das Abhauen bloß der Finger oder von Fingergliedern. Seltener verstümmelte man den Täter an den Füßen.

Dagegen war oft die Zunge betroffen. Dem Gotteslästerer, dem Verleumder, dem Verräter, auch dem Meineidigen wurde in leichten Fällen die Zunge geschlitzt oder mit einem Nagel durchbohrt, sonst einfach abgeschnitten oder nach manchen Vorschriften bei gespaltenem Genick von hinten herausgezogen. Man konnte auch die Zunge mit einem Messer an den Pranger heften und den Verurteilten zwingen, durch Losreißen sich selbst zu verstümmeln. Das Ohrenabschneiden war häufige Diebstahlsstrafe. Im Regelfall wurde allerdings

◀ *In Gegenwart des gelehrten, mit dem Buch ausgestatteten Berufsrichters wird einem Gefesselten von zwei Kapuzenmännern der linke Fuß abgehackt. Handschrift aus Bologna Anfang 14. Jh. des römischen Corpus iuris civilis. Wien, Nationalbibliothek (Cod. 2252, f. 147r).*

▶ *Kurfürst August von Sachsen lässt 1576 einen Vogt an einen Pfahl binden und auspeitschen. Johann Jacob Wick, Nachrichtensammlung. 1560 bis 1587 (F 25, f. 11v).*

nur geschlitzt. Die Bezeichnung „Schlitzohr" geht also auf den so gekennzeichneten Dieb zurück. Nur in seltenen Fällen war die Nase von der Verstümmelung betroffen. Auch eine Kastration sah die „Peinliche Halsgerichtsordnung" Karls V. von 1532 nicht mehr als Strafe vor, nachdem sie früher für Münzfälscher und Sittlichkeitstäter angedroht war und manchmal als Verschärfung der Todesstrafe, unter Umständen erst an der Leiche des Hingerichteten, vollzogen wurde.

Die Strafen zu Haut und Haar

Die Landfrieden dehnten die aus dem Unfreienstrafrecht altbekannte Prügelstrafe, die Strafe an der Haut, auch auf Freie aus. Sie war vor allem beliebtes Zuchtmittel gegenüber den landschädlichen Leuten, wobei in erster Linie die Städte auf sie zurückgriffen. Dabei wurde die Prügelstrafe in zwei Formen, verbunden auch mit unterschiedlichen Rechtsfolgen, vollzogen. Die „Stockschillinge" waren bloße Schläge auf das Gesäß, wobei ein Schilling 30 Schläge ausmachte. Die Prügelung nahm ein Gerichtsbeamter, der „Stockmeister" vor, weshalb diese Form nicht entehrend wirkte, meist auch nicht öffentlich vollzogen wurde. Bestraft wurden in dieser Weise leichte Ungehorsamkeiten.

Hingegen war der „Staupenschlag", das „Stäupen" bzw. das „mit Ruten Streichen" die öffentliche, entehrende, weil durch den Scharfrichter oder einen seiner Knechte vollzogene Züchtigung mit Ruten oder Stöcken. Dabei wurde der Verurteilte auf eine Bank gebunden oder an den Pranger, eine Staupsäule oder einen Strafpfahl gestellt und in der Regel mit 40 Schlägen, eine dem Alten Testament entnommen Zahl, auf den nackten Rücken bestraft. Manchmal wurde diese Strafe im Gehen vollzogen, d.h. der der Stadt Verwiesene regelrecht hinausgeprügelt.

In älterer Zeit war das Stäupen häufig mit Haarverlust (Dekalvation) verbunden. Dies bedeutete ursprünglich wohl Skalpierung, später völliges Abscheren der Haare. Die Bilderhandschriften des „Sachsenspiegels" stellen deshalb auch den diese Strafe vollstreckenden Knecht mit Staupbesen und Schere in der Hand dar.

Die Prügelstrafe war wie auch die meisten Verstümmelungsstrafen darüber hinaus in der Regel mit der Brandmarkung verbunden. Dabei wurde dem Verurteilten ein Zeichen eingebrannt, z.B. ein Galgen, ein Rad, ein Kreuz, das Wappen der Stadt. Man verwendete dafür eigene Prägestempel oder Münzen, die man glühend machte. Manchmal rieb man Pulver in die Brandwunde und steckte die so Gezeichneten einige Tage ins Gefängnis, damit die Spuren auf deutliche Sichtbarkeit überprüft werden konnten.

Anfangs brannte man „durch die Zähne", d.h. auf die Backen bis zu den Zähnen. Aus religiösen Gründen, der Ehrfurcht vor dem Angesicht als dem wesentlichen Zeichen der Gottesebenbildlichkeit des Menschen, griff man später auf andere Körperteile wie Rücken, Schulter oder Hand zurück. In eigentlichem Sinne ist diese Brandmarkung nicht als Strafe anzusehen, weil sie nicht die Missetat vergelten sollte, sondern eine sichtbare Sicherungsmaßnahme für die Zukunft war. Den so Gezeichneten sollten die anständigen Menschen jederzeit erkennen und als gefährlich einschätzen können. Dass dadurch der Betroffene zu einer „kriminellen Karriere" gezwungen wurde, steht auf einem anderen Blatt.

Die Vermögensstrafen

Eine nur untergeordnete Rolle spielten die Vermögensstrafen, die von vornherein bei der Masse der armen und mittellosen Missetäter ausscheiden mussten. Doch muss gesehen werden, dass die ursprünglichen Bußzahlungen an den Geschädigten nicht nur als zivilrechtlicher Schadenersatz, sondern durchaus wegen der Genugtuungsfunktion auch als Strafe aufzufassen waren, allerdings verhängt durch den Geschädigten und deshalb noch nahe der Rache. Dies galt auch für die Sühneverträge noch der frühen Neuzeit im finanziellen Teil. Musste eine Buße oder ein Friedensgeld an das Gericht gezahlt werden, war der Strafcharakter eindeutig.

Als Vermögensstrafen müssen ferner die Geldzahlungen eingeordnet werden, die bei der Ablösung einer peinlichen Strafe geleistet werden mussten. Diese Ablösung war lange Zeit selbst bei Todesstrafen möglich. Je mehr allerdings die öffentliche Bedeutung der Missetat als solche für die Ordnung des Landes oder in ihrem Bezug zur drohenden Sanktion des beleidigten Gottes zugrunde gelegt wurde, desto weniger ließ man diese Ablösung zu. Sehr wichtig war die Strafe des Vermögensverfalls, die mit der Verfestung und Ächtung verbunden war und nach dem rezipierten römischen Recht auch bei Verurteilung wegen eines Majestätsverbrechens ausgesprochen wurde, zu dem Ketzerei und Hexerei gehörten. Problematisch an dieser Strafe erwies sich, dass sie auch die Nachkommen traf, was mit dem aufkommenden Schuldprinzip nicht vereinbar war.

Schließlich muss als Vermögensstrafe auch die Sanktion eingeordnet werden, die bereits der „Sachsenspiegel" für den Fall einer Vergewaltigung vorgeschrieben hatte. Das Haus, in dem der Tatort lag, musste zerstört werden. Damit sollte sicherlich auch eine Reinigung angestrebt werden; doch liegt der Strafcharakter nahe. Eindeutig sind die Hauszerstörungen, die viele Stadtrechte bei bestimmten Missetaten vorsahen, als Strafen anzusehen.

Die Freiheits- und Arbeitsstrafen

Eine strafweise Einschränkung der Freiheit ist mit jeder Strafe verbunden. Im eigentlichen Sinne können als „Freiheitsstrafen" solche Sanktionen genannt werden, die als Übel die Bewegungsfreiheit in räumlicher Beziehung beeinträchtigen wollen. Die schwerste Form stellte die Verbannung dar, bei politischen Missetaten wie Verrat oft im Wege der Gnade anstatt der Todesstrafe lebenslang verhängt. In abgeschwächter Form wurde sie häufig für eine bestimmte Zeit als Landes- oder Stadtverweisung ausgesprochen. Der Verurteilte durfte erst nach dieser Zeit, meist abhängig von der Zustimmung des Rates oder – bei Totschlag – der Freunde des Getöteten, zurückkehren. Zur Kontrolle wurde der Name in Stadtbücher eingetragen. In vielen Fällen war diese Verweisung mit Prügeln verbunden.

Das genaue Gegenteil war die Eingrenzung oder Verstrickung durch eine Strafe, durch die dem Verurteilten der Aufenthalt an einem bestimmten Ort und innerhalb bestimmter örtlicher Grenzen auferlegt wurde. Eine mildere Form stellte der Hausarrest dar. Als Spielarten der Verbannung sind zwei Strafen anzusehen, die von der kirchlichen Gerichtsbarkeit übernommen wurden und zusätzlich eine starke Sühnefunktion hatten: die befohlene Wallfahrt – oft für Totschlag, Fluchen, Friedensbrüche, Beleidigung der Obrigkeit – und die angeordnete Leistung des Militärdienstes, die bei religiösen Delikten manchmal verhängt wurde.

Ab dem 16. Jh. wurden Strafen, die die Bewegungsfreiheit beeinträchtigten, mit Arbeitsleistungen für das Gemeinwohl verbunden, z.B. Straßen-

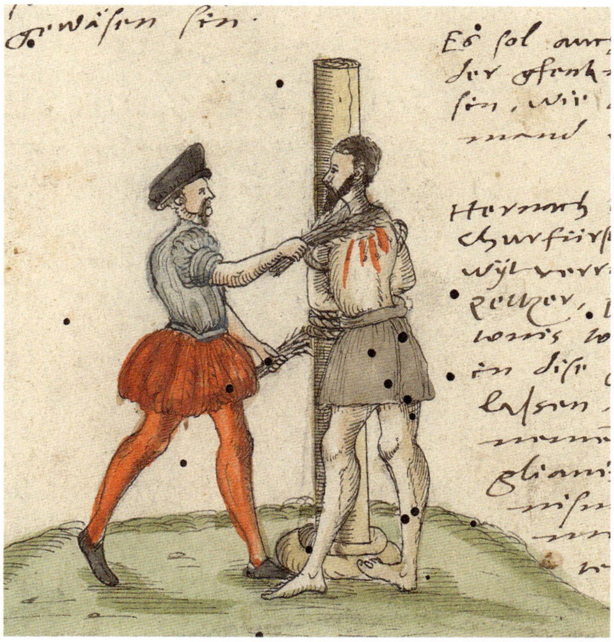

Folgende Doppelseite: Das Haus eines Missetäters wird eingeäschert. – Zwei Verurteilte werden von Gerichtsdienern gewaltsam in den Gefängnisturm gebracht und eingesperrt. Nequambuch. 1315-1421. Soest, Stadtarchiv.

kehren, Bau der Stadtmauer. Die dazu Verurteilten erhielten meist eine besondere Kleidung und wurden in eigenen Häusern zusammengezogen. Bei der Arbeit in den Straßen mussten sie einen Fußring mit einer Eisenkugel tragen, manchmal auch einen Holzring mit einer Glocke, die bei jeder Bewegung ertönte, weshalb man diese Strafe auch „Verurteilung zum Schellenwerk" nannte. Auch die Galeerenstrafe, die Verurteilung „ad triremes", war eine Verbindung von Freiheits- und Arbeitsstrafe. Große Städte schickten Bettler, auch Ketzer und im Gnadenweg überhaupt alle Arten von Missetätern nach Frankreich und Italien, wo sie als Ruderer für die Galeeren eingesetzt wurden. Dabei waren sie Lebensbedingungen unterworfen, die diese Strafe wohl zumindest auch als Leibes-, selbst als Todesstrafe charakterisieren.

In ähnlicher Weise war die Freiheitsstrafe des Gefängnisses mit Arbeits- und Leibesstrafe verbunden. Festzuhalten ist aber, dass diese eigentliche Freiheitsstrafe erst Ende des 16. Jhs. „erfunden" wurde. Zwar gab es Kerker und Gefängnistürme schon früher, in denen entweder Schuldner wegen Zahlungsunfähigkeit oder Verdächtige im Rahmen einer Untersuchungshaft festgehalten wurden. Dabei dauerte allerdings beim Zustand der damaligen Rechtspflege die Untersuchung u. U. so lange, dass man von echter Kerkerstrafe sprechen kann. Die Schuldner wurden gerne in einen Block oder Stock gespannt und dann öffentlich ausgestellt. Wir kennen diese Geräte auch als Ort der Beschreiung des Missetäters auf dem Weg zum endlichen Rechtstag.

Die Kirche kannte das Einsperren z.B. im Kloster, aber auch in Türmen und Verliesen, als Kirchenstrafe. Blutschänder, reumütige Ketzer und Zauberer konnten sogar lebenslang (ewig) eingesperrt werden. Es lag darin eine Korrektionsstrafe. Der Eingesperrte sollte die Zeit finden, über seine Verfehlungen nachzudenken und bei geistlicher Betreuung den Weg zurück zur rechten Haltung finden. Dieser Gedanke wurde 1555 erstmals in England von weltlichen Behörden aufgegriffen. In Bridewell bei London entstand das erste eigentliche Gefängnis als „house of correction". Im Ansatz wurde hier deutlich, dass es nicht primär um eine Bestrafung der Einsitzenden gehen sollte, sondern um eine Erziehung zu Arbeit und Anständigkeit.

Die Ordnung von 1557 sagte ausdrücklich der Faulheit und Arbeitsscheu den Kampf an. Darin kam der im 4. Kapitel dargestellte neue Geist der „guten Policey" zum Tragen, der der Obrigkeit die

Um 1570 wird eine Frau wegen versuchten Mordes durch Schlangensuppe an ihrem Mann zur Strafe in das Halseisen am Pranger gestellt. Johann Jakob Wick, Nachrichtensammlung 1560 bis 1587 (F 19, f. 295r).

Aufgabe zuerkannte, für ein gottgefälliges Leben ihrer Untertanen zu sorgen. Das neue protestantische Ethos sah in der Arbeit den entscheidenden Weg zu einem ehrenvollen Leben. Das Zuchthaus in Bridewell wurde dadurch gefüllt, dass Bezirksaufseher Bettler und fahrende Leute von der Straße mitnahmen. Im calvinistischen Amsterdam errichtete man 1595 mit ähnlicher polizeilich-präventiver Zielsetzung zunächst ein Zuchthaus für junge Männer, dann eines für Frauen. Aufgenommen wurden nicht nur jugendliche Missetäter, sondern auch Kinder, die die von der Erziehung überforderten Eltern abgeben konnten. Die männlichen Insassen sollten durch das Raspeln von Farbhölzern – daher die Bezeichnung „Rasphuis" – zu Arbeit und anständiger Lebensweise hingeführt werden.

Im Spinnhaus für Mädchen sollte das Spinnen denselben Zweck erfüllen. Diese Idee setzte sich durch und fand auch in Deutschland über die Hansestädte Nachahmung (1609 Bremen, 1613 Lübeck). Doch geriet das ursprüngliche Ziel bald in Vergessenheit, da zunehmend wieder der Strafgedanke dominierte, verbunden nun mit dem neuen Nützlichkeitsdenken des absolutistischen Staates, der aus den Zuchthäusern gewinnbringende Manufakturen machen wollte.

Die Ehrenstrafen

Jede öffentliche Strafe bedeutete immer auch Beeinträchtigung des sozialen Ansehens und damit der Ehre, was das 2. Kapitel genauer behandelt. Aber schon die Einlieferung ins Gefängnis hatte diese Wirkung, vom Ausstellen im Block oder Stock ganz zu schweigen. Man sprach von „Stiegenstrafe", wenn der Betroffene auf der Rathausstiege stehen musste und die öffentliche Verkündigung seiner Verurteilung, zusammen mit der Verlesung seines Geständnisses, das seine Missetat ebenfalls offenbarte, anhören musste. Von Ehrenstrafen im eigentlichen Sinne spricht man bei Strafen, die im Wesentlichen auf die Beeinträchtigung der Ehre durch Bloßstellen, Verspotten und Beschimpfen abzielen.

Manche wollen innerhalb einer allgemeinen Kränkungsstrafe zwischen Schand- und Ehrenstrafe unterscheiden. Erstere sei eine Sanktion, die nur die

1571

soziale Ehrenstellung betroffen und keine Beeinträchtigung der Rechtsstellung umfasst habe, im Gegensatz zu letzterer, die immer infamierend und rechtseinschränkend wirken sollte. Bei näherer Betrachtung zeigt sich, dass vielleicht eine unterschiedliche Wirkung intendiert war. Im Einzelfall entschied aber immer noch die Öffentlichkeit, für die diese Kränkungsstrafe inszeniert wurde. Zunächst ist dazu festzuhalten, dass diese Sanktionen Beeinträchtigungen der Ehre darstellten. Ihr Vollzug beschränkte auch die Freiheit und das körperliche Wohlbefinden, führte sogar häufig zu Verletzungen. Schon aus diesem Grunde waren sie keine Spielereien oder Formen von Humor, sondern durchaus schwere Strafen, die meist vom Rat der Stadt und nicht vom Stadtgericht ausgesprochen wurden. Daher versuchten die Betroffenen in vielen Fällen, dieser Strafe zu entgehen. Sie war meist durch Geldzahlungen ablösbar, sie konnte aber auch auf dem Weg der Gnade erlassen werden.

Um die Bedeutung dieser Strafen zu verstehen, darf an das im 2. Kapitel zur Ehre Ausgeführte angeknüpft werden. Der Einzelne ging damals – und wir sprechen von der Zeit der Entstehung dieser Ehrenstrafen ab dem 12. Jh. mit zeitlich zunehmender Bedeutung – in seiner sozialen Stellung auf. Er war noch keine Individualität als abstrakte Person, die die einzelnen sozialen Rollen hätte spielen können. Er war immer diese Rolle. Wurde sein soziales Ansehen verändert, beeinträchtigt, herabgesetzt, dann bedeutete dies seine eigene Veränderung – er wurde ein anderer. Die Ehrenstrafen brachten dem Betroffenen eine neue Identität. Die geachtete Hausfrau war plötzlich zur verachteten Dirne geworden, deren ehebrecherisches Verhalten öffentlich gemacht war. Sie musste diese Qualifizierung annehmen und war für ihr Leben gezeichnet, sofern sie nicht als Ausweg die Auswanderung suchte.

Im Übrigen galt diese soziale Eingebundenheit nicht nur für die anständigen und ehrbaren Bürger. Auch die sogenannten „unehrlichen Leute" hatten in ihren Kreisen eine soziale Stellung, die durch geeignete Maßnahmen durchaus beeinträchtigt werden konnte. Denn diese Strafen wurden im Grunde nicht wirklich vom Scharfrichter oder Stadtknecht vollzogen, sondern von der Öffentlichkeit, genauer: der Gemeinschaft des Bestraften selbst. In der Verspottung lag die eigentliche Strafe des Betroffenen. Auf der anderen Seite wirkte diese Strafe für die Gemeinschaft stärkend, auch durch ihren Unterhaltungswert. Diese Eigenart lässt auf ihren Ursprung schließen. Sie konnte nur in einer Gemeinschaft entstehen, die Interesse daran hatte, einen von ihnen zu erniedrigen, ja daran, dass dieser selbst sich erniedrigen sollte, um ihn wieder zu einem der ihren zu machen. Eine solche Gemeinschaft war die Kirchengemeinde. Ein Sünder musste in der öffentlichen Kirchenbuße einen Hochmut, der zur Sünde geführt hatte, bekennen.

Der Fantasie waren bei der Ausgestaltung dieser Strafen keine Grenzen gesetzt. Je häufiger sie angewendet wurden, desto schwächer drohte ihre Wirkung zu werden. Deshalb mussten sie „sensationeller" gestaltet sein, das Unterhaltungs- und Spielmoment auf Kosten des Betroffenen steigern. Doch musste die Obrigkeit darauf achten, dass es dem Publikum, das angesprochen werden sollte, nicht zu viel und der Bogen nicht überspannt wurde. In manchen Fällen konnte der beabsichtigte Zweck der Verspottung nicht erreicht werden, sondern die Stimmung gegen die Obrigkeit umschlagen.

Man kann im Wesentlichen zwischen der Prangerstrafe und dem schimpflichen Aufzug unterscheiden. Bei Ersterer wurde der Verurteilte an ein Strafgerät gebunden und ausgestellt, das unterschiedliche Namen und Bedeutungen hatte. Der Pranger selbst, meist eine Säule, manchmal auf einem Podest angebracht, in einigen Fällen mit einer oben angebrachten Bühne, hatte seinen Namen von „prangen" in der Bedeutung von „drücken" und war ein Instrument der Hochgerichtsbarkeit, darin durchaus dem Galgen vergleichbar. Mancherorts hieß er „Kaak" (von „gaffen") oder „Schreiat" (weil auch Ort des Beschreiens). An ihm wurde die Stäupung durchgeführt, vor ihm häufig die Verstümmelungsstrafe vollzogen.

Auch das bloße Ausstellen und Anbinden geschah durch den Scharfrichter, was die Ehrenminderung erhöhte. Man konnte dann dem Ausgestellten eine Tafel mit einer Information über das von ihm begangene Delikt oder mit einem Spottvers um den Hals hängen. Einem Dieb legte man die gestohlenen Gegenstände auf die Schulter. Man konnte dem Betroffenen ein Büßerhemd anziehen, ihm eine Schandmaske oder einen Strohkranz (für Prostituierte und liederliche Frauen) aufsetzen. Diese aus den Museen bekannten Schandmasken wurden durch die Ausstattung mit großen Ohren, kleinen Augen, Teufelshörnern, langen Hängezungen oder mit Schweinsrüsseln zur Projektion der Gesinnung des Täters, zum Bild seines Vergehens gemacht; freilich nicht nur als „spiegelnde" Strafe, sondern in überzeichnender, verzerrter, anspielungsreicher und

Zwei Mädchen werden 1550 in Bamberg wegen ihres evangelischen Glaubens in schimpflichem Aufzug zum Scheiterhaufen geführt. Johann Luyken, Schaubühne der Märtyrer. Leyden 1700.

eben verspottenden Form. Man konnte auch einen Bühnenpranger direkt an der Wand des Rathauses anbringen. Seltener war ein „Korbpranger", in dem der Verurteilte wie in einem Käfig ausgestellt werden konnte. Doch scheint in diesen Fällen der Charakter der Hochgerichtsbarkeit verloren zu sein. Gleiches galt für das Stellen in ein einfaches Halseisen, das an einem Baum, einer Säule, am Wirthaus oder Rathaus angebracht war. Dies geschah nicht durch den Scharfrichter und hatte daher auch nicht diese schwerwiegenden Wirkungen.

Beim schimpflichen Aufzug musste der Verurteilte einen Gegenstand über eine gewisse Strecke an öffentlichen Orten tragen, in Spottkleidung oder auf einem bezeichnenden Tier sitzend eine festgelegte Wegstrecke zurücklegen. Die Begleitung durch Musiker lockte die Menschen herbei, die den Betroffenen mit Spott und Hohn, aber auch mit Kot und Steinen überschütten konnten. Ein bekannter, sehr früher Fall ereignete sich auf dem Reichstag zu Worms, als Kaiser Friedrich I. Barbarossa einige hohe Adelige als Landfriedensbrecher Hunde durch die Stadt tragen ließ. Ungeklärt ist, ob dies eine Verächtlichmachung als Preis für die Verschonung von der Todesstrafe sein sollte oder ob der Hund als Symbol der Treue eher auf eine Versöhnungszeremonie hindeutet. Denn die so bestraften Adeligen gehörten weiterhin dem Umfeld des Kaisers an.

Häufig überliefert ist das Reiten auf einem Esel, Kamel oder Schwein, also auf einem Tier, das als unrein, störrisch, dumm, lüstern und auch sexuell ungezügelt galt. Zusätzlich setzte man den Betroffenen in umgekehrter Reithaltung, manchmal in einem für Frauen gedachten Maultiersattel auf das Tier und gab ihm den erhobenen, den After freisetzenden Schwanz in die Hand. Diese Strafe war offensichtlich in Kleinasien entstanden und in Byzanz als Beschämungsritual bei der Absetzung von Gegenkönigen und Patriarchen verwendet worden. In Rom wurden vom 8. bis 12. Jh. in vergleichbarer Weise Gegenpäpste behandelt. Bekannt wurde das Eselsreiten als Strafe für Vergehen gegen die Ehe- und Geschlechtsmoral, zu deren geheimem Charakter die öffentliche und offenbar machende Beschämung als Kehrseite gehörte. Aus dem 14. und 15. Jh. stammen französische Berichte über eine solche Bestrafung von Ehebrecherinnen und Männern, die von ihren Frauen verprügelt worden waren. Erschwerend wirkte die angeordnete Entblößung oder völlige Nacktheit. Erst im 16. und 17. Jh. begegnet diese Bestrafung in Deutschland, nämlich in Hessen, Rheinfranken und Luxemburg. Da in Darmstadt ein Gericht des „bösen Hunderts" – offensichtlich ein Narrengericht – zuständig war, kann man folgern, dass es sich um eine Sanktion im Rahmen des volkstümlichen Rüge-

◀ *Der von den Römern abgesetzte Papst Gregor VIII. wird 1119 nackt auf einem Esel durch die Stadt geführt und in ein Kloster verbannt. Sächsische Weltchronik. Um 1237 bis 1251. Berlin, Staatsbibliothek Preußischer Kulturbesitz (Ms.germ. fol.129, f.102r).*

▶ *Eine Frau, die Graserin Hönein, muss wegen Widerstandes gegen einen Flurschützen einen Stein in ihrem Schleier von einem Stadttor zum anderen auf der Hauptstraße tragen. Volkacher Salbuch. 1504, f.442v.*

brauchs handelte. Stets war deshalb die Grenze zum Volksbrauch fließend, was sich auch in der Verarbeitung des Themas in Schwänken und Exempeln zeigt.

Die typische Ausprägung des schimpflichen Aufzugs war aber das Steinetragen. Gelegentlich stand diese Sanktion in enger Verbindung mit dem Pranger. Die Steine wurden an diesem Ort aufbewahrt, und die Schandprozession bewegte sich um ihn herum. Das Aussehen der Steine konnte von der Kugelgestalt hin zur groben künstlerischen Bearbeitung – etwa Frauengesichter oder Tiergestalten – reichen. In einigen Städten wurde der Stein durch die „Geige" ersetzt, einen hölzernen, um den Hals zu legenden Kragen. Streitsüchtige Frauen wurden in eine Doppelgeige gespannt und sollten ihren Streit zur Belustigung der Umstehenden in dieser Form öffentlich weiterführen. Sich zankende Eheleute wurden zusammengebündelt und mussten sich in eine hölzerne große Wiege legen. Der Falschspieler musste eine Kette mit Würfeln, der Säufer zwei hölzerne Flaschen, der schlechte Musikant eine Schandflöte oder -trompete herumtragen. Mancherorts wurde der Verurteilte in einen Schandmantel gesteckt, bei dem oben der Kopf herauslugte. Neben diesen Gegenständen trug auch das Äußere der Verurteilten zum entehrenden Ritual bei. Sie mussten in der Unterkleidung antreten, oft mit nacktem Oberkörper auftreten oder ein Schandkleid tragen. Durch Inschriften an den Gegenständen konnte man die Schmach vervollkommnen.

Dabei gab es keine Missetat, die nicht auf diese Weise hätte bestraft werden können. Gotteslästerung und Meineid gehörten dazu wie kleiner Diebstahl, Fälschungen, Betrügereien, Marktvergehen und alle Varianten sittlicher, moralischer und sexueller Verfehlungen. Dabei bemühte man sich vor allem, heimliche und als hinterhältig empfundene Vergehen öffentlich zu machen und den Täter der Verachtung preiszugeben.

Eine Sonderform war die „Wippe", „Schnelle" oder „Schupfe", die als Strafe des Bäckers, der zu kleine Brote gebacken hatte, bekannt ist, aber auch andere Missetäter treffen konnte. Das Bild, das dieses Kapitel einleitet, zeigt den Vollzug. Der Betroffene wurde mithilfe einer besonderen Vorrichtung in eine Pfütze, einen Teich oder in einen Fluss fallen gelassen, manchmal mittels eines Schnellgalgens ins Wasser getaucht oder geschnellt oder in einem besonderen Stuhl oder Korb in die Höhe gehalten, bis er selbst herabsprang oder das Seil, das ihn hochhielt, durchschnitt. Durchaus häufig wurde der Verurteilte dabei verletzt, wodurch wiederum deutlich wird, wie fließend die Grenzen der Ehrenstrafen zu den übrigen Strafen waren.

Die Tierprozesse

Auf ein seltsames, den heutigen Betrachter befremdendes Phänomen ist noch hinzuweisen. Denn es wurden nicht nur Menschen – Lebende wie bereits

Verstorbene – bestraft. In manchen Fällen wurden Gegenstände, wie eine Glocke, die die aufrührerischen Truppen herbeigerufen hatte, zur „Strafe" zerschlagen oder bei einem geflüchteten und daher nicht anwesenden Verurteilten befestigte man ein Bildnis am Galgen oder verbrannte eine Figur, womit der Verurteilte selbst „in effigie" bestraft werden sollte. Es gab darüber hinaus die Tierprozesse. Von 1266 – dem ältesten bekannten Beispiel in Fontenay bei Paris – bis vereinzelt noch im 19. Jh. wurden in frankophonen, aber auch schweizerischen, westdeutschen, flämischen und anderen Territorien Haustiere wegen Körperverletzung und Tötung von Menschen als Missetäter hingerichtet. Auf die ebenso berichteten Exkommunikationen gegen Heuschrecken, Mäuse und andere Schädlinge durch kirchliche Gerichte ist hier nicht einzugehen.

Nicht also ging es um das bloße Töten eines gefährlichen Tieres, etwa eines Wolfs oder Bären, sondern von Schweinen, Rindern, Hunden und anderen Tieren, denen man einen regelgerechten Prozess vor einem Gericht machte, ihnen die Klageschrift vorlas, sie zur Widerrede anhielt und ihnen dafür einen Prokurator bestellte. Sie wurden öffentlich verurteilt und zum abscheulichen Exempel, zum Gedächtnis und zur Abschreckung anderer Tiere an den Galgen gehängt, enthauptet, verbrannt oder lebendig begraben.

Dafür gab es freilich keine formelle Rechtsquelle. Weder die Stammesrechte der germanischen Völker noch das römische Recht noch das Kirchenrecht sahen eine Strafbarkeit von Tieren vor, galten sie doch als vernunftlos, sprachunfähig und daher als zurechnungsunfähige Objekte. Auch das Alte Testament konnte nicht als rechtliche Grundlage herangezogen werden. Zwar sahen Lev. 20, 15 und Exod. 22, 19 vor, dass bei Sodomie nicht nur der Mensch, sondern auch das Tier verbrannt werden sollte und dass ein Rind, das einen Menschen zu Tode stößt, zu steinigen war (2. Mose 21, 28).

Doch lag der Grund nicht in einem Gott verletzenden, sündhaften Verhalten des Tieres, sondern in dem Bestreben, die durch das Sexualverhalten angenommene bzw. durch das Blutvergießen eingetretene Befleckung aus der Welt und aus der Erinnerung zu schaffen und die Welt wieder zu reinigen. Auch das Neue Testament konnte nicht als Begründung dienen. Zwar kannte es Tiere, die von Dämonen besessen sein konnten, in die z.B. nach Mk. 5, 13 und Lk. 8, 33 auf Befehl Jesu die Dämonen fuhren. Doch richteten sich diese Verfahren nicht gegen Dämonen bzw. gegen den Teufel, sondern eindeutig gegen die Tiere selbst. Deshalb kann auch nicht als Beleg die Stelle im „Sachsenspiegel" (zwischen 1220 und 1230/31) herangezogen werden, wonach zur Ahndung eines Notzuchtsverbrechens das Haus, in dem die Missetat begangen wurde, zerstört und außerdem „alle lebende ding", also alle Tiere, die beim Notzuchtsakt in der Nähe waren, enthauptet werden sollten. Man kann nicht annehmen, dass darin eine Strafe für unterlassene Hilfe gegenüber der Frau oder dem Mädchen gesehen werden soll. Wahrscheinlicher ist, dass es sich hier ebenfalls (wie im Alten Testament) um einen Reinigungsakt von den Befleckungen des Tatorts handelt.

Auch der damals bei den Zeitgenossen viel aufsehenerregende, weil durch Flugblätter verbreitete Fall kann nicht als vergleichbar angesehen werden: Im Jahre 1685 fiel ein Wolf bei der Verfolgung eines Hahnes in einen Brunnen, in dem ihn die herbeigeeilten Bauern erschlagen konnten. Manche glaubten – wie berichtet wurde –, dass der gerade verstorbene Pfleger Michael Leicht wegen seiner Betrügereien in dieses Tier verwandelt worden sei. Man hieb dem toten Wolf die Schnauze ab, klebte ihm menschliches Haar und einen Bart um das Gesicht und zog ihm fleischfarben-rötliche Kleider aus gewirkter Leinwand an. Dann hing man ihn an den Galgen. Die Flugblätter stellten den Zusammenhang zum Pfleger her mit dem Spruchband: „Ich, Wolf und Geist zugleich, tat stets die Menschen plagen, muss leiden und zulassen, dass man zu mir sagen tut: Sieh, du verfluchter Geist, bist in den Wolf gefahren; hängst nun an dem Galgen hier, geziert mit Menschenhaaren." Auch in diesem Fall wurde der Wolf nicht selbst als Verbrecher angesehen. Gleiches gilt für die oben genannten Werwolf-Prozesse, in denen ein Mensch der Verbrecher in tierischer Gestalt war.

Man könnte geneigt sein, in diesen Tierprozessen einen naiven Aberglauben des „primitiven" Volkes zu sehen, also irgendeinen „Wahn" kindlicher Gemüter. Doch wurden diese von ausgebildeten Juristen und in den vorgesehenen strengen juristischen Formen durchgeführt. Selbst die Hinrichtung wurde rational präventiv begründet: zur Abschreckung der anderen Tiere. Freilich waren dies vereinzelte Fälle, die auch von den Zeitgenossen oft kritisiert wurden und deren Akteure man verspottete. Insofern waren sie den Prozessen gegen Hexenleute verwandt. Die Frage nach möglichen Erklärungen drängt sich auf.

Hier lediglich eine Verrücktheit der Juristen zu vermuten, die diese Verfahren durchführten, ist sicherlich zu einfach. Ebenso reicht die These nicht aus, dahinter hätte ein finanzielles Interesse der Gerichtsherren gestanden, mussten doch die einzelnen Verfahrensschritte bezahlt werden. Ergiebiger ist

Ein getöteter Wolf wird 1685 in Onolzbach (Ansbach) als der verstorbene Pfleger Michael Leicht angekleidet und auf den Galgen gehängt. Zeitgenössisches Flugblatt.

dagegen der Versuch, auf die Zeit des Einsetzens dieser Verfahren in der zweiten Hälfte des 13. Jhs. abzustellen, nämlich der Zeit, in der ein neues Denken in der Strafrechtspflege überhaupt einsetzte.

Die Obrigkeit begann, nach sündhaftem Verhalten zu suchen (im Rahmen der „inquisitio") und sich eine tiefere Legitimation zu verschaffen, um durch die Sanktionierung dieses Verhaltens die Racheaktionen des beleidigten, zornigen Gottes von den Menschen abzuwenden. Es wird deshalb angenommen, dass diese Haltung sich auch bei der Verletzung und Tötung von Menschen durch Tiere gezeigt habe. Die Obrigkeit habe auch in diesen Fällen nach einer Wiederherstellung der Ordnung und einer Sühnung des Geschehens gestrebt, das die Betroffenen empörte.

Manche Theoretiker verbinden diese neue Haltung mit der sich ausbildenden wissenschaftlichen Denkweise in der Jurisprudenz. Das Streben nach einem rechtlichen System, in dem alle einzelnen Probleme argumentativ geordnet und gelöst werden könnten, habe auch diese Vorfälle erfasst und zu der juristischen Einordnung als eines strafbaren Verhaltens geführt. Gerade an diesen Grenzfällen habe sich das neue juristische Denken bewähren können und wollen, darin vergleichbar den „Satansprozessen", die im 1. Kapitel erwähnt sind. Auch hier wurden als Verfahrenssubjekte nicht menschliche Subjekte zugrunde gelegt. Danach wären diese Tierprozesse nicht Ausgeburt eines irrationalen Wahns, sondern eher Ausfluss des neuen rationalen, scholastisch-systematischen Denkens im Sinne einer „juristischen Allmachtsfantasie".

Doch kann der Unterschied zwischen einem Satans- und einem Tierprozess nicht übersehen werden. Der Teufel war als ehemaliger Engel ein Subjekt totaler Freiheit und Vernunft und als Geschöpf Gottes auch dessen allumfassender rechtlicher Ordnung unterstellt. Ein Tier dagegen war unfrei und vernunftlos, daher auch keiner Sünde fähig, woran auch nichts änderte, dass es vom Christentum nicht als bloße körperliche Sache, wie bei René Descartes (1596-1650), sondern als lebendes Mitgeschöpf angesehen wurde, für das sogar ein Weiterleben im Neuen Jerusalem nach dem Weltengericht diskutiert wurde.

Wahre und eigentliche Figürliche Vorstellung oder Abbildung / des grausam reissenden und verbannten so genannten Menschen-Wolffs / und der mit Ihme sich ereigneten Begebenheit / von glaubhaffter guter Hand / grundrichtig erhalten und in Entwurff gebracht. 1685.

WJe solcher / in diesem mit GOtt zu End
eilenden 1685. Jahr / wütig gehauset / und
an unterschiedlichen Orten merkliche / ich-
ige Exempel und Denkmale hinterlassen.
n dieses grausam und hochschädliche Thier / an-
or sich selbsten betreffende / so ist gewiß / daß sel-
hin- und wider / bereits über 4halb Monat lang /
wan bey die 2 / 3 / bis 4 Stunden weit / von der
fl. Residenz Stadt Onolzbach / hat sehen und
en lassen. Absonderlich hat er 4. Kinder erbärm-
efressen / dann auch / ein etlich und 20. jähriges
ren Mensch zerrissen / auch theils darvon getra-
und also unter denen Reisenden / und Bauers-
/ in dem Land hin und wieder / eine gewaltige
ht / und entsetzlichen Schrecken verursachet / als
urch man bewogen worden / daß niemand mehr
e zu reisen / oder von einem Ort zu dem andern
hen / sich getrauet / sondern vielmehr ganze Ge-
den / und auch nicht ohne Gewehre / sich zusam-
geselllet / und einander Geleitschafft geleistet.
Unerachtet man nun / solchem Unheil vorzubeu-
/ und dem Schrecken aus dem Lande zu bringen /
Hochfl. Befehl / und sorgfältig gute Anstalt / sich
dem Jagd Zeug gefast und parat hielte / um / an
erschiedlichen Orten / diesem reissenden Thiere zu
n und aufzupassen / so hat sich doch solches nicht
ich schicken wollen / noch in das Werk stellen las-
und erfuhre man je länger je mehr / verübtes Un-
/ und jämmerliche Begebenheiten von ihme. Zu-
en auch 2. Weibsbilder / durch ihme so erschrecket
den / daß [...] bald hernach / ihr Leben ein-
[...] Perso-
[...]
er schädliche Wolff / Samstags / den 10. Octob.
em Weiler Neuses / zu dem Amt Windspach / ge-
/ Zwey Meilen von Onolzbach gelegen / sich
ben / um alldorten / abermalen seine grausame
Unthaten auszuüben / und an 2. Bauern-Bub-
sich zu machen suchte / massen er dann zweymalen /
er einigen Holzstössen auf sie gelauret / die Knab-
aber ihme / (Wolffen) zu klug gewesen / und sich
e Häuser retiriret / ist es darüber von denen El-
laut / und in dem Weiler auflauffend geworden.
Endlichen aber / als GOTT diesem grimmig und
igen Thier / zu fernerem Unheil nicht länger mehr
hen wolte / fügte sichs zum Glücken / recht wun-
ar / durch die dazwischenkunfft eines Hahns daß
enselben verfolgte / nachstellte und über einen al-
mit Reissig belegten Bronnen / vor ihme daher
rend hinjagte / darbey aber selbst / in dem Bronnen
n fiele / und von der eilend zulauffenden Gemein-
als die Stangen und Priegel ihnen mehr unbe-
m als tauglich zu seyn schienen / letzlichen mit sehr
sen / ja fast Centner-schweren Steinen / zerworffen
umgebracht wurde / wiewol diese verteuffelte Be-
/ mit vielen grossen Beulen / sich noch so weit er-
nate / daß er beynahe widerüm herauffgestiegen /
entkommen wäre.
Nachdeme man nun das Luder / also gefället nach
Onolzbach / der Hochfl. Gnädigsten Herrschafft zu
wen brachte / funde sich allda eine von Voikers-
ff daselbst wohnende junge Bauernfrau zugleich
ein / welche anzeigte: daß vor bereits 10 Wochen /
selbiger Zeit / mehrgedachter Wolff / als sie auf
Felde geschnitten / sich aus dem Korn herausbe-
en / und ihr auf die Brust gesprungen / worvon sie
ch zu Boden gefallen / und von ihme / in das dicke
ich des Beins gebissen worden / weilen sie aber ih-
Sichel vest in der Hand hielte / und ihren Leib zu sal-
en / stets-während üm sich gehauen / hätte sie ihme
lich einen merklichen Hieb in das rechte Ohr ver-
et / daß er sehr geblutet und darvon gelauffen / wel-
s dann auch zu bekräfftigen / (daß sie wahr rede /)
s Merkzeichen seyn müste. Diese des Weibes
ssage nun / wurde auf beliebiges Nachsehen / also
berg. stalt befunden / daß er hinter dem rechten

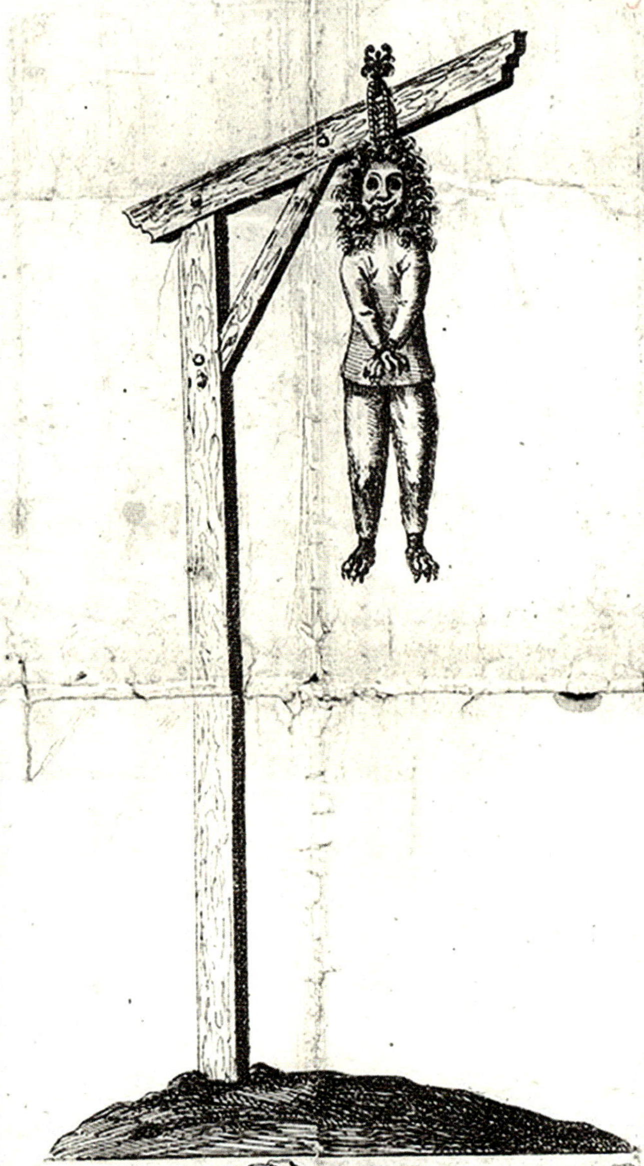

Ohr / ein verheiltes Loch gehabt / da man einen Finger durchstecken können.

Wie man nun mit ihme procediret / ist nach be-
melder mit kurzem ausführlich zu vernehmen: Ein
Sinnreicher Kopff / liesse in folgenden Reimzeilen seinen klugen und expediten Geist hierüber recht inge-
niös sehen:

Ich wild und grimmig Thier / ein Fresser vieler Kinder /
Ich liebte sie viel mehr / als alle fette Rinder /
Ein Han / der bracht mich um / der Bronnen war
mein Grab /
Da warf man mich zu Tod / daß ich mein letztes hab.

Ein anderer aber / liesse seine Feder und Dichter-
Art / etwas weitläufftiger hierüber lauffen / so folgig:

ICh Wolff / ein grimmigs Thier / und
Fresser vieler Kinder /
Die ich weit mehr geacht / als fette Schaf
und Rinder /
Ein Hahn der bracht mich um / ein Bronnen /
war mein Tod /
Nun häng am Galgen ich / zu aller Leuthe Spott.
Als Geist und Wolff zugleich / thät ich die Men-
schen plagen /
Wie recht geschiehet mir / daß jetzt die Leute sagē:
Sa! du verfluchter Geist / bist in den Wolff ge-
fahren / (schen-Haare /
Hängst nun am Galgen hier / geziert mit Men-
Dis ist der rechte Lohn / und wohl verdiente Gab /
So du verdienet hast / der Galgen ist dein Grab /
Hab dieses Trankgeld dir / weil du frasst Men-
schen Kinder /
Wie ein wut-grimmigs Thier / und rechter Men-
schen-Schinder /
Nun must am Galgē du / stets hängē / für und für /
Zu aller Leuthe Spott / und aller Schinder Zier.

Die Gestaltung dieses Menschen-Wolffes nun /
ist seiner an dem auf dem so genannten Nürnberger
Berg vor Onolzbach / aufgerichteten Schnell galgen
habenden Kleidung nach / von gewixter Leinwad / an
Farbe Fleischfarb-röthlicht / in einer Kestenbraunen
Baruque / und langen Weiß-graulichten Bart zu sehen. Das Wolffs-Gesicht an- und vor sich selbst
aber / ist mit einem Schönbart oder gemachten Men-
schen-Gesicht / seiner etlicher massen / bey Lebszeiten ge-
habten Physiognomi nach / verdecket und die Wolffs-
schnautze / bis an die Augen abgehauen worden. Die
Höhe seiner Wolffs Gestaltung war 1½ Elen / dessen
natürliche Wolffshaut aber / ist zu einem Gedächtnis /
solcher so seltzamen Begebenheit ausgefüllet / und in
die Hochfürstl. Kunstkamer beygestellet un aufgehebt
worden. Was nun hiervon eigentlich zu schliessen /
überlässet man denen Gelehrten. Zumalen von solcher Bewandnüs eigentlich zu reden oder zu schreiben / dürffte hieher zu weitläufftig fallen / dem Wun-
der-Allmächtigen GOtt / ist es nach seinem Allweisen
Rath am bästen bekant / wie solches zugehe / welcher
durch seine Allmächtige Verhängnüs / dem Teuffel
zuweilen etwas zulässet / daran sich die Menschen be-
spiegeln / und auf Christlich Gottgefälligen Tugend-
Wegen in ihren Leben / wandeln sollen / damit man
hier auf der Welt also lebe / daß man nach diesem Leben / bey GOtt dort ewig leben könne.

Man thue recht / fürcht GOtt / und leb gebühr-
lich /
Die Nächsten-Lieb / bleib ja nicht ausgesezt /
Der Teuffel / ist zuweilen gar verführlich /
Es ist die Seel / gar bald durch Sünd verlezt /
Geiz / Wucher / Eigennutz / Untreu in Amptes-
wegen / (Fluch / als Segen.
Bringt warlich schlechten Lohn / und mehrer
Drum liebe GOTT mein Christ / sey redlich /
fromm und schlecht /
Weil du auf Erden bist / mit kurzem: Thue
recht.

◀ *Das Haus, in dem eine Vergewaltigung geschah, wird zerstört. Die am Hof lebenden Tiere werden getötet. Heidelberger Bilderhandschrift des „Sachsenspiegels". Anfang des 14. Jhs, f. 12v.*

▶ *In Pisa werden 1409 zwei Puppen stellvertretend für die abgesetzten Päpste Gregor XII. (in Rom) und Benedikt XIII. (in Avignon) wegen Ketzerei und Meineids verbrannt. Spiezer Chronik des Diebold Schilling d. Ä. 1485 (Mss.h.h.I.16, f.579).*

Vernunft, Sprache, sogar Kommunikation mit dem Menschen wurden den Tieren dagegen in Märchen und Sagen und in den antiken Fabeln des Äsop (um 600 v. Chr.) zuerkannt. Diese Fabeln waren überliefert und bildeten in den mittelalterlichen Klosterschulen einen häufig verwendeten Lesestoff. Nach Erfindung des Buchdrucks erschien eine Vielzahl von Ausgaben der Äsop-Fabeln mit zum Teil prächtigen Holzschnitt-Illustrationen. Vielleicht noch Ende des 10., jedenfalls Mitte des 11. Jhs. erschien eine der Klosterliteratur zugerechnete lateinische Dichtung „Ecbasis captivi" (Flucht eines Gefangenen), die als die älteste Tierdichtung der deutschen Literaturgeschichte gilt. In ihr findet sich die von Äsop bekannte Geschichte des Fuchses, der die Heilung des Löwen durch den Pelz des Wolfes empfiehlt. Im Anschluss daran entstand eine Reihe von Tierepen, die zunächst den dümmlichen Wolf, wie etwa in „Ysengrimus" des Magister Nivardus (um 1150) und die eigentlich dominierende Figur des Fuchses Reinardus mit menschlichen Eigenschaften schildert. Dieser Fuchs figurierte danach erstmals um 1170 in dem französischen „Roman de Renart", dann Ende des 12. Jhs. in dem mittelhochdeutschen „Reinhart Fuchs" von Heinrich (dem Gleißner) und dem berühmten niederländischen, in Lübeck 1498 gedruckten, anonymen „Reynke de vos".

Diese Fabeln und Tierepen dienten nicht nur der Unterhaltung – wie unsere heutigen Comics mit den Geschichten aus Entenhausen –, sondern verstanden sich als ihre Zeit kritisierende und die LeserInnen zu besserem Leben ermahnende und belehrende Schriften. Deshalb erzählten sie eine kurze und einfach zu verstehende Tiergeschichte, deren Handlung aber wegen der Vermenschlichung der Figuren einfach auf das menschliche Leben übertragen werden konnte. Zum Teil legten die Tiere ihre eigentlichen tierischen Eigenschaften ab und traten wie Personen auf. Im Regelfall stand am Ende der Geschichte eine Entscheidung und Beurteilung der Protagonisten, darin durchaus einem richterlichen Urteil vergleichbar.

Auch sonst wurde das tierische Leben rechtlich gefasst. Es fanden sich Verbrechen, die von Richtern in formellem Verfahren abgeurteilt und deren Täter hingerichtet wurden. Diese Nähe zum menschlichen Leben und die damit begründete Möglichkeit einer Übertragung vom Menschen auf die Tiere wurde dadurch gesteigert, dass häufig die LeserInnen zur Bescheidenheit ermahnt wurden: der Mensch sei nichts anderes als ein Tier, wenn er sich nicht kultiviert und zivilisiert benehme. Der Vergleich eines Verbrechers mit einem Tier (einer Bestie) lag nicht fern – im Übrigen bis heute nicht.

Von daher ist der Einfluss der Fabel- und Tierepen auf die Tierprozesse nicht von der Hand zu weisen. Konnte man einen Verbrecher als tierisch bezeichnen, war es nicht ganz abwegig, auch das zur Verletzung oder zum Tod eines Menschen führende Verhalten eines Tieres als verbrecherisch aufzufassen. Die Sprache half dabei insofern, als man in diesen Fällen durchaus von einem „Verletzen" und „Töten" sprechen konnte. Dadurch wurde der „Tatbestand" als ein Verhalten oder eine Handlung gewertet oder konnte es zumindest werden. Dies gilt heute insofern auch, wenn ein Unternehmen als juristische Person für dessen schuldhaftes Han-

deln einzutreten hat. Ein juristisches Gebilde, wie eine Aktiengesellschaft kann verbrecherisch handeln – warum sollte man dann nicht auch ein Tier strafrechtlich zur Verantwortung ziehen können?

Zugleich war es möglich, dem eingetretenen Schaden und Verlust einen Sinn zuzuordnen: es ging nicht um ein unabweisbares Schicksal, sondern er konnte auf ein böses Tier zurückgeführt werden, das dafür auch zu sühnen hatte. Zudem darf auch nicht übersehen werden, dass die rechtliche Aufbereitung dieses Geschehens eine soziale Dimension aufwies. Die Opfer blieben nicht allein, sondern erfuhren durch die Förmlichkeiten des Verfahrens bis hin zur Hinrichtung des „Täters“ Zuwendung und Trost durch die anderen.

Diese Argumente können den Tierprozessen vielleicht etwas von ihrer Befremdlichkeit nehmen. Es ist aber auch nicht auszuschließen, dass dahinter einfach eine derbe Freude an humorvollen rechtlichen Geschichten stand, wie sie aus dem lebenspraktischen Charakter des Rechts (2. Kapitel) folgten.

Literaturauswahl

Hier sind nur einige Titel angegeben, die eine vertiefende Lektüre zu den in diesem Buch dargestellten Inhalten ermöglichen. Ältere Literatur bis 1985 kann man in meiner „Alten Gerichtsbarkeit" (1985) finden, neuere Titel in H. Rüping/ G. Jerouschek „Grundriss der Strafrechtsgeschichte" (derzeit 5. Aufl. 2007). Für bestimmte Themen ist auf die Artikel im Handwörterbuch zur deutschen Rechtsgeschichte (derzeit die 2. Auflage im Erscheinen), im Lexikon des Mittelalters und unter www.historicum.net/themen/hexenforschung/ lexikon hinzuweisen. Die Heidelberger und Wolfenbütteler Bilderhandschrift des „Sachsenspiegels" sind (ebenso wie die Dresdner und die Oldenburger) als Faksimile erschienen, jeweils mit informativen Begleitbänden (mit zahlreichen Beiträgen). Gleiches gilt für die Schweizer Bildchroniken und das Volkacher Salbuch. Wer sich für weitere Literatur interessiert, findet eine ausführliche und immer aktualisierte Liste unter www.jura.uni-bielefeld.de/ schild unter „Folter, Pranger, Scheiterhaufen".

Auffarth C.: *Die Ketzer. Katharer, Waldenser und andere religiöse Bewegungen*, 2005.

Bayer O.: *Freiheit des Willens? Über Luthers de servo arbitrio*, in: Düsing E./u. a. (Hg.): *Geist und Willensfreiheit. Klassische Theorien von der Antike bis zur Moderne*, 2006, 65–81

Behringer W. (Hg.): *Hexen und Hexenprozesse in Deutschland*, 2000

Behringer W.: *Hexen*, 1998

Berman H. J.: *Recht und Revolution: die Bildung der westlichen Rechtstradition*, 1991

Binder B.: *Illustriertes Recht. Die Miniaturen des Hamburger Stadtrechts von 1497*, 1988

Blauert A./Schwerhoff G. (Hg.): *Kriminalitätsgeschichte. Beiträge zur Sozial- und Kulturgeschichte der Vormoderne*, 2000

Bolland J. (Hg.): *Die Bilderhandschrift des Hamburgischen Stadtrechts von 1497*, 1968

Borck H.-G. (Hg.): *Unrecht und Recht. Kriminalität und Gesellschaft im Wandel von 1500–2000*, 2002

Bracker J.: *Gottes Freund aller Welt Feind. Von Seeraub und Konvoifahrt. Störtebeker und die Folgen*, 2001

Burschel P./u. a. (Hg.): *Das Quälen des Körpers. Eine historische Anthropologie der Folter*, 2000

Carlen L.: *Recht zwischen Humor und Spott*, 1993

Carlen L.: *Sinnfälliges Recht. Aufsätze zur Rechtsarchäologie und Rechtlichen Volkskunde*, 1995

Christe Y.: *Das Jüngste Gericht*, 2001

Deutsch A.: *Was ist Ehre? Ein Rechtsbegriff im historischen Vergleich*, in: Bandini D./u. a. (Hg.): *Früchte vom Baum des Wissens*, 2009, 179–191

Dillinger J.: *Hexen und Magie*, 2007

Dinzelbacher P.: *Das fremde Mittelalter. Gottesurteile und Tierprozess*, 2006

Drescher U.: *Geistliche Denkformen in den Bilderhandschriften des Sachsenspiegels*, 1989

Dülmen R. van (Hg.): *Verbrechen, Strafen und soziale Kontrolle. Studien zur historischen Kulturforschung*, 1990

Dülmen R. van: *Theater des Schreckens. Gerichtspraxis und Strafrituale in der frühen Neuzeit*, 1995

Dunke V. P.: *Straff der Missethätter*, 1996

Eder W., *Vorwort*, in: Günther L.-M./Oberweis M. (Hg.): *Inszenierungen des Todes*, 2006, III–XV

Evans R. J.: *Rituale der Vergeltung. Die Todesstrafe in der deutschen Geschichte 1532–1987*, 2001

Friedrich P./Schneider M.(Hg.): *Fatale Sprachen. Eid und Fluch in Literatur- und Rechtsgeschichte*, 2009

Habermas R./Schwerhoff G. (Hg.): *Verbrechen im Blick. Perspektiven der neuzeitlichen Kriminalitätsgeschichte*, 2009

Harasser K./u. a. (Hg.): *Folter. Politik und Technik des Schmerzes*, 2007

Hirte M.: *Papst Innozenz III., das IV. Lateranum und die Strafverfahren gegen Kleriker*, 2005

Ignor A.: *Über das allgemeine Rechtsdenken Eikes von Repgow*, 1984

Kéry L., *Gottesfurcht und irdische Strafe*, 2006

Kocher G.: *Zeichen und Symbole des Rechts. Eine historische Ikonographie*, 1992

Köckert M.: *Die Zehn Gebote*, 2007

Kohl W. (Hg.): *Das Soester Nequambuch. Neuausgabe des Acht- und Schwurbuchs der Stadt Soest*, 1980

Krause T.: *Geschichte des Strafvollzugs. Von den Kerkern des Altertums bis zur Gegenwart*, 1999

Kremer P.: *Der Werwolf von Bedburg. Versuch einer Rekonstruktion des Hexereiprozesses aus dem Jahre 1589*, 2008

Landau P./Schroeder F.-C. (Hg.): *Strafrecht, Strafprozess und Rezeption*, 1984

Lidman S.: *Zum Spektakel und Abscheu. Schand- und Ehrenstrafen als Mittel öffentlicher Disziplinierung in München um 1600*, 2008

Lück H.: *Über den Sachsenspiegel. Entstehung, Inhalt und Wirkung des Rechtsbuches*, 1999

Martschukat J.: *Inszeniertes Töten. Eine Geschichte der Todesstrafe vom 17. bis zum 19. Jahrhundert*, 2000

Mauelshagen F. M.: *Wunderkammer auf Papier. Die Wickiana zwischen Reformation und Volksglaube*, 2008

Mortanges R. P. de: *Rechtsikonographische Aspekte der Luzerner Diebold Schilling-Chronik*, in: *Forschungen zur Rechtsarchäologie und Rechtlichen Volkskunde* 12, 1990, 93–108.

Ott N. H.: *Rechtspraxis und Heilsgeschichte. Zu Überlieferung, Ikonographie und Gebrauchssituation des deutschen „Belial"*, 1983

Prodi P.: *Eine Geschichte der Gerechtigkeit. Vom Recht Gottes zum modernen Rechtsstaat*, 2003

Puhle M.: *Hinrichtung ohne Prozess? Die Hanse um 1400 im Kampf gegen die Seeräuber Klaus Störtebeker und Godeke Michels*, in: Schultz U. (Hg.): *Recht und Gerechtigkeit in der Geschichte*, 1996, 77–88

Ragg S.: *Ketzer und Recht. Die weltliche Ketzergesetzgebung des Hochmittelalters unter dem Einfluss des römischen und kanonischen Rechts*, 2006

Rummel W./Voltmer R.: *Hexen und Hexenverfolgung in der Frühen Neuzeit*, 2008

Scheutz M./u. a. (Hg.): *Räuber, Mörder, Teufelsbrüder. Die Kapergerbande 1649–1660 im oberösterreichischen Alpenvorland*, 2008

Schild W.: *Der „entliche Rechtstag" als das Theater des Rechts*, in: Landau P./Schroeder C.-F. (Hg.): *Strafrecht, Strafprozess und Rezeption*, 1984, 119–144

Schild W.: *Bemerkungen zur Ikonologie des Jüngsten Gerichts*, in: *Forschungen zur Rechtsarchäologie und Rechtlichen Volkskunde* 10, 1988, 163–203

Schild W.: *Der gequälte und entehrte Leib. Spekulative Vorbemerkungen zu einer noch zu schreibenden Geschichte des Strafrechts*, in: Schreiner K./Schnitzler N. (Hg.), *Gepeinigt, begehrt, vergessen*, 1992, 149–168

Schild W.: *Der Scharfrichter läßt bitten – Die Henkersmahlzeit als Ritus der Aussöhnung mit dem Missetäter*, in: Schultz U. (Hg.): *Speisen, Schlemmen, Fasten. Eine Kulturgeschichte des Essens*, 1993, 244–254

Schild W.: *Das Gottesurteil der Isolde*, in: *Festschrift für Ruth Schmidt-Wiegand*, 1996, 55–75

Schild W.: *Missetäter und Wolf*, in: *Festschrift für Karl Kroeschell*, 1997, 999–1031

Schild W.: *Die Maleficia der Hexenleut'*, 1998

Schild W.: *Fehde und Gewalt im Mittelalter. Anmerkungen zur mittelalterlichen Friedensbewegung und Gewaltentwicklung*, in: Gehl G./Reichertz M.(Hg.): *Leben im Mittelalter II*, 1998, 95–174

Schild W.: *Die Eiserne Jungfrau. Dichtung und Wahrheit*, 1999

Schild W.: *„Von peinlicher Frag". Die Folter als rechtliches Beweisverfahren*, 2000

Schild W.: *Richtersymbole. Zum Verfahren als „Theater des Rechts" im Mittelalter und Früher Neuzeit*, in: Gehl G./Meyer R. (Hg.): *Leben in Mittelalter und Moderne*, 2003, 11–26

Schild W.: *Recht als leiblich geordnetes Handeln – Zur sinnlichen Rechtsauffassung des Mittelalters*, in: *Das Mittelalter* 8, 2003, 84–91

Schild W.: *Die Dimensionen der Hexerei*, in: Lorenz S./u. a. (Hg.): *Wider alle Hexerei und Teufelswerk*, 2004, 1–104

Schild W.: *Das Blut des Hingerichteten*, in: Braun C. v./Wulf C. (Hg.), *Mythen des Blutes*, 2007, 126–154

Schild W.: *„Ungerichte" oder „Verbrechen". Mutmaßungen zur Rechtswelt des Sachsenspiegels*, in: *Festschrift für Dieter Werkmüller*, 2007, 297–331

Schild W.: *Reinigungs- und Kampffolter. Anmerkungen zum frühneuzeitlichen Folterrecht*, in: *Festschrift für Neithard Bulst*, 2008, 171–183

Schild W.: *Folter: Vom Rechtsinstitut zum Unrechtsakt*, in: Dörr V. C./u. a. (Hg.): *Marter – Marytrium. Ethische und ästhetische Dimensionen der Folter*, 2009, 53–84

Schmidt-Wiegand R.: *Die Bilderhandschriften und ihre Bedeutung für die Wirkungsgeschichte des Sachsenspiegels*, in: Lück H. (Hg.): *Recht und Rechtswissenschaft im mitteldeutschen Raum. Symposium für Rolf Lieberwirth anlässlich seines 75. Geburtstags*, 9–27

Schreiner K.: *„Got is selve recht" Angewandte Theologie in Rechtsordnungen und Rechtsverfahren des späten Mittelalters*, in: Boockmann H./u. a. (Hg.): *Recht und Verfassung im Übergang vom Mittelalter zur Neuzeit II*, 2001, 335–368.

Schubert E.: *Räuber, Henker, Arme Sünder. Verbrechen und Strafe im Mittelalter*, 2007

Schulze R./u. a. (Hg.): *Strafzweck und Strafform zwischen religiöser und weltlicher Wertevermittlung*, 2008

Schwerhoff G.: *Verordnete Schande? Spätmittelalterliche und frühneuzeitliche Ehrenstrafen zwischen Rechtsakt und sozialer Sanktion*, in: Blauert A./u. a. (Hg.): *Mit den Waffen der Justiz. Zur Kriminalitätsgeschichte des Spätmittelalters und der Frühen Neuzeit, 1993*, 158–188

Schwerhoff G.: *Die Inquisition. Ketzerverfolgung in Mittelalter und Neuzeit*, 2006

Senn M. (Hg.): *Die Wickiana. Johann Jakob Wicks Nachrichtensammlung aus dem 16. Jahrhundert*, 1975

Segl P. (Hg.): *Die Anfänge der Inquisition im Mittelalter*, 1993

Voltmer R.: *Hexen*, 2008

Wacke A.: *Rechtsprechen im Angesicht des Jüngsten Gerichts – nach Gemälden und Inschriften in Ratsstuben und Gerichtssälen*, in: *Forschungen zur Rechtsarchäologie und Rechtlichen Volkskunde* 24, 2007, 43–56

Wiemers M.: *Cranach und das Recht im Bild. Anmerkungen zur Wittenberger Zehn-Gebote-Tafel*, in: *Signa Juris* 1, 2008, 11–26.

Zagolla, Robert: *Im Namen der Wahrheit. Folter in Deutschland vom Mittelalter bis heute*, 2006

Zagolla Robert, *Folter und Hexenprozess*, 2007

Bildnachweis

Die Bildquellen finden sich bei den Legenden. Werke, aus denen mehrere Bilder entnommen wurden, sind:

Johann Jacob Wick, Nachrichtensammlung zu den Jahren 1560 bis 1587. Zürich, Zentralbibliothek. F 12–35; Flugblätter: PAS II 1–25

Wolfenbütteler Bilderhandschrift des Sachsenspiegels. Drittes Viertel des 14. Jh. Wolfenbüttel, Herzog August Bibliothek. Cod. Guelf. 3.1.20

Salbuch. 1504. Volkach, Stadtarchiv. B2

Ulrich Tenggler, Der neü Layenspiegel. Augsburg 1512: München, Bayer. Staatsbibliothek Rar. 2311

Bilderhandschrift des Hamburger Stadtrechts von 1497 Hamburg, Staatsarchiv. Senatsarchivsignatur Cl.VII Lit. La Nr. 2 Vol. 1 c

Nequambuch. Soest, Stadtarchiv. A Nr. 2771

Heidelberger Bilderhandschrift des Sachsenspiegels. Anfang des 14. Jh. Heidelberg, Universitätsbibliothek. Cpg 164

Schlierbacher Ketzertafel 1660–1662. OÖ. Landesmuseum Linz. Foto: Ernst Grilnberger

Spiezer Chronik des Diebold Schilling d. Ä. 1485. Bern, Burgerbibliothek Mss.hh.I.16

Berner Chronik des Diebold Schilling d. Ä. 1474-1483. Bern, Burgerbibliothek. Mss.h.h.I.1–3

Luzerner Chronik des Diebold Schilling d. J. 1513. Luzern, Zentralbibliothek. Hs. S. 23

Bild S. 14: Irdisches und himmlisches Gericht. Würzburg, Museum am Dom. Kunstreferat der Diözese Würzburg. Foto: Thomas Obermeier

Bild S. 15: Stadtrichterbild; Bild S. 24: Gefangenenbefreiung durch den hl. Leonhard. Institut für Realienkunde, Krems

Bild S. 25: Mirakelbild. Bischöfliche Administration der Hl. Kapelle in Altötting. Foto: Markus Küffner, Martin Zunhamer

Bild S. 132: Papst beim Ketzergericht. Foto: Jörg Anders